Schwäbische Küche

Siegfried Ruoß

Schwäbische Küche

Alte und neue Rezepte aus Baden-Württemberg

THEISS

Die Deutsche Bibliothek – CIP-Einheitsaufnahme

Ein Titeldatensatz für diese Publikation ist bei
Der Deutschen Bibliothek erhältlich.

Idee und Text: Siegfried Ruoß
Illustrationen: Renate Gries-Fahrbach

Umschlaggestaltung: DOPPELPUNKT Auch & Grätzbach GbR, Leonberg,
unter Verwendung einer Illustration von Renate Gries-Fahrbach

Lizenzausgabe für den Konrad Theiss Verlag GmbH, Stuttgart 2002

Gesamtherstellung: Ebner & Spiegel, Ulm
ISBN 3-8062-1720-3

Inhalt

Suppen

Die Suppen zählen mit zu den ältesten Nahrungsmitteln der Menschheit.
Mit der Entdeckung des Feuers wurde zuerst das Grillen und Braten des Fleisches über dem Feuer üblich. Das Kochen von Fleisch, Gemüse oder Getreide kam erst später dazu, als die Menschen es lernten, aus Lehm und Ton die passenden Kochgefäße herzustellen (etwa 7500 v. Chr.).
Laut Herodot füllten die Skythen in Ermangelung von Kesseln, Fleisch und Wasser in Tiermägen, um es darin zu erhitzen.
Die ersten Suppen wurden wahrscheinlich in Gruben, die mit Häuten ausgelegt waren, erhitzt, indem unsere Vorfahren heiße Steine in die mit Wasser gefüllte Mulde legten, bis es dampfte. So ist auch von einzelnen Indianerstämmen überliefert, daß sie Holzkessel mit sich führten, um den Inhalt ebenfalls mit erhitzten Steinen zu erwärmen.
Die Getreidekörner wurden am Anfang zum Verzehr geröstet oder verkocht. Eine große Erleichterung war daher die Erfindung des Mahlsteines, konnte doch nun das Schrot besser zubereitet werden. Somit sind Suppe und Brei auf jeden Fall älter als Brot.
Daß in den Kochbüchern der Antike und des Mittelalters häufiger der Brei als die Suppe auftaucht, hat wohl mit der Einführung des Löffels seine Bewandtnis.
Obwohl die alten Ägypter schon Löffel in ihrer Küche benutzten, aß man in

Griechenland, im alten Rom sowie im mittelalterlichen Deutschland die Suppe nicht mit dem Löffel, sondern sie wurde getrunken oder mit Brot ausgetunkt. Erst im 15. Jahrhundert wurde der Löffel Teil des dreiteiligen Eßbesteckes. Damals kam die Suppe im Topf auf den Tisch und wurde gemeinsam verspeist, ähnlich dem schwarzen Brei, der noch Anfang unseres Jahrhunderts auf dem Lande in der Muskachel auf den Tisch kam.
Die ersten Teller kamen in den besseren Kreisen als „Brotteller“ auf den Tisch. Der Rest wurde an die Hunde verfüttert, die unter dem Tisch lagen oder man schenkte sie den Armen. Erst im 16. Jahrhundert kamen Teller aus Holz und Zinn immer mehr in Mode.
Die Verbreitung der Suppen, wie wir sie heute kennen, geht ins 17. Jahrhundert zurück, als der Sonnenkönig Ludwig XIV. (1638–1715), ein bekannter Vielfraß, die Suppen zu einer seiner Leidenschaften erhob. Sein Menü begann immer mit fünf verschiedenen Suppen. Nach dem Motto: *„Lieber eine klare Brühe, als ein reines Gewissen.“*
Anfang des 18. Jahrhunderts gab es für das einfache Volk in unseren Breiten zu jedem Essen eine kräftige dicke Suppe oder einen Brei, und das war nicht selten auch die Hauptspeise. Dabei wurde die Suppe nicht immer zu Beginn des Menüs serviert. So berichtet de Montaigne (1533–1592) in seinem Reisetagebuch aus Augsburg und Lindau: „Bald kommt der Braten zuerst und die Suppe am Schluß oder umgekehrt.“
In China bekommt man heute noch eine klare Brühe als Abschluß eines Essens. Dafür gibt es wiederum keinen Kaffee.
Da ist so ein richtiger Suppenschwabe mehr wie froh, wenn er wieder zu seinem heimatlichen Suppentopf eilen darf.
Was für Götterspeisen brodeln doch heutzutage in unseren Töpfen, da gibt es die Wein-, Milch-, Bier-, Metzel- oder Hochzeitssuppen. Ihre Zahl ist unendlich und mannigfach.
Eine alte Henne langsam ausgekocht – und die gab es fast überall – sorgte doch noch für eine kräftige Brühe.

Nicht selten erfüllte so ein alter Mistkratzer noch gute Dienste, um neues Leben auf den Weg zu bringen. Denn die „Wöchnerin- bzw. Kindbettsupp" bestand aus einer kräftigen Fleischbrühe, die mit einem Ei verfeinert war. Auf dem Land war es üblich, daß die Wöchnerin von den Nachbarn mit dieser speziellen Suppe versorgt wurde.
Um eine gebundene Suppe zu kochen, wurde ein „Zwerle" angerührt (Wasser und Mehl).
Die „Zwerleinsuppen" haben einen schlechten Nachgeschmack. Bestanden sie doch meist nur aus Wasser, Mehl und Salz und erinnern die Älteren noch an die schlechten Zeiten. Für gebundene Suppen nahm man das restliche Spätzles- oder Knöpfleswasser. Denn Wasser war früher auf der Alb kostbar, besonders in heißen Sommern, wenn die Hauszisterne und die Hülen austrockneten und das Wasser ungenießbar wurde. Wenn die Bäuerin klagte: *„Ons däd 's Wasser scho no, abr 's Vieh sauft's nemme"*, war es an der Zeit, die Pferde und Ochsen anzuspannen und in mühseliger Arbeit Wasser vom Tal auf die Alb zu karren. Erst am 18. Februar 1871 konnte die erste Wasserleitung auf der Alb eingeweiht werden. Die Zeit, als Neugeborene wegen Wassermangels noch im Spätzleswasser gebadet wurden, ging damit zu Ende.
Die industrielle Revolution war nicht mehr aufzuhalten. So gelang Julius Maggi 1886 die Herstellung der ersten kochfertigen Suppen.
In Deutschland werden jährlich ca. 3,2 Milliarden Liter Suppen zubereitet, das ergibt wöchentlich ein Pro-Kopf-Verbrauch von ca. 1 Liter Suppe pro Erdenbürger.

„Von der Suppe und der Liebe sind die ersten Löffel voll die besten."
Und da das Auge mitißt, die Suppe immer kräftig mit feingeschnittenem Schnittlauch oder Peterling bestreuen. Denn wie sagte der französische Staatsrat Henry Gisquet (1792–1866) zu seinem hochgelobten Suppenkoch: „Die Suppe ist der erste Trost für den bedürftigen Magen."

Klare Brühe – Fleischbrühe

Zutaten:
ca. 500 g Rindfleisch (Brustkern, Schulter, Wade), empfehlenswert die Beigabe von einigen zerkleinerten Knochen. Ein Stück Sellerie, gelbe Rüben, Lauch, Liebstöckel zusammenbinden und mitkochen. Eine halbierte, ungeschälte und angeröstete Zwiebel, Salz und Muskat, ca. 2 l Wasser.

Zubereitung: Die Knochen in kaltem Wasser ansetzen und zum Kochen bringen. Wer eine besonders klare Brühe will, sollte die Knochenbrühe abschütten und kalt abspülen. Nun die Knochen erneut zum Kochen bringen und das abgewaschene Fleischstück, das Suppengrün und die Zwiebelhälfte dazugeben. Die Fleischbrühe köcheln lassen und hin und wieder den Schaum abschöpfen. Die Kochzeit beträgt ca. $2\,^1/_2$ Stunden. Im Schnellkochtopf ca. $^1/_2$ Stunde. Diese Methode ist sicher schneller und preiswerter, aber ich konnte mich nie mit ihr anfreunden. Ich will den Fettaugen der Fleischbrühe Auge in Auge gegenüberstehen, nur so habe ich das Gefühl, daß sie gelingt und ich den genauen Zeitpunkt bestimmen kann, wenn das Fleisch fertiggegart ist.
Bei zu stark gefetteter Brühe vor dem Anrichten das Fett abschöpfen. Mit Salz und frisch geriebener Muskatnuß abschmecken. Wer auf seine Flüssigwürze nicht verzichten kann – bitte – aber mäßig!

„A guata Floischbrüah" ist dem Schwaben ebenso wichtig wie reichlich Soße zu seinen Spätzle.
Meistens gab es donnerstags Siedfleisch. So hatte man am Freitag noch eine gute Brühe für die obligatorischen Maultaschen übrig. In ihnen befand sich das restliche Siedfleisch und andere Speisereste. War am Monatsende das Siedfleisch ausgefallen, wurden auch, und hier ver-

rate ich ein streng gehütetes Küchengeheimnis meiner Tante Maria, die Maultaschen mit einer gehackten Leberfüllung zubereitet.
„Sagat's bloß ned weiter!" war ihr Kommentar.
Diese Füllung schmeckt sicher nicht schlecht, ist aber eine Beleidigung unserer schwäbischen Maultaschentradition.
Der Schwabe hat nichts dagegen, wenn er als sparsam gilt, wenn es aber herauskommen würde, was manche so in ihren Maultäschle verstecken – lieber nicht!
Wia hot sell Bäure doch gsait?
„Kochat wär's, wenn's no scho gessa wär!"

Knochenbrühe

Zutaten:
500 g zerkleinerte Rinderknochen, ein Teil davon Markknochen, Suppengrün, Salz und Muskat, ca. 2 l Wasser.

Zubereitung: Die Knochen kurz aufkochen, die Brühe abschütten, die Knochen mit kaltem Wasser abspülen und wieder erneut aufkochen. Suppengrün beigeben. Damit die Brühe Farbe bekommt, eine ungeschälte Zwiebel halbieren, mit den Schnittstellen in der Pfanne anbräunen und mitkochen. Die Brühe salzen und nur leicht köcheln lassen, damit sie nicht trübe wird. Ab und zu den Schaum abschöpfen. Die Kochzeit beträgt ca. $2\frac{1}{2}$–3 Stunden. Dampfkochtopf ca. 20 Minuten
Vor dem Servieren abseihen und eventuell entfetten.
Mit Salz und Muskat abschmecken.
Nie kleingeschnittenen Schnittlauch vergessen.

Hühnerbrühe

Zutaten:
1 Huhn (Suppenhühner sind oft älter und müssen länger gekocht werden), Suppengrün, Salz und Muskat, ca. 2 l Wasser. Wer auf Nummer Sicher gehen will, sollte junges Geflügel kaufen.

Zubereitung: Das Geflügel kurz überbrühen und in kochendes Salzwasser geben. Langsam köcheln lassen und den Schaum abschöpfen. Junges Geflügel hat eine kurze Garzeit. Die Kochzeit hängt von der Größe der Tiere ab. Solange beim Einstechen mit einer Fleischgabel rosa Saft austritt, ist das Huhn noch nicht fertig. Das Geflügel vor dem Aufschneiden etwas abkühlen lassen, da sonst zuviel Fleischsaft austritt. So eine echte „schwäbische Rennhenn“ darf ausnahmsweise im Schnellkochtopf gegart werden.

Das Suppenhuhn: Es war einmal ein Huhn, das hatte früher viel zu tun, nun legt sie nicht mal mehr ein Ei, da war's mit ihrem Lebenslauf vorbei.

Backerbsensuppe

Zutaten:
1–2 EL Milch, 30 g Mehl, 1 Ei, Salz, Backfett, Fleischbrühe.

Zubereitung: Aus Mehl, Milch, Salz und Ei einen dickflüssigen Pfannkuchenteig anrühren. Dieser wird durch ein Knöpflessieb oder großen Schaumlöffel in das heiße Fett passiert. Die Backerbsen gleichmäßig hellbraun herausbacken. In einem Seiher gut abtropfen lassen. Ganz früher legte man sie auf Brotschnitten, auf daß ja kein Tropfen verlorenging.
Vor dem Servieren gibt man die Backerbsen in eine vorgewärmte Schüssel und übergießt sie mit der heißen Fleischbrühe. Schnittlauch nicht vergessen!

Geigenknöpflessuppe

Zutaten:
50 g Mutschelmehl, 2 Eier, Salz und Muskat.

Zubereitung: Die Eier gut verquirlen, das Mutschelmehl unterrühren und würzen. Die Masse kurz quellen lassen, mit einem EL Knöpfla formen, in das siedende Salzwasser legen und 5–6 Minuten ziehen lassen.
Das ist die Alltagsvariante. Zum Sonntag oder gar einer Hochzeit werden die Geigenknöpfle in Fett braun herausgebacken. Ein Muß für jede Hochzeit. Natürlich kann man die braunen und weißen Knöpfla auch gemischt in die heiße Fleischbrühe legen. Schnittlauch nicht vergessen.

Die „Geigaknöpflessupp" zählt zu den Veteranen der schwäbischen Küche. Für das „Geigamehl" wurden früher extra geigenähnliche blaße Semmeln gebacken und zermahlen. Aus den „Ulmer Geigen" wurde das geschätzte Ulmer Mutschelmehl zubereitet.

Goldwürfelsuppe

Zutaten:
altes Weißbrot oder Brezeln, 3 Eier, 5 EL Milch, Muskat, Salz, Fett oder Butter.

Zubereitung: Das Weißbrot bzw. die Brezeln in gleichmäßige Würfel schneiden. Die Eier mit der Milch verkleppern und würzen. Die Brotstücke gut mit der Flüssigkeit tränken. Danach im Fett oder der Butter in der Pfanne goldgelb herausbacken. In die Teller verteilen und mit der heißen Brühe übergießen.
Mit Schnittlauch bestreuen.

Flädlessuppe

Zutaten:
ca. 3 EL Mehl,
ca. 1/8 l Milch,
1 Ei, Salz, Butter,
Fleischbrühe.

Zubereitung: Aus Mehl, Milch, Ei und Salz einen dünnflüssigen Pfannkuchenteig herstellen.
Eine Pfanne mit einer Speckschwarte oder einem Hauch Butter ausfetten. Beim Einfüllen des Teiges die Pfanne leicht schräg halten und den Teig dünn verteilen. Die Flädla nun kurz auf beiden Seiten anbacken. Danach auf einem umgedrehten Suppenteller zum Auskühlen auslegen. Vor dem Servieren in dünne 3–4 cm lange Streifen schneiden und in die heiße Brühe geben.
Eine Flädlessuppe ohne Schnittlauch wäre eine Todsünde.

Dem Flädlesteig können Sie auch feingehackten Peterling beimengen. Die „Kräuterflädla“ werden auch gern zu Spargel serviert. Eine weitere Variante sind die gefüllten Flädla. Hierbei werden die Flädla mit einer Masse aus eingeweichten Wecken, angedämpften Zwiebeln, Speckwürfeln und Ei bestrichen. Zusammengerollt, die Kanten mit Eiweiß bestrichen, werden sie in die kochendheiße Fleischbrühe gelegt, wo man sie einige Minuten ziehen läßt.

Aus dem Volksmund:
„Bei där aushausige Kocherei gibt's oft a magers Teschtament“, hot mei Großmutter emmer gsait.
Wenn im Wald der Dunst aufsteigt, sagte man zu den Kindern: „Guck, dr Osterhas bachat Flädla.“

Hier wird regional bedingt Kartoffelsalat dazu gegessen. Feinschmecker stechen aus den Flädla mit einem Glas kleine Kreise aus, legen darauf eine Markscheibe, verschließen das Marktäschchen mit Eiweiß und lassen es in der heißen Brühe kurz ziehen.

Leberknödelsuppe

Zutaten:
150 g gehackte Rinds-Leber, 5 alte Wecken, 1 feingehackte Zwiebel, Peterling, Majoran, 2 Eier, 1/8 l Milch, Salz, Pfeffer, Muskat, etwas Butter, Fleischbrühe.

Zubereitung: Die Wecken in Scheiben schneiden und mit der lauwarmen Milch einweichen. Die Zwiebelwürfel und den gehackten Peterling in Butter anschwitzen. Die Wecken ausdrücken und mit den restlichen Zutaten vermengen. Wenn die Leberknödelmasse zu feucht ist, noch etwas Paniermehl untermengen. Ganz Vorsichtige legen einen Probeknödel in das köchelnde Salzwasser. Die Knödel ca. 20 Minuten ziehen lassen. Danach in der Fleischbrühe mit Schnittlauch servieren.
Sehr gut schmecken Leberknödel auch auf Sauerkraut. Vor dem Servieren mit angedämpften Zwiebeln abschmelzen.
Empfehlenswert: Die gehackte Leber beim Metzger vorbestellen.

Leberspätzlessuppe

Zutaten:
125 g gehackte Rinds-Leber, 125 g Mehl, 2–3 Eier, Schnittlauch, Zwiebeln, Pfeffer und Salz.

Zubereitung: Aus den genannten Zutaten einen nicht zu festen Teig herstellen und gut schlagen. Etwas ruhen lassen. Mit dem Spätzlesschaber den Teig ins köchelnde Salzwasser geben, aufkochen lassen, die Spätzle herausnehmen und in eine Schüssel geben. Mit heißer Fleischbrühe aufgießen, mit angedämpften Zwiebeln abschmelzen und mit geschnittenem Schnittlauch bestreuen.

In schlechten Zeiten war dies ein komplettes Mittagessen. Dazu reichte man Kartoffelsalat. Dieses Gericht

hat auch heute noch eine große Anhängerschaft. Eine schwäbische Einladung lautet meistens: „Ha, jetzt kommad halt amol vorbei." Sollte sich nun wider Erwarten der Besuch einstellen, so beherzigen Sie einfach den Spruch: „Drei sind geladen, sechs sind gekommen, gieß Wasser zur Suppe, heiß alle willkommen."

Markklößchensuppe

Zutaten:
100 g Ochsenmark,
60 g Butter, 3–4 Eier,
Salz, Pfeffer, ca. 60 g
Mutschelmehl,
Fleischbrühe.

Zubereitung: Das Mark aus den Knochen trennen, erwärmen, bis es flüssig wird. Abkühlen lassen und mit der weichen Butter schaumig rühren. Abschmecken. Das Mutschelmehl dazugeben und zu einer festen Masse verarbeiten.
Mit einem EL kleine Knöpfla formen, in die Fleischbrühe legen, kurze Zeit ziehen lassen und mit Schnittlauch bestreuen.

Riebelessuppe

Zutaten:
ca. 100 g Mehl,
1–2 Eier, Salz,
Fleischbrühe.

Zubereitung: Aus Mehl, Eiern und Salz einen festen Teig kneten. Danach den Teig mit einem Reibeisen ins köchelnde Wasser reiben. Verschiedentlich werden sie auch mit dem Messer in erbsengroße Stücke gehackt. Der Teig wird auch teilweise mit einer Gabel angemacht und dann mit derselben in Riebele zerkleinert. In manchen Haushalten wurden sie auch getrocknet und in Leinensäckchen in der Speisekammer aufbewahrt.

Die Riebele sind nichts anderes als kleine hausgemachte Suppennudeln, die direkt in die leicht köchelnde Fleischbrühe gerieben werden. Dort läßt man sie noch ca. 5 Minuten ziehen.

Variante I: Die Riebelessupp hat auch süße Verwandte. So können die Riebele auch in eine köchelnde süße Milch gerieben werden.

Variante II: Bei „Grießriebele" statt Mehl einfach Grieß verwenden.

Variante III: Die Riebele einfach in Salzwasser abkochen, abseihen, in Butter anrösten und mit Zwiebeln abschmelzen.

Riebele heißt im Schwäbischen nichts anderes als „Stück" oder „Stückchen". Wenn man z. B. sagt: „Der hot vielleicht an Riebel", so meint der Schwabe, daß derjenige einen großen Kopf hat. Als „Riebele" wird dagegen der Brotanschnitt bezeichnet. „An Riebel Brot" ist dann ein großes Stück vom Brotlaib.
Die Bezeichnung „Riebele" wird nur beim Brot verwendet. Wenn der Schwabe ein Stück Wurst will, heißt das im Dialekt „an Schonka Wuscht". Diese Sprachspielereien verstehen nur Urschwaben, die ihre schwäbische Sprache schon mit der Muttermilch aufgenommen haben.
Die Riebelessupp ist ein Relikt aus uralten Zeiten und wird heute nur noch selten aufgetischt. Die Hausfrau

bzw. der Hausmann kocht heute Suppennudeln ab. Vor drei Jahren, als ich zu einer „Metzelsupp“, also einem schwäbischen Schlachtfest, eingeladen war, wurde den Metzgergesellen und mir eine althergebrachte „Riebelessupp“ serviert. Und wie es seit Jahrhunderten Brauch ist, in einer fetten Metzelsupp. Das ist die Brühe, in der das Schweinefleisch, also der Kopf, Schwänzle, Knöchla etc., gegart werden.
In „Fischers Schwäbischem Wörterbuch“ finden wir unter Riebelein: Auf dem Reibeisen oder sonst in kleine Flocken zerteilter Teig zur Riebeleinsupp, wie sie unsere Altvorderen noch bezeichneten.
Riebeleinsupper ist auch der Spottname von Schömberg, nicht umsonst hieß sie dort auch „Schömberger Supp“.

Bettelsupp

Zutaten:
Spätzles- oder Knöpflesbrühe, Salz, Muskat, 1 Zwiebel, Schmalz, Knöpfle oder Spätzle.

Zubereitung: Nach dem alten Wahlspruch der Schwaben „Jo nix vrkomma lau“ wurde die Brühe, in der die Spätzle oder Knöpfle gekocht wurden, nicht weggeschüttet, sondern zu einer Suppe weiterverarbeitet.
In die trübe Brühe gab die Hausfrau noch eine Handvoll Spätzle oder Knöpfle, würzte sie kräftig und schmelzte sie herzhaft mit in Schweineschmalz goldbraun gebackenen Zwiebelwürfeln ab. Verfeinert wurde die Suppe mit gehacktem Grünzeug und eventuell mit geriebenem Hartkäse.

Die Bettler allerdings bekamen nur die trübe Brühe ohne Schmalz und Zwiebeln.
Im Sommer war auf der Alb das Trinkwasser oft so knapp, daß die Kleinkinder nicht selten in der Spätzlesbrühe gebadet wurden. Und aus war's mit der Bettelsupp.
Sagen die Schwaben vielleicht deswegen heute noch zu ihren Kleinkindern „O, mei goldigs Spätzle"?

Blumenkohlsuppe

Zutaten:
1 kleiner Blumenkohl, 30 g Butter, 40 g Mehl, $1^1/_2$ l Wasser, 1 Eigelb, Sahne, Salz und Muskat.

Zubereitung: Den Blumenkohl 10 Minuten in Salzwasser legen. Dann ergreift auch das letzte Würmchen die Flucht. Den Kohl in kleine Röschen teilen und ca. 8–10 Minuten in reichlich Wasser kochen lassen. Danach aus Butter und Mehl eine Mehlschwitze ansetzen und mit der Blumenkohlbrühe aufgießen. Die Suppe abschmekken und einige Minuten köcheln lassen.
Vor dem Servieren die nicht zu weich gekochten Blumenkohlröschen zugeben. Die Sahne mit dem Eigelb verkleppern und die Suppe damit verfeinern. Nicht mehr kochen lassen.

Variante II: In der einfacheren Ausführung benützt man nur den Blumenkohlsud zur Suppe. Empfehlenswert ist dem Kochwasser eine Tasse Milch beizugeben. Als Einlage nimmt man hier den feingehackten Strunk. Etwas Sahne zum Schluß sollte auch hier nicht fehlen.

Brennsuppe

Zutaten:
50–60 g Fett,
ca. 4 EL Mehl,
ca. 1 1/2 l Wasser, Salz,
Pfeffer, 1 Zwiebel.
Auf Wunsch etwas Kümmel, Gewürzkräuter und wer will einen Löffel Essig.

Zubereitung: Das Fett gut erhitzen, das Mehl unterrühren, langsam anbräunen, die Zwiebelwürfel mitbraten und mit lauwarmen Wasser auffüllen. Die Brennsupp gut abschmecken und mindestens 10–15 Minuten köcheln lassen.
Beliebt war auch, die Suppe mit etwas Wein oder Most zu verfeinern. Regional verschieden wurden auch Brotwürfel in Schmalz angeröstet und in die Suppe gegeben.

Die Brennsupp, auch Braune Mehlsupp, Einbrenn- oder Gebrannte Mehlsupp genannt, zählen zu den Urahnen der schwäbischen Suppenküche. Sie fehlt in keinem alten Kochbuch und wird je nach Region verschieden betitelt. Auf den Mittagstischen ist sie so gut wie verschwunden. Der Aufwand, die rauchende Küche und der Geschmack entspricht nicht mehr dem Zeitgeist.
Sollten Sie trotzdem eine dieser würzigen Brennsuppen zubereiten, müssen Sie einige Grundregeln beachten: Als Fett nie Butter oder Margarine verwenden, denn sie würden verbrennen und die Suppe würde bitter schmecken. Nehmen Sie also Öl oder Palmin. Zum Ablöschen der Mehlschwitze zuerst nur kaltes oder lauwarmes Wasser nehmen. Später können Sie mit heißem Wasser weiter auffüllen.
Wer gerne fettarm kochen will, kann das Mehl auch in der Backröhre in einer Pfanne anbräunen. Ab und zu umrühren.
Wieder aufgetischt wird die Brennsupp als eine Art Ein-

topf mit Kartoffeln oder Bohnen. Und sie ist Hauptbestandteil der schwäbischen Kuttelsupp, die auch heute noch hoch geschätzt wird.

Geschmelzte Brotsuppe

Zutaten:
ca. 100–150 g altes Brot oder Wecken, 1½ l Wasser, 1 Zwiebel, 50–70 g fettes Rauchfleisch, Schmalz, Salz, Pfeffer, Kümmel, Majoran, nach Belieben 1 Ei.

Zubereitung: Die Speckwürfel anrösten, das zerkleinerte Brot beigeben und mit dem Speck kurz anrösten. Mit Wurstbrühe oder dem Wasser auffüllen und gut durchkochen. Vor dem Servieren das verklepperte Ei unterziehen. Würzig abschmecken.
Die Zwiebelwürfel im Fett anrösten und die Suppe damit abschmelzen. Dazu gab es gekochte Kartoffeln, die in der Suppe zerdrückt wurden.
Kräftig mit Schnittlauch bestreuen.

Brotsupp mit Leberwurst

Zutaten:
ca. 200 g altbackenes Schwarzbrot, 1 Stück Sellerie, 1 Stange Lauch, 1 gelbe Rübe, 1 Zwiebel, Peterling, Salz, Pfeffer, 1½ l Wurstbrühe oder Wasser, 1 EL Mehl, 100 g Leberwurst.

Zubereitung: Das Gemüse zerkleinern und dämpfen bis es gar ist. Zusammen mit dem eingeweichten Brot durch ein Sieb streichen oder durch den Wolf drehen. Die Zwiebelwürfel mit dem zerkleinerten Peterling in Fett anschwitzen, das Mehl beigeben und alles zusammen leicht anbräunen.
Das durchgesiebte Gemüse und Brot beigeben, mit der Brühe auffüllen und aufkochen lassen. Kräftig abschmecken. Zur Geschmacksverbesserung wird noch die hausgemachte Leberwurst untergerührt.

Aufgebrühte Brotsuppe

Zutaten: 120–150 g Schwarzbrot, Salz, Muskat, $1^1/_2$ l Fleischbrühe, etwas Butter, 1 Zwiebel, 1 Eigelb.

Zubereitung: Diese Art von Brotsuppe ist besonders schnell zubereitet. Sicher wurde sie in der Erntezeit, wenn die Bäuerin wenig Zeit hatte, aufgetischt.
Dazu brauchen Sie heiße Suppenteller. In jeden Teller kommt ein Eigelb und darüber ein paar frische Brotscheiben. Nun gießt man die kochendheiße Fleischbrühe darüber und fertig ist die Suppe. Wer will, kann die Suppe noch mit in Butter angerösteten Zwiebeln abschmelzen.
Und Schnittlauch nicht vergessen.

Eine ähnliche Suppe bekam ich in Lissabon serviert. Nur war auf dem Suppentellerboden frischer Knoblauch eingelegt. Einfach köstlich.

Die Brotsuppe ist sicher keine schwäbische Erfindung. Sie wurde und wird aber nirgends so geschätzt, verfeinert und in allen möglichen Varianten aufgetischt wie in Süddeutschland.

Besonders nach dem Krieg wurde kein Brotriebele vergeudet und fand mit Sicherheit den Weg in den Suppentopf. Jeder war froh, wenn in der Nachbarschaft geschlachtet wurde und er ein Kännchen Metzelsupp oder Wursthrühe abholen konnte. So schwammen wenigstens ein paar Fettaugen auf der Suppe.

In der Stadt gab es an bestimmten Tagen für ein paar Pfennige Wurstbrühe beim Metzger. Wohl dem, der eine große Verwandtschaft hatte, denn nach dem Motto: „Viel Vettra, viel Lompa, viel Bäsla, viel Metzelsupp" kam man doch des öfteren zu einer kräftigen Suppe.

Die Brotsuppen wurden ganz individuell zubereitet. Die einen drehten das Brot durch den Wolf oder strichen es durch das Sieb, die anderen liebten ihre Brotstücke auf dem Löffel zu betrachten. Vielfach wurde die Suppe, die ein komplettes Essen darstellte, mit Kartoffelstücken und Gemüse angereichert.

Bei uns zu Hause wurde sie immer mit Zwiebeln abgeschmelzt.

Bei größeren Bauern und in wohlhabenden Bürgerhäusern wurden auch rote Würste, Saiten oder Leberwurst dazu gereicht.

Wo Schmalhans Küchenmeister war, verlängerte man die Brotsupp mit Mager- oder Buttermilch.

Als die Zeiten besser wurden, verfeinerte man die Suppe mit Sahne und Eigelb. Um der nicht so sehr geschätzten Suppe eine andere Geschmacksrichtung zu geben, rundete der eine oder andere die Brühe mit einer Tasse Bier ab.

Im Oberland, also mehr Richtung Allgäu, mischte man der Suppe auch geriebenen Hartkäse bei. In alten Zeiten, als die Brotsuppe noch eine geschätzte Fastensuppe war, streuten unsere Altvorderen noch Mandeln und Weinbeeren als Gaumenschmeichler darüber.

Grießsuppe

Zutaten:
1 l Fleischbrühe,
ca. 60 g Grieß, Salz
und Muskat, 1 Ei,
Grünzeug.

Zubereitung: Die Fleischbrühe zum Kochen bringen, den Grieß einrühren und ca. 20 Minuten köcheln lassen. Abschmecken und das verklepperte Ei unterziehen. Mit Grünzeug bestreuen.

Variante: Bei der eingelaufenen Grießsuppe wird der Grieß mit 2–3 Eiern angerührt und in die Brühe gegeben.

Brennte Grießsuppe

Zutaten:
ca. 60 – 80 g Grieß,
ca. 50 – 60 g Fett, Salz
und Muskat, ca. 1 l
Wasser oder Brühe,
1 Ei.

Zubereitung: Den Grieß in dem zerlassenen Fett unter ständigem Rühren anrösten. Mit der Brühe oder dem Wasser auffüllen und einige Minuten köcheln lassen. Abschmecken. Mit einem Ei verfeinern oder mit angedämpften Zwiebeln abschmelzen. Mit Schnittlauch bestreuen.

„D' Leit send gschleckat,
was wird emmer gmeckert,
isch aber guat,
no ziagt ma da Huat.“

Grießknödelsuppe

Zutaten:
50 g Butter oder Butterschmalz, 80–100 g Grieß, 2 Eier, Salz, Muskat, Fleischbrühe.

Zubereitung: In die schaumig gerührte Butter werden nach und nach der Grieß und die Eier eingerührt. Mit Salz und Muskat würzen. Die Masse sollte mindestens 20–30 Minuten quellen.
Danach werden mit einem Kaffeelöffel kleine Knödel ausgestochen, die man in der anderen angefeuchteten Hand in eine längliche Form dreht und ins köchelnde Salzwasser legt. Könner der Materie bringen die Grießknödel mit 2 Kaffeelöffel in die richtige Form. Die Knödel im Wasser oder der Brühe ca. 15–30 Minuten leicht köcheln lassen. Danach in der Fleischbrühe servieren. Mit Schnittlauch bestreuen.

Gebackene Grießknödel

Zutaten:
120 g Grieß, 1/4 l Milch, 2 Eier, Salz, Muskat, Fett.

Zubereitung: Den Grieß in die kochende Milch einrühren, bis es eine feste Masse bildet. Etwas abkühlen lassen, die Eier und Gewürze untermengen. Wer will, kann auch noch frischgehackten Peterling beigeben. Nun wie gehabt Knödel formen und im heißen Fett ausbacken. In der Fleischbrühe noch etwas ziehen lassen. Grünzeug nicht vergessen.

Die gebackenen Grießknödel findet man auch in der Hochzeitssuppe wieder. Am verbreitetsten ist die „Brennte Grießsupp“, die sich bis in unsere moderne Zeit hinein gerettet hat. Mit einem Schuß Flüssigwürze

oder Maggikraut (Liebstöckel) ist sie ein regelmäßiger Begleiter am Mittagstisch. Der Schwabe liebt angeröstete Gerichte von früher her, sei es nun die Brennsupp, der schwarze Brei (angerösteter Dinkel), „Brennts Mus“ aus geröstetem Mehl, oder die Brennete, eine saure Soße aus angebräuntem Mehl. Konnte man doch manchem Essen eine andere Geschmacksrichtung verpassen und eventuell nicht mehr so frische Lebensmittel, die schon ein gewisses „Geschmäckle“ hatten, wieder hoffähig machen.

Gerstensuppe

Zutaten:
60–80 g Gerste,
1 l Fleischbrühe,
Salz, Muskat,
Sahne und 1 Ei.

Zubereitung: Die Gerste kurz waschen und abtropfen lassen. In der Fleischbrühe ansetzen und ca. 1½ Std. köcheln lassen. Vor dem Servieren abschmecken, mit Sahne und dem Eigelb verfeinern.
Reichlich mit Grünzeug bestreuen.

Über die Grenzen hinaus bekannt war im Mittelalter die Ulmer Gerste, auch Rollgerste, Gerstengraupe oder Perlgraupe genannt. In früheren Zeiten spielte die Gerstensuppe als Krankenkost eine nicht unbeachtliche Rolle. Allerdings wurde sie dabei durch ein Sieb passiert. Die Ulmer Gerste, in einer der vielen Ulmer Mühlen geschrotet, wurde im 18. und 19. Jahrhundert in Fässern verpackt bis nach Petersburg versandt.

Gemüsesuppe

Zutaten:
Je nach Jahreszeit – gelbe Rüben, Sellerie, Lauch, Kraut, Blumenkohl, Kartoffeln, Brühe.

Zubereitung: Das Gemüse waschen und in kleine Würfel schneiden. Im Wasser oder in der Fleischbrühe weich kochen. Gemüse mit kurzer Garzeit erst später dazugeben, z. B. Blumenkohl. Mit Salz und Muskat abschmecken. Mit Schnittlauch nicht sparen.
Die klare Gemüsesuppe kann nach Bedarf mit Mehl oder Grieß abgebunden werden.

Grünkernsuppe

Zutaten:
2–3 EL Butter, 1 Lauchstange, 1 kleine Sellerieknolle, ca. 70 g Grünkernmehl, $1\frac{1}{2}$ l Wasser oder Gemüsebrühe, Salz, Muskat, etwas Sahne.

Zubereitung: Das Gemüse waschen, klein schneiden und in der Butter anschwitzen. Das Grünkernmehl dazugeben, kurz mit andämpfen und mit der Brühe aufgießen. Gut durchrühren und zum Kochen bringen. Abschäumen und langsam ca. 15 Minuten köcheln lassen.
Vor dem Servieren mit der Sahne verfeinern, abschmekken und mit angerösteten Brotwürfeln garnieren.

Schon seit über 300 Jahren wird in Süddeutschland, besonders aber im Bauland, in der Gegend um Bad Mergentheim, Dinkel angebaut, in unreifem Zustand geerntet und auf sogenannten „Darren“ getrocknet. Daß das Dinkelgetreide überlebte, hat es in erster Linie seiner Bescheidenheit zu verdanken. Es wächst auch noch in Höhen und auf Böden, wo der Weizen nicht mehr gedeiht.

Als Nahrungsmittel ist der Grünkern dank seines herzhaften Geschmackes und seines Nährwertes z. B. dem Reis und dem Sago weit überlegen. Aufgrund dieser Eigenschaften ist er in der Diätküche ein gerngesehener Gast. Ein Großteil der Ernte geht heute an die Suppenindustrie, wo er als Grundbestandteil von Fertigsuppen verwendet wird.

Haferschleim

Zutaten:
60–80 g Haferflocken, 1 l Wasser, 1 Prise Salz.

Zubereitung: Die Haferflocken mit kaltem Wasser ansetzen, ca. 20–30 Minuten köcheln lassen und durch ein Sieb passieren.

Die Krankensuppe schmeckt nach „gar nichts“.
Mit Abscheu erinnere ich mich an meine Kindheit und an diese „Läbberlessupp“. Aber bei verkorkstem Magen ist sie eine echte Wohltat und oft das einzige, was ein kranker Magen bei sich behält.
Wer sich einigermaßen erholt hat, kann die Suppe mit etwas Sahne und einem Eigelb aufpäppeln.

Hirnsuppe

Zutaten:
1 Kalbs- oder Schweinehirn, 50 g Butter, etwas Mehl, Peterling, 1 Zwiebel, Salz, Muskat, 1 l Fleischbrühe oder Wasser, etwas Sahne, 1 Eigelb.

Zubereitung: Das Hirn ca. 1/2 Stunde ins Wasser legen und häuten. Im Wasser aufsetzen und kurz kochen lassen. Herausnehmen und nach Belieben grob oder fein hacken. Die feingehackte Zwiebel und den Peterling in Butter andämpfen, etwas Mehl zugeben und mit der Brühe ablöschen, würzen, das Hirn beigeben und noch ca. 10 Minuten köcheln lassen. Vor dem Essen das verklepperte Ei mit der Sahne darunterziehen. Dazu eine Butterbrezel und Sie haben ein herzhaftes Essen.

Früher hieß es sogar, wer viel Hirn ißt, wird gscheit. In ganz traurigen Fällen hilft vielleicht das Gebet: „O Herr, schmeiß Hira ra."

Kartoffelsuppe mit Leberwurst

Zutaten:
500 g rohe Kartoffeln, 1 kleingehackte Zwiebel, 2 EL feingewiegten Peterling, 40 g Fett, 1 1/2 l Wasser oder Fleischbrühe, 2 gelbe Rüben, 100 g Landleberwurst, 4 Scheiben in Würfel geschnittenes, geröstetes Schwarzbrot.

Zubereitung: Die Kartoffeln schälen und in Würfel schneiden. Die geschälten gelben Rüben ebenfalls kleinschneiden und mit den Kartoffeln ca. 25 Minuten kochen. Die Leberwurst in kleine Stücke schneiden und beigeben. Die kleingeschnittene Zwiebel mit dem Peterling im heißen Fett hell andünsten, unterrühren und die Suppe würzig abschmecken. Schwarzbrotwürfel anrösten, in eine Schüssel geben und die Suppe darüber anrichten.

Kartoffelsuppe mit Speck

Zutaten:
1 Pfd. Kartoffeln,
1 große gelbe Rübe,
1 Stange Lauch,
1 Zwiebel, Salz,
Pfeffer, Majoran,
150 g Rauchfleisch vom Bauch, ca. $1\,^1/_2$ l Fleischbrühe oder Wasser.

Zubereitung: Die gelbe Rübe, die Zwiebel, den Lauch und die Kartoffeln kleinschneiden und mit der Brühe aufkochen, würzen und ca. 20 Minuten köcheln lassen, bis die Kartoffeln und das Gemüse gar sind. Danach alles durch ein Sieb passieren. Die Speckwürfel anrösten und in die Suppe geben. Wer hat, kann auch eine Speckschwarte mitkochen. Vor dem Servieren mit angerösteten Brotwürfeln garnieren. Mit gehacktem Peterling bestreuen.

Lauchsuppe

Zutaten:
1 große Stange Lauch, 50 g Fett,
60 g Mehl, Salz,
Pfeffer, Muskat,
etwas Sahne,
ca. 1 l Wasser oder Fleischbrühe.

Zubereitung: Die Lauchstange der Länge nach aufschneiden und gut waschen. Danach in Streifen schneiden. Die grünen Teile weglassen, da sie hart sind. Das Mehl im Fett leicht anbräunen, die Lauchstreifen kurz mit anschwitzen und mit Wasser auffüllen. Aufkochen, abschmecken und 15–20 Minuten köcheln lassen.
Vor dem Servieren mit der Sahne verfeinern.
Mit Backerbsen oder gerösteten Brotwürfeln bestreuen.

Ulmer Schneckensuppe

Zutaten:
12 Schnecken aus der Dose, 1 kleine Zwiebel, etwas Butter und Weißwein, 1 EL Mehl, Fleischbrühe, Sahne, verschiedene Kräuter, Salz und Pfeffer.

Zubereitung: Die feingeschnittene Zwiebel mit Butter andämpfen, die zerkleinerten Schnecken dazugeben, mit dem Weißwein ablöschen und ein paar Minuten köcheln lassen. Mit Mehl abstäuben und mit der Fleischbrühe und dem Schneckenfond auffüllen und nochmals ca. 30 Minuten köcheln lassen. Zum Schluß die Sahne und die feingehackten Kräuter dazugeben und würzig abschmecken.

Im Mittelalter hatte fast jeder Ulmer ein Schneckengärtle. Die Ulmer Schnecken waren berühmt. Sie wurden tonnenweise nach Wien geliefert, wo sie als „Ulmer Austern“ sehr beliebt waren. Viele Schnecken kamen auch vom Großen Lautertal nach Ulm. Bauern züchteten dort auf speziellen Äckern, die mit Salat bepflanzt wurden, Schnecken en gros. So erinnert sich der Köhlerwirt in Münzdorf noch gut an seinen Großvater, der neben seiner Tätigkeit als Mesmer, Wirt, Linsentrierer und Köhler auch eine Schneckenmast betrieb.

Die Gaumen sind gar sehr verschieden,
und allen recht tun ist gar schwer,
denn was den einen stellt zufrieden,
darüber schimpft ein anderer sehr.

Gasthausinschrift

Eintöpfe

Nach dem alltäglichen Brei, kam an zweiter Stelle sofort der Eintopf. Er war eine wesentliche Ernährungsgrundlage über Jahrhunderte.
Der Grund: Auf den offenen Feuerstellen gab es nur Platz für einen Topf und in dem bruzelte alles, was Haus und Garten zu bieten hatte. Angefangen von Kohl, Hülsenfrüchten, Getreideschrot und Fleisch, sofern vorhanden.
In den Kesseln köchelte eine ständig wechselnde Brühe, deren Inhalt von der Jahreszeit und dem Jagdglück des Hausherrn abhing. Eine heiße Suppe, die übrigens selten ganz geleert wurde, war so immer vorrätig. Wegen des geringen Geschmackswertes der Körner und Gemüse, fügte man dem Eintopf nach Möglichkeit Speck, Würste oder Rauchfleisch bei. Besonders die im Südwesten geschätzten Erbsen-, Linsen- und Bohneneintöpfe werden damit aufgepäppelt.
Diese Eintöpfe, die einstmals bei der ärmeren Bevölkerung fast wöchentlich auf den Tisch kamen, verloren nach dem Ersten Weltkrieg immer mehr an Bedeutung.
Eintöpfe mit einem Stück Brot bzw. Fladen waren schon im alten Rom beliebt.
So entwickelte der berühmte Gladiatoren- und Leibarzt von Kaiser Commodus (180–192 nach Christus) einen speziellen Eintopf mit Hafer, Wasser, Honigwein, eingekochtem Most oder Süßwein, Gerstenschleim und Puffbohnen für die Gladiatoren, damit sie immer gut in Form waren.
Aus Frankreich kennen wir den bekannten Fischeintopf, die „Bouillabaisse“, der

ursprünglich aus Fischabfällen hergestellt wurde. Heute finden wir diese Leckerei nur noch in Feinschmeckerlokalen. Allerdings nicht als Restesuppe, sondern nur das Feinste wie Hummer, Langusten und Edelfische tummeln sich in diesem köstlichen Fischtopf.
Verfälscht wird nicht selten auch der schwäbische Eintopf „Kartoffelschnitz und Spatza“, der heute als „Gaisburger Marsch“ auf den Speisekarten angeboten wird.
Besonders geschätzt waren Eintöpfe im Sommer in der Erntezeit, als die Frauen auch mit aufs Feld mußten und die Mahlzeiten vorgekocht und schnell aufgewärmt wurden.
Baron Eugen von Vaerst (1792–1855), ein geistreicher und kundiger Zeitgenosse der Eßkultur, schreibt über den Suppentopf:

- Das Flüssige in Suppengestalt genossen, mischt sich schneller unseren Säften bei, als wenn es kalt oder roh verzehrt wird.
- Je älter der Mensch, desto mehr schätzt er die Suppen. (Hängt vielleicht mit den schlechten Zähnen unserer Altvorderen zusammen.)

Nach Erkältungen, bei nervösem Magen, Kopfweh und manch Arten von Magenkrämpfen ist die Suppe das beste Mittel.
Das Sprichwort: *„Wer lange suppt, lebt lang“*, hat wohl etwas Wahres an sich.
So wie in Italien der Suppentopf mit Parmesan, in Frankreich mit einem Schuß Wein, wird der Eintopf bei uns gerne mit geschmelzten Zwiebeln verfeinert.
Sicher nicht so verwöhnt wurden wohl die Armen, die beim Konstanzer Konzil (1414–1418) bei der Armenspeisung ihr Süppchen abbekamen.

Nach den Mißernten (1816–1817) gründeten Wohltätigkeitsvereine, an der Spitze die junge Königin Katharina von Württemberg, an allen Orten sogenannte Suppenanstalten für die Armen. Der Erfinder der Massenspeisung war der im bayrischen Staatsdienst stehende Engländer Benjamin Thompson (1753–1814).

Er ging als Graf Rumford in die Eintopfgeschichte ein. Die Rumfordsuppe war in früheren Kochbüchern eine Berühmtheit. Der Eintopf war fortan in Armenküchen und Feldküchen nicht mehr wegzudenken. Besonders im Dritten Reich kam der Erbseneintopf zu großen Ehren. Heute treffen wir ihn vereinzelt bei der Bundeswehr oder Hilfsorganisationen wie THW oder noch in Ostdeutschland, wo er in alten „Gulaschkanonen" an der Straße Reisende zum Mahle einlädt. Aber auch in unseren Küchen hat der Eintopf wieder Einzug gehalten. Besonders am Wochenende, wenn Mama und Papa mal zu Hause sind, wird wieder gekocht wie zu Großmutters Zeiten.

Tips:

- Ist der Eintopf mal zu dick geraten bzw. eingekocht, nur mit ungewürzter Brühe aufgießen.
- Der Eintopf läßt sich gut mit restlichem Püree oder rohen, geriebenen Kartoffeln abbinden.
- Bei öfterem Aufwärmen, frisch abschmecken, eventuell etwas Flüssigkeit zugeben.
- Zutaten nach Möglichkeit gleichmäßig zerkleinern.
- Kräuter erst kurz vor dem Servieren beigeben.
- Eintöpfe mit Hülsenfrüchten mit kaltem Wasser und ohne Salz aufsetzen. Das verkürzt die Garzeit.
- Bei Kartoffeleintöpfen festkochende Kartoffeln verwenden.
- Und man kann beim Eintopfkochen sparen, indem Sie preiswertes Fleisch verwenden.

Volksweisheit: „Mit dr Gabl isch's a Ehr,
mit am Löffel kriag'd ma mehr."

Bohneneintopf

Zutaten:
ca. 130 g weiße Bohnenkerne, ca. 1 l Wasser, 250 g Rauchfleisch vom Bauch, 120 g gelbe Rüben, 120 g Kartoffeln, 1 Zwiebel, Salz,

Zubereitung: Die weißen Bohnenkerne, früher abwertend als Saubohnen bezeichnet, über Nacht einweichen. Dann mit dem Bauchspeck in ca. 1 l Wasser aufsetzen und ca. 1 Stunde kochen lassen.
In der Zwischenzeit das Gemüse putzen, die Kartoffeln schälen, in Scheiben schneiden und zu den Bohnen geben. Kräftig abschmecken, zusammen noch ca. 30 Minuten köcheln lassen. Den Bauchspeck herausnehmen, in Würfel schneiden und unter das Gemüse mischen.
Wer will, kann ihn auch in Scheiben schneiden und auf die Teller verteilen.
Dazu ein kerniges Bauernbrot, ein Glas Most und das Ränzlein legt einen Jubeltag ein.

Gaisburger Marsch

Zutaten:
ca. 500 g Brustkern (Rind), ca. 1½ l Wasser, 1–2 gelbe Rüben, 1 Stück Sellerie, 1 kleine Lauchstange, 1 angeröstete

Zubereitung: Das Wasser mit dem Gemüse und dem gewaschenen Rindfleisch aufkochen und gut abschäumen. Erst zum Ende hin salzen. Nach ca. 1½–2 Stunden den Brustkern herausnehmen und in Würfel schneiden.
Das Gemüse etwas früher herausnehmen, damit es nicht verkocht. Es kann anderweitig oder als Beilage verwendet werden.
Die Spätzle und die vorbereiteten Kartoffelschnitz in

Zwiebelhälfte, damit die Brühe eine schöne hellbraune Farbe bekommt, Salz, Muskat, 1 EL Butter, 1 Zwiebel, Schnittlauch, Spätzle und Kartoffelwürfel.

der Fleischbrühe erhitzen, die Fleischwürfel dazugeben, abschmecken und mit angerösteten Zwiebeln abschmälzen. Reichlich mit feinem Schnittlauch bestreuen.

Noch im letzten Jahrhundert hieß dieser heißgeliebte Eintopf „Kartoffelschnitz und Spatza". Es war ein Arme-Leute-Essen ohne Fleisch, denn das war für die meisten Leute unter der Woche kaum erschwinglich. Nicht selten benützte man die restliche Brühe vom Spätzles- oder Knödelwasser als Brühe, die dann noch mit Spätzle und Kartoffeln angereichert wurde. Wer Schmalz hatte, schmälzte noch Zwiebeln an und gab so dem Essen den letzten Pfiff.

Seinen Namen „Gaisburger Marsch" soll er wie folgt erhalten haben: Im Stuttgarter Stadtteil Gaisburg waren Soldaten stationiert. Die Produkte der dortigen „Gulaschkanone" entsprach nicht immer dem Geschmack der dort Diensttuenden. Es schmeckte ihnen ungefähr so, wie vielen unseren Studenten das heutige Mensaessen.

Also machten sich hauptsächlich die Unteroffiziere abends von der Bergkaserne auf den Marsch durch Gaisburg zur Bäckerschmiede, einem schwäbischen Wirtshaus, wo dieser Eintopf besonders köstlich zubereitet wurde, natürlich mit Fleisch.

Besonders frevelhaft gehen manche Gastronomen mit dieser schwäbischen Spezialität um, indem sie mit

irgendwelchen exotischen Zutaten wie Krabben oder Muscheln den Eintopf aufmöbeln und dies dann als neue schwäbische Küche ausgeben.
Also wenn schon neue schwäbische Küche, dann bitte Zutaten aus der Region.

Gemüseeintopf

Zutaten:
500 g Ochsenbrust, $1^1/_2$ l Wasser, 1 große Stange Lauch, 1 angeröstete Zwiebelhälfte, 1 kleine Sellerieknolle, ca. 200 g gelbe Rüben, 1 kleiner Wirsing- oder Krautkopf, ca. 300 g Kartoffeln, Salz, Muskat.

Zubereitung: Das Rindfleisch waschen und ins siedende Wasser geben. Das geputzte, zerkleinerte und gewaschene Gemüse dazugeben. Alles aufkochen und gut abschäumen. Danach nur noch ca. $1^1/_2$–2 Stunden köcheln lassen. Das Gemüse früher heraus nehmen, solange es noch bißfest ist. Die Kartoffeln und den Lauch $^1/_2$ Stunde vor Garende beigeben. Das Fleisch in Würfel schneiden, mit dem Gemüse und den Kartoffeln vermengen, mit der heißen, abgeschmeckten Brühe übergießen und mit Schnittlauch bestreuen.
Natürlich können Sie das Fleisch auch roh, vor dem Kochen würfeln. Hier sollten Sie das Fleisch dann ein paar Minuten leicht anbraten. Das Rindfleisch kann auch durch eine Lammschulter ersetzt werden.

Hühnereintopf

Zutaten:
1 Suppenhuhn mit ca. 2 kg, 3 gelbe Rüben, 1 kleine Sellerieknolle, 1 Stange Lauch, ca. 200 g Nudeln, am besten Suppennudeln, Salz, Muskat, gehackten Peterling.

Zubereitung: Das Suppenhuhn waschen und kurz ins kochende Wasser geben. Wasser abschütten. Das Huhn kalt abspülen. Neu aufsetzen. Das Gemüse waschen oder schälen und zum Huhn geben. Die Kochzeit des Huhnes beträgt $1\frac{1}{2}$–$2\frac{1}{2}$ Stunden, je nach Größe und Alter des Tieres. Das Gemüse früher heraus nehmen und würfeln. Die Nudeln abkochen.
Das Huhn ist fertig, wenn beim Einstechen mit der Gabel kein rosa Saft mehr austritt. Das Fleisch beim fertigen Huhn ablösen, in Würfel schneiden, in die Terrine geben, das Gemüse und die Nudeln beigeben. Mit der heißen Brühe übergießen und abschmecken. Mit gehacktem Peterling bestreuen.

Früher nannte man die alten über drei Jahre alten Legehennen „Mistkratzer“. Das waren noch Zeiten, als auf jedem Bauernhof eine Hühnerschar, bewacht von einem stolzen „Gockel“, über die Höfe stolzierte.
Aber sie gibt es noch, besser gesagt, wieder. Auf den Wochen- oder Bauernmärkten bieten Geflügelhöfe und Landwirte frisch geschlachtetes Geflügel aus Boden- oder Freilandhaltung an. Schmeckt auch besser als so ein anonymer Eisklumpen aus der Tiefkühltruhe vom Supermarkt.

Krauttopf

Zutaten:
1,5 kg Weißkraut,
500 g Kartoffeln,
1 große Zwiebel,
150 g gelbe Rüben,
150 g Bauchspeck,
Pfeffer, Salz, Fett,
Wasser.

Zubereitung: Den Kohlkopf vierteln, den Strunk herausschneiden und grob würfeln. Im kochenden Wasser ein paar Minuten blanchieren und das Wasser abschütten. Die Kartoffeln, die gelbe Rübe und die Zwiebel in Scheiben schneiden. Den gewürfelten Bauchspeck in einer Kasserolle anbraten, das gesamte Gemüse und eventuell ein Gewürzsträußchen beigeben, würzen und ca. 1 Stunde köcheln lassen. Dieses herzhafte Wintergericht können Sie genauso mit Wirsing zubereiten.
„'s Kraut isch heit guat, hot sell Magd gsait ond da Schpeck gessa."

Lammtopf mit Bohnen

Zutaten:
500 g Lammfleisch
von der Schulter,
150 g Bauchspeck,
2 Zwiebeln, Öl,
250 g Kartoffeln, 250 g
grüne Bohnen, Salz,
Pfeffer, Bohnenkraut,
Majoran, 1/2 l Wasser.

Zubereitung: Das Fleisch in große, die Zwiebeln und den Speck in kleine Würfel schneiden und in heißem Öl anbraten. Die gewürfelten Kartoffeln ebenfalls beigeben und mit Wasser auffüllen, ca. 10–15 Minuten schmoren lassen. Dann die geputzten Bohnen beigeben, mit den Gewürzen und den Kräutern abschmecken. Weitere 20–30 Minuten köcheln lassen.

Nach dem Motto „Jedes Böhnchen gibt ein Tönchen" wünschen wir Ihnen ein musikalisches Eintopfessen.

Laucheintopf

Zutaten:
ca. 400 – 500 g Lauch,
50 g Butterfett,
ca. 350 g Kartoffeln,
250 g Bauchspeck oder Schinkenreste, 1/2 l Brühe oder Wasser,
Salz, Pfeffer.

Zubereitung: Den Lauch länglich aufschneiden und gut waschen. Die Kartoffeln schälen und zusammen mit dem Lauch in dicke Scheiben schneiden. Den Lauch im Fett kurz andünsten. Die Kartoffeln, den Lauch und die Speckwürfel lagenweise in eine Kasserolle einschichten, würzen und mit der erhitzten Brühe auffüllen. Im Backofen ca. 30 Minuten dünsten lassen.
Mit Grünzeug bestreuen. Wer will kann auch noch ein Ripple oder fette Rauchwürste dazu servieren.

Linseneintopf

Zutaten:
400 g Linsen, ca. 1 1/2 l Brühe oder Wasser,
1 gespickte Zwiebel,
1 TL Tomatenmark,
2 gelbe Rüben,
1 Stange Lauch,
1 Sellerieknolle, Salz,
Pfeffer, 1 – 2 EL Essig,
Rotwein nach Gusto,
Speckschwarte,
Spätzle, Saitenwürste,
1 – 2 EL Mehl und Butterschmalz.

Zubereitung: Die Linsen mit dem Wasser gut bedecken und mit der gespickten Zwiebel und der Speckschwarte aufkochen, etwas abschäumen und ca. 12 Minuten köcheln lassen. Das Gemüse putzen, würfeln, in Butterschmalz anschwitzen und mit etwas Wasser aufgießen und ca. 10 – 15 Minuten dünsten.
Das Mehl in Butterschmalz braun anrösten und die Linsen damit abbinden. Der Schwabe liebt seine Linsen gern säuerlich. Ein Schuß Rotwein kann nie schaden. Die heißen Spätzle und das Gemüse untermengen und nochmals kurz aufkochen lassen. Die heißen Saitenwürste dazu servieren.

Statt mit Saitenwürsten kann der Eintopf auch mit Speck- und Zwiebelwürfeln abgeschmelzt werden. In Norddeutschland wird der Linseneintopf mit Kartoffelwürfeln serviert.

Saure Bohnenspatzen

Zutaten:
ca. 60–100 g weiße Bohnenkerne, Wasser, Brennsupp wie gehabt. Pfeffer, Salz, Essig, 1 Prise Zucker, 1 Schuß Rotwein oder 1/2 Gläschen Obstler, 1 Zwiebel, 150 g Speck, Spätzle nach Bedarf.

Zubereitung: Die Bohnenkerne über Nacht in Wasser einweichen. Nicht zu weich kochen. Eventuell eine Speckschwarte beigeben. Eine Brennsupp zubereiten wie bei „Saure Kartoffelrädla" beschrieben. Die abgegossenen Bohnenkerne in die heiße Brennsupp geben und aufkochen. Die Zwiebel- und Speckwürfel anschwitzen und mit den Spätzle untermengen. Natürlich können Sie statt der Bohnenkerne auch grüne Bohnen verwenden.

Saure Kartoffelrädla

Zutaten:
70 g Butterschmalz, 2 EL Mehl, 1 l Wasser oder Brühe, Salz, Pfeffer, 2 Lorbeerblätter, 1 Zwiebel, 1 Prise Zucker, Essig, Rotwein nach Bedarf, 1 kg Kartoffeln, Saitenwürstchen.

Zubereitung: Das Butterschmalz erhitzen, Mehl beigeben und die Mehlschwitze unter ständigem Rühren bräunen lassen. Mit Wasser auffüllen, würzen und mit der gespickten Zwiebel ca. 20–30 Minuten köcheln lassen. Die Kartoffeln kochen, schälen und in Scheiben schneiden. Am besten eignen sich Salatkartoffeln.

Soßen

Vom Kochtechnischen her ist die Soßenkultur noch jung an Jahren. Denn erst seit Anfang des verflossenen Jahrhunderts, als der geschlossene Herd sich immer mehr durchsetzte und man nicht mehr auf den Bratspieß angewiesen war, konnte die Soße ihren Siegeszug in unseren Küchen antreten.

Die Soßen dienen dazu, die Speisen schlüpfriger zu machen, damit sie besser hinunterrutschen, sei es nun beim Fleisch, Fisch oder Gemüse. Zudem erhöhen sie deren Verdaulichkeit und Nährwert. Soßen sollten nicht dazu dienen, die Gerichte zu verbergen, wie es bei der Brennsoße des öfteren der Fall war, sondern das Aroma zu verbessern.

Der Schwabe, als Naßesser bekannt, neigt gerne dazu, seine Mahlzeiten mit reichlich Soße zu verspeisen, sei es das Gemüse, seine heißgeliebten Spätzle oder gar das Wiener Schnitzel, das nicht vor seinem Soßentopf sicher ist.

Die Soßen sind in unserer Küche ein besonders wichtiger Faktor, quasi die Säule, um die sich alles dreht. Bei manchen Gerichten wie saure Kutteln, Linsen oder saure Kartoffelrädla hängt alles von der Soße ab. Und bitte immer reichlich, denn nur so können sie mit einem Lob der Schwaben rechnen.

Schon der französische Meisterkoch Escoffier, selbst Schöpfer vieler Soßen, stellte die Soßen in den Mittelpunkt der Küche. Dem „Saucier" kam in der feinen Küche schon immer ein besonderer Stellenwert zu, denn von seinem Gaumen profitierte das ganze Menü.

Schon Balzac erklärte: „*Die Soße ist der Triumph des guten Geschmacks.*“
Wir unterscheiden gebundene und nichtgebundene, helle und dunkle Soßen. Natürlich kann man Soßen mit den angebotenen Hilfsmitteln wie Brühwürfel oder Soßenpulver herstellen.
Aber auf Dauer? Nein, danke!
Wichtig für Soßen ist der Fond, also die Flüssigkeit, mit der Sie die Soße herstellen. Und lassen Sie Ihre Soßen ruhig auf kleiner Flamme ca. 30 Minuten oder mehr köcheln, bis sie sämig werden. Erstens verlieren sie dann ihren Mehlgeschmack und zweitens bildet sich auf Ihrem Teller nicht gleich die bekannte Haut. Soßengerichte immer auf heißen Tellern anrichten!
Also nochmals: Je mehr Sie Ihre Soßen einkochen lassen, je besser schmecken sie. Besonders wichtig bei Bratensoßen: Hier kann dann sogar auf eine Mehlbindung verzichtet werden.

Tips:
Das Abbinden der Soßen, sofern nötig, geschieht wie folgt:
Am beliebtesten ist die Mehlschwitze. Dazu wird Fett, am besten Butter oder Butterfett bzw. Margarine, erhitzt, Mehl darüber gestäubt und die betreffende Flüssigkeit unter ständigem Rühren dazugegeben, z. B. Brühe, Gemüsefond oder Milch. Wird eine dunkle Variante gewünscht, läßt man das Fett-Mehl-Gemisch so lange „schwitzen“, bis es sich dunkel färbt wie z. B. bei der Brennsoße.
- Sie können aber auch einfach Mehl mit Wasser oder Wein bzw. Fond anrühren und die Soße so andicken.
- Heiße Mehlschwitze immer mit kalter Flüssigkeit aufgießen! Dabei kräftig mit dem Schneebesen rühren.
- Für 1 Liter Flüssigkeit rechnen wir pi mal Daumen 50 g Mehl und 50 g Fett.
- Ist die Soße nicht dick genug, vermischen Sie etwas Mehl und Butter und geben

Sie die Mehlbutter in die Soße, die sich schnell und ohne zu klumpen auflöst (Mehlbutter: Mehl und Butter vermengen, gibt beim Abbinden keine Bollen).

Eine andere Art Soßen einzudicken ist wie folgt:
- Kartoffelmehl mit etwas Wasser anrühren und zugeben.
- Restlicher Kartoffelbrei oder roh geriebene Kartoffeln.
- Rahm zur Hälfte einkochen und die Soße damit abbinden.
- Helle Soßen mit Schmelzkäse abbinden. Eine neue Kreation für Nudelgerichte.
- Mit gekochtem Gemüse pürieren und die Soße damit andicken.
- Verwenden Sie Butterschmalz. Ein echter Alleskönner. Butterschmalz besteht aus 99,8% Butterfett und 0,2% Wasser und Vitaminen. Es enthält keine Konservierungsstoffe und ist trotzdem monatelang haltbar. Im Verbrauch ist es um 20% ergiebiger als Butter.
- Helle Soßen durch Legieren verbessern, Eigelb mit Rahm verrühren und der fertigen Soße unterrühren. Nicht mehr kochen lassen.
- Dunkle Soße mit Wein, Spirituosen oder Rahm verfeinern.
- Bei der Bratensoßenzubereitung sollten ein paar Kalbsknochen nie fehlen. Am besten sind Kalbsfüße.

Gedenke stets der Harmonie –
schon bei der Zubereitung:
Die Speise ist die Melodie,
die Soße die Begleitung!

Bratensoße

Zutaten:
zerkleinerte Knochen und Sehnen vom Kalb. Ein Kalbsfuß sollte auf jeden Fall dabei sein. Fett, 1 Zwiebel mit Schale, 1 Stück Sellerie, 1 Stange Lauch, 2 gelbe Rüben, 1–2 EL Tomatenmark, Salz und Pfeffer. Wasser nach Bedarf.

Zubereitung: Die Knochen und Sehnen scharf im Fett anbraten. Das gewaschene, in Würfel geschnittene Gemüse dazugeben und auch mit anbraten. Sobald alles angebräunt ist, 1–2 EL Tomatenmark untermengen und ebenfalls kurz mitbraten.
Mit 2–3 Tassen Wasser oder Brühe auffüllen und einkochen lassen. Restliche Brühe aufgießen und 2–3 Stunden köcheln lassen. Abschmecken und durch ein Sieb passieren.
So haben Sie eine gute Bratensoße ohne teuren Fleischeinkauf.

Brennsoße

Zutaten:
50–60 g Butterschmalz oder Öl, 50–60 g Mehl, 1/2 l Wasser oder Brühe, 1 Zwiebel, Salz, Pfeffer, Essig und 1 EL Rotwein, 1 Prise Zucker.

Zubereitung: Fett erhitzen und das Mehl unter ständigem Rühren anbräunen. Kurz vor dem Aufgießen die kleingeschnittene Zwiebel kurz mitbraten. Mit der lauwarmen Brühe aufgießen und aufkochen, ca. 20–30 Minuten köcheln lassen.
Eine mit Nelke und Lorbeer gespickte Zwiebel mitkochen. Kräftig würzen.
Die Soße kann auch, um Fett zu sparen, mit im Ofen gebräuntem Mehl zubereitet werden.

Die Brennsoß, braune oder saure Soß, braune Brühe, Einbrenne oder kurz einfach als Brenne bezeichnet, zählt mit zu den ältesten Soßen in unserem Siedlungsraum. Sie wird und wurde meist sauer abgeschmeckt und zu allerhand Gerichten gereicht. Gewürze waren, wenn vorhanden, meist für den einfachen Mann bzw. Frau, kaum erschwinglich. Essig konnte dagegen aus Wein Marke „Semsakreblser" bzw. aus Most selbst hergestellt werden. Essig diente auch zur Konservierung. Und um den Speisen, die durch die lange Lagerung ein gewisses „Gschmäckle" angenommen hatten, zu vertreiben, war die rauchige saure Brennsoß genau das richtige. Heute gilt die Brenne schon als Spezialität. Kommt sie doch nur selten auf den Tisch. Nicht wegzudenken ist sie bei der „Schwäbischen Kuttelsupp" und den „Sauren Kartoffelrädla".

Chaudeausoße

Zutaten:
4 Eigelb, ca. $^1/_4$–$^1/_2$ l Weißwein oder Most, 60 g Zucker.

Zubereitung: Die Eigelb mit dem Weißwein oder Most gut verrühren. Den Zucker, auf Wunsch etwas geriebene Zitronenschale zugeben. Die Masse im Wasserbad mit dem Schneebesen schlagen bis sie steigt. Herausnehmen und noch schlagen bis sie abkühlt. Wer will kann der

Soße noch einen TL Stärkemehl beimengen, um Eier zu sparen.
Sie gelingt auch, wenn Sie 2 Eigelb und ein ganzes Ei verwenden. Es ist eine der süßen Lieblingssoßen der älteren Schwabengeneration.

Kräutersoße

Zutaten:
40 g Butterschmalz, 40–50 g Mehl, 1/2 l Brühe oder Wasser, Salz, Pfeffer, Muskat, Kräuter, Sahne.

Zubereitung: Aus Fett und Mehl eine Mehlschwitze zubereiten und leicht anbräunen. Mit der Brühe auffüllen und ca. 20 Minuten köcheln lassen. Zum Schluß gut abschmecken und die gehackten Kräuter, wie Peterling, Dill, Estragon und Schnittlauch untermengen. Die Mischung kann kunterbunt, je nach Gusto und Jahreszeiten zubereitet werden. Vor dem Servieren mit Sahne verfeinern.
Die Kräutersoße, nach Wunsch nur mit Dill bzw. Peterling, zubereitet, eignet sich gut für Ochsenfleisch, Nudelgerichte, hartgekochten Eiern oder Fisch.

Meerrettichsoße

Zutaten:
Buttersoße für 4 Personen, frisch geriebener Meerrettich, Salz, 1 Prise Zucker, Sahne nach Bedarf.

Zubereitung: In die Buttersoße den frisch geriebenen Meerrettich untermengen, abschmecken und mit Sahne verfeinern.
Durch längeres Kochen verliert der Meerrettich an Geschmack. Also erst kurz vor dem Servieren untermengen.

Variante I: $^{1}/_{2}$ l Milch aufkochen, 1 EL Butter beigeben. 3–4 Eigelb mit etwas Milch verquirlen und in die heiße Milch einrühren. Meerrettich je nach Bedarf untermengen. Abschmecken und den Eischnee von 3–4 Eiern unterheben.

Variante II: ca. $^{1}/_{4}$–$^{1}/_{2}$ l Milch erhitzen, mit Weißbrotwürfeln oder Mutschelmehl abbinden, Meerrettich unterziehen. Mit Sahne verfeinern.
Wer will, kann der Soße statt Zucker etwas Apfelmus oder frisch geriebene Äpfel beigeben.

Der Meerrettich hat bis heute von seiner Beliebtheit nichts eingebüßt. In seiner Kulturwanderung ist er von Asien über Griechenland und Italien auch in unseren Gärten gelandet und verzaubert die Soßen mit seinem einmaligen Geschmack. Dabei steht er harmlos und

unscheinbar mit seinen 1,20 m hohen Stauden im Garten, wie wenn er kein Wässerchen trüben könnte. Aber wehe, wenn er losgelassen. Seine ätherischen Senföle treiben die Tränen in Scharen herbei. Wer hat, nimmt also lieber eine Küchenmaschine, denn frisch gerieben mundet er eben am besten. Die restliche Wurzel kann in Folie eingewickelt noch 2–3 Wochen im Gemüsefach aufbewahrt werden.
Die Soße schmeckt am besten zu gekochtem Rindfleisch, Fisch- und Eiergerichten. Noch Anfang des Jahrhunderts zogen die „Kräuterweible" von Haus zu Haus und vertrieben ihre „Zauberwurzel" an der Haustür. Heute finden wir ihn in jedem gut geführten Gemüseladen oder auf dem Wochenmarkt.

Mostsoße

Zutaten:
40 g Butterschmalz,
40–50 g Mehl,
1/2–3/4 l Most, Zucker,
1 EL Weinbeeren.

Zubereitung: Das Fett und Mehl anschwitzen und unter ständigem Rühren hellbraun anrösten. Mit dem Most auffüllen, die Weinbeeren zugeben, auf Wunsch etwas Zitronensaft beigeben, aufkochen lassen und servieren. Unsere Altvorderen schätzten diese Soße zu Süßspeisen wie z. B. zu Dampfnudeln.

Senfsoße

Zutaten:
40 g Butterschmalz, ca. 50 g Mehl, 2 Zwiebeln, Fleischbrühe, 2 EL Rotwein, 1 EL Essig, Salz, Pfeffer, Zucker, Lorbeerblatt, Nelke, 2 EL Senf, Sahne.

Zubereitung: Aus Fett und Mehl eine Mehlschwitze zubereiten, leicht anrösten und die kleingeschnittenen Zwiebeln kurz mit anbraten, mit Fleischbrühe aufgießen und aufkochen lassen. Die gespickte Zwiebel beigeben und 20–30 Minuten köcheln lassen. Kräftig würzen und mit dem Senf und der Sahne verfeinern.

Tomatensoße

Zutaten:
40 g Butterschmalz, 1–2 Zwiebeln, 1 gelbe Rübe, Peterling, 1 Lorbeerblatt, Speckwürfel, 1–2 EL Mehl, ca. 500 g Tomaten, Salz, Pfeffer, Zucker – und ausnahmsweise sei es erlaubt: einen Spritzer Flüssigwürze.

Zubereitung: Das Butterschmalz erhitzen, die feingehackte Zwiebel, die in Scheiben geschnittene gelbe Rübe, den Peterling, das Lorbeerblatt und den gewürfelten Speck anschwitzen. Das Mehl einrühren und die zerkleinerten Tomaten zufügen. Würzen und nach Bedarf mit etwas Wasser oder Brühe auffüllen und ca. 30 Minuten köcheln lassen. Dann alles durch ein Sieb passieren und nochmals abschmecken. 1/2 Gläschen Obstler wirkt hier Wunder. In der Soße natürlich. Eventuell mit Sahne verfeinern. Natürlich können Sie die Soße auch mit Tomatenmark oder Tomaten aus der Dose zubereiten.

Weiße Soße

Zutaten:
40 g Butter,
ca. 50 g Mehl,
1/2 l Milch, Salz und Muskat, 20 g Butterflocken.

Zubereitung: Die Butter erhitzen, sie darf keine Farbe annehmen, mit Mehl anschwitzen und mit der lauwarmen Milch auffüllen. Unter ständigem Rühren aufkochen. Weiterhin rühren und ca. 20 Minuten köcheln lassen. Abschmecken und die Butterflocken gleichmäßig auf der Soße verteilen, damit sich keine Haut bildet.
Eine Weiße Soße läßt sich ganz nach Bedarf mit Fisch- oder Gemüsefond zubereiten. Vor dem Servieren ein Eigelb mit Sahne verkleppern und die Soße legieren.
Bei dieser Soße empfiehlt es sich, beim Würzen etwas Zitronensaft oder einen Schuß Essig beizugeben.
Die weiße Soße, auch Béchamelsoße genannt, ist seit dem Besuch Napoleons und seinen Truppen auch bei uns bekannt und eine vielseitig verwendbare Grundsoße.
So kann sie für Käse- und Meerrettichsoße, aber auch für Blumenkohl oder Spargel, für Fisch-, Geflügel- oder Fleischgerichte eingesetzt werden.
Sie eignet sich besonders gut zum Überbacken. Hierbei wird sie immer mit Sahne und Eigelb legiert und mit geriebenem Hartkäse bestreut. Somit haftet sie besser auf den Speisen.

Schwein

Schon vor 20 Millionen Jahren trieben sich die Stammväter unseres heutigen Hausschweines in unseren Wäldern herum. So ein deutsches Wildschwein kann bis zu 1,20 m hoch aufragen und ein Gewicht von 3 Zentnern erreichen.
In früheren Jahrhunderten wurden die Hausschweine, damals noch schlank und rank, von den Schweinehirten zur Eichelmast in die Wälder getrieben. Eine damalige Weidesau erreichte erst nach ca. 4 – 5 Jahren ihre Schlachtreife. Da die Wälder reichlich mit Eicheln, Bucheckern und Wurzeln gesegnet waren, kam im Mittelalter auch bei kleineren Bauernhöfen mehrmals die Woche Fleisch auf den Tisch. Doch die starke Zunahme der Bevölkerung, die dadurch bedingte Verkleinerung der Höfe und natürlich das Verbot der Jagd und der Eichelmast im Wald durch Herzog Eberhard anno 1495, entzog den Bauern eine wichtige Nahrungsquelle. Auch den Einwohnern der Städte ging es ans Leder, besser gesagt, an die Sau. Denn seit dem 15. Jahrhundert sind uns Ratsverordnungen bekannt, in denen das Herumstreunen der Schweine in der Stadt verboten wird. Weiter untersagt wurde ebenfalls, Mist und Unrat auf Straßen und Plätze zu werfen. Die Schweine, zuvor die Müllverwerter schlechthin, durften nur noch zwischen 11 und 12 Uhr auf die Gass', um wie in Ulm und Schwäbisch Hall zur Schwemme geführt zu werden. Eine Ausnahmegenehmigung erhielten allerdings die Schweine des Antoniterklosters in Ulm, die durften weiterhin frei herumschlawenzeln, allerdings nur nachts und mit einer Glocke am Ohr.

Gute Nebeneinkünfte erzielten Bäcker und Müller durch ihre Schweinemast, denn die Back- und Getreideabfälle waren ein hervorragendes Mastfutter.
Da die Rinderzucht, bedingt durch den steigenden Getreideanbau, immer mehr zurückging, das Pferdefleischessen – in dem die Kirche heidnische Opferbräuche sah – verboten wurde, rückte das Schwein als Fleischlieferant bei den Bauern und einfachen Leuten immer mehr in den Vordergrund.
Und wie umstritten war und ist doch sein Verzehr. Von zwei Weltreligionen – dem Islam und dem jüdischen Glauben – in Acht und Bann getan, wurden wiederum bei den alten Griechen der Liebesgöttin Aphrodite Schweineopfer dargebracht.
Auch unsere germanischen Vorfahren sahen in den Schweinen etwas Göttliches. Ein Eber mit goldenen Borsten war z. B. das Reittier des Sonnengottes Baldur.
Auf welch große Vergangenheit kann das Schwein doch zurückblicken. Ab 1750, als die Kartoffel unsere Kochtöpfe eroberte und sie auch verstärkt zur Schweinemast eingesetzt wurde, ging es mit der Schweinezucht rapide aufwärts.
So wurden im Oberamt Biberach 1830 erst 3207 Schweine gezählt, 1883 schon 8652 und um 1900 zählte man bereits 13 661 Stück.
Aus der Zeit stammt sicher auch der Spruch: *„Schweinefleisch, mitsamt dr Haut, isch mr liabr als a Kraut.“*
Und sie liefern auch so herrliche Würste wie: Roten und weißen Schwartenmagen, Blut- und Leberwurst, Bratwurst, Schinken, roh und gekocht, und Sulzen in allerlei Varianten.
Die selbst gemästete Sau, ob auf dem Land oder in der Stadt, war die Hauptquelle aller „fleischlichen Freuden“.
Um ein Schlachtfest, im schwäbischen Raum als „Metzelsupp“ bekannt, den hungrigen Mäulern kundzutun, hängte der betreffende Wirt an seinem Wirtshausschild eine aufgeblasene „Saubloadr“ auf.
Mit ihr spielten die Kinder später dann Fußball und benutzten sie als Schwimmhilfe. Von früher her ist bekannt, daß unsere Altvorderen sie als Gefäß benutzten, um ihren Brei damit aufs Feld zu transportieren.

Man verzehrte um 1900 etwa doppelt soviel Schweine- wie Rindfleisch. Damals benötigte man nahezu noch 2 Jahre, um eine Sau schlachtreif zu füttern.
Volksmund: *„Eine Sau sollte bis zum Metzgen zweimal Weihnachten erlebt haben."*
Die heutige moderne Schweinemast verkürzt die Zeit bis zur Schlachtreife auf 6 Monate.
Unsere Schweine werden echt zur Sau gemacht, wer nicht spurt, bekommt sein Fett ab, und wer meint, er könne eine Extrawurst braten, schneidet sich ins eigene Fleisch. Gemeint ist das Fleisch dieser Turbosauen. Wohl dem, der einen Bauern kennt, der noch nach alter Väter Sitte seine Schweine aufzieht.
„Isch halt nemme des", pflegte meine Großmutter immer zu sagen.
Die heutigen Hochleistungsschweine unterscheiden sich von ihren Urvätern erheblich. Sie haben heute zwei Rippenpaare mehr, was vier weitere Koteletts gibt, und ihre Körper enthalten 70% mehr mageres Muskelfleisch. Der Fettgehalt hat enorm abgenommen. Die „fette Sau" hat ausgedient und findet nur noch als Schimpfwort Verwendung.
Beim Schweinefleisch ist das Geschlecht des Tieres praktisch ohne Bedeutung. Die Qualität wird bestimmt von Alter, Rasse und der Mästung. Bei einem Schwein werden ca. 50% als Frischfleisch verwendet. Der Rest wird zu Hackfleisch und zu Wurst verarbeitet.
In Deutschland verzehrt der Bürger ca. 45–50 kg Schweinernes pro Kopf und Jahr.
Ja, das Schwein hat es in sich. Dieser großartige Resteverwerter konnte und kann, im Gegensatz zum Rind, auch von kleineren Bauern und Haushalten gehalten werden.
Volksmund: *„Wenn ma da Vattr net het, där älle Reschtle ißt, no müaßt ma grad a Sau her do."*
Die Sau ist zudem knochenarm und fast vollständig verwendbar. Außerdem wächst sie schnell und hat einen höheren Kaloriengehalt als andere Fleischsorten.

Tips:
Verbrauch: Schweinefleisch möglichst 2–3 Tage nach der Schlachtung verwerten. Es muß nicht wie z. B. beim Rind längere Zeit reifen.
Qualität: Schweinefleisch aus biologischem Anbau ist wohl etwas teurer, aber wegen seiner besseren Fütterung schmackhafter und gesünder.
Schweinehaxen: Um die lange Garzeit etwas zu verkürzen, die Haxen vorher kochen. Danach abtrocknen, nach dem Abkühlen mit Öl oder Schmalz bestreichen und auf dem Grill oder im vorgeheizten Ofen knusprig braten.
Garen: Im Gegensatz zum Rindfleisch das Schweinefleisch stets völlig durchgaren.

Auszug aus der „Metzelsupp“:

Was mr doch fer guate Sacha
Ka’ aus so-ma Säule macha!
Schenga, Brotwürst, Schwartamaga,
Knöchla, guate, et zom saga!
Schmalz zom Fasnedküachla bacha
Ond zo andre guate Sacha,
Grauchte Zöngla, saure Nierla,
Send doch mögeliche Tierla!
Rippla, Rauchfloisch, Sulz ond Grieba,
So a Säule muaß mr liaba!

August Lämmle

Schweinebraten

Zutaten:
750 g Schweinefleisch vom Hals, Schulter oder Schlegel, 1–2 Tassen Wasser, Salz und Pfeffer, 2 gelbe Rüben, 1 Zwiebel, 1 Stück Sellerie, 1–2 Tomaten, eventuell Knochen.
Ganz nach Gusto können Sie auch noch mit Kümmel, Thymian, Majoran und Knoblauch (Knoblauchzehe mit Salz zerdrücken oder Knoblauchstücke in vorgeschnittene Fleischfalten stecken) würzen.

Zubereitung: Das gewaschene und abgetrocknete Fleischstück mit den Gewürzen einreiben. Den Ofen auf ca. 200 Grad vorheizen. Das Fleisch auf allen Seiten anbraten und in die Kasserolle legen. Das Wurzelwerk und eventuell die Knochen beigeben. Etwas Wasser zugießen und in die Röhre schieben.
Das Fleisch offen braten. Ab und zu mit Wasser begießen. Später nur noch mit dem Bratensaft.
Das Fleisch einmal wenden. Schweinefleisch immer durchbraten. Bratzeit ca. $1^{1}/_{2}$–2 Stunden Das Fleisch ist fertig, wenn beim Einstechen mit der Gabel kein rosa Saft austritt. Den Braten dann herausnehmen und zugedeckt ca. 5–10 Min ruhen lassen, damit beim Aufschneiden kein Fleischsaft ausfließt.
Die Soße nach Bedarf mit Brühe oder Wasser aufgießen, mit etwas Rotwein und einem Löffel Senf geschmacklich abrunden und passieren.
Variante I: Der Braten von der Keule oder der Schulter ist was für unsere Feinschmecker mit guten Beißerchen. Denn diese Fleischstücke braten wir mit der Schwarte. Die eine Möglichkeit ist, sie schon beim Metzger rautenförmig einschneiden zu lassen. Hierzu eignen sich besonders Keulen von Jungschweinen.
Die andere Möglichkeit sieht so aus: Sie legen die Keule bzw. die Schulter mit der Schwarte nach unten in den Bräter und gießen etwas Wasser zu. Nach $^{1}/_{2}$ Stunde herausnehmen und die Rauten oder Vierecke einschneiden.

Salzen und pfeffern und mit der Schwarte nach oben wieder einlegen. Ab und zu mit Wasser oder Brühe begießen. 10 Minuten vor dem Ende der Garzeit den Braten mit Bier oder Salzwasser begießen damit die Schwarte schön knusprig wird.

Variante II: Das Schweinefleisch wird zuerst aufgekocht und dann erst gebraten. Beim Anbraten werden Apfelschnitze beigegeben. Zum Schluß wird noch eine Handvoll Weinbeeren in die Soße gegeben und kurz mitgekocht. Vor dem Servieren passieren.

Variante III: Das Schweinefleisch vor dem Anbraten mit den Gewürzen einreiben und mit Senf bestreichen. Nach dem Anbraten mit dunklem Bier ablöschen. Den Rest am Schluß zugeben.

Zur Geschmacksverbesserung gibt manche Hausfrau beim Anbraten der Knochen noch Speckwürfel bei. Zur Eindickung der Soße werden auch gerne „Brotriebele“ bzw. Brotrinden mitgekocht.

Mancherorts werden $1/2$–$3/4$ Stunden vor dem Garende dem Braten noch Kartoffelschnitze beigegeben und mitgekocht.

Denn Zeit ist Geld, besonders bei der Ernte, wo die Bäuerin wenig Zeit hat.

Tip:

Wer besonderen Wert auf viel und gute Soße legt und welcher Schwabe tut das nicht, setzt mit den Knochen eine extra Soße an wie folgt:

Die Knochen mit dem Wurzelwerk scharf anbraten, 2 EL Tomatenmark zugeben und ebenfalls kurz mit anbraten. Mit Wasser oder Brühe ablöschen, einkochen lassen, und dies zwei- bis dreimal wiederholen. Dann ca. 1 l Wasser und 1 Apfel zugeben und 2 Stunden köcheln lassen. Abschmecken. Mit etwas Rotwein oder Obstler verfeinern.

Eingelegter Schweinebraten

Zutaten:
750 g Schweinekamm (Hals bzw. Nacken) oder Schulter, Fett, Salz und Pfeffer, 1/8 l Rahm.

Beize I: 3/4 l Buttermilch, 1 geviertelte Zwiebel, 5–8 Wacholderbeeren, 2 Lorbeerblätter.
Beize II: 1/2 l Weißwein, 1/4 l Wasser, 1–2 Zwiebeln kleinschneiden, 2 gelbe Rüben in Scheiben schneiden, Pfefferkörner, 1 Rosmarinzweig.
Beize III: 1/4 l Rotwein, 1/4 Tasse Essig, 1/4 l Wasser, 1–2 Zwiebeln vierteln, 1–2 Knoblauchzehen zerkleinern, Pfefferkörner, 2 Lorbeerblätter.
In einen Topf geben und aufkochen. Den Rotwein erst in die abgekühlte Marinade geben. Das Fleisch einlegen und 2 Tage im Kühlschrank durchziehen lassen. Das Fleisch sollte bedeckt sein. Dementsprechende Flüssigkeit nachgießen.
Zubereitung: Den Ofen auf 200 Grad vorheizen. Fleisch aus der Marinade heben und abtrocknen. Fett in der Kasserolle erhitzen. Den Braten mit dem Gemüse zugeben und zusammen anbraten. Salzen und pfeffern. 70–80% der Marinade zugießen, aufkochen lassen und zugedeckt 1 1/2–2 Stunden im Ofen schmoren lassen. Eventuell Wasser nachgießen. Den Braten herausneh-

men und warm stellen. Die Soße einkochen lassen, eventuell abbinden, abschmecken und mit dem Rahm verfeinern.
Dazu gibt es Rotkohl und Weckknödel.

Tip:
Bei den Marinaden darf jeder nach seinem eigenen Geschmack würzen. Erfahrungsgemäß gibt man immer 1/3 l Wein, 1/3 l Essig und 1/3 l Wasser dazu. Wie gesagt, das ist eine Faustregel, die jederzeit ganz nach Gusto verändert werden kann. Manch einer schwört auf eine Biermarinade.
In Porto werden z. B. Schweinefleischwürfel in Rotwein gekocht und das gilt dort als Spezialität.
Genauso können Sie in einem sauren Fond das Fleisch kochen und eine würzige Pfeffersoße dazureichen.
Sie sehen also, Ihrer Phantasie sind keine Grenzen gesetzt.

Gefüllter Schweinebauch

Zutaten:
1,5 kg magerer Schweinebauch, 200 g Brät, 2–3 alte Semmeln, 1–2 Eier, 3 EL Semmelbrösel, 1 Zwiebel und Karotte, Peterling, 1 TL Kümmel, Salz und Pfeffer, 1–2 l Wasser.

Zubereitung: Nachdem die Rippen herausgetrennt wurden, in den Schweinebauch eine Tasche schneiden und innen und außen mit Salz und Pfeffer würzen. (Rechtzeitig beim Metzger bestellen und gleich Rauten einschneiden lassen.)
Die Semmeln mit etwas lauwarmer Milch oder Wasser einweichen, danach gut ausdrücken. Das Brät mit den Eiern, dem gehackten Peterling, Semmelbrösel und den

Semmeln gut würzen und vermengen. Den Schweinebauch füllen, zunähen oder mit Zahnstochern zustecken. In eine Kasserolle legen, 1 Tasse Wasser zugeben und mit dem Gemüse ca. $1^1/_2$ Stunden bei 200 Grad im Backofen garen.
Hierzu empfehle ich Kartoffelsalat mit Endivie vermischt.

Schäufele

Zutaten:
1 Jungschweineschulter, ca. $3^1/_2$ – 4 kg, ohne Schwarte, mild gepökelt und angeräuchert, beim Metzger rechtzeitig vorbestellen. Wurzelgemüse, Wasser nach Bedarf.

Zubereitung: Das Schäufele in eine Kasserolle legen, halbvoll mit Wasser auffüllen, das Wurzelgemüse beigeben, mit dem Deckel zudecken, in die Röhre schieben und ca. $1^1/_2$ Stunden schmoren lassen. Während der Garzeit einmal umdrehen.
Aufschneiden und mit Sauerkraut und Kartoffelpüree servieren. Das Schäufele muß nicht gewürzt werden. Das Pökeln und Rauchen verleiht ihm einen würzigen Eigengeschmack.
Ein deftiges Winteressen für 6 – 8 Personen.

Tip:
Das Schäufele können Sie auch in einem großen Topf kochen. Dann komplett mit Wasser bedecken.

Schlachtplatte

Zutaten:
500 g Schweinebauch oder Hals (ist nicht so fett), 1 Zwiebel, 2 l Wasser, Salz und Pfeffer, je 4 Blut- und Leberwürste, 500 g gekochtes Sauerkraut, Spätzle oder Kartoffelbrei.

Zubereitung: Am besten schmeckt das Kesselfleisch, wenn es nicht im Wasser, sondern im Sauerkraut mitgekocht wurde. Denn da profitieren gleich mehrere, nämlich das Kraut, es wird sämiger, das Fleisch würziger und Sie seliger.

Die Schlachtplatte, die unbeschadet bis heute, trotz aller Kalorienapostel, überlebt hat, finden wir noch ab und zu im Herbst in einer schwäbisch geführten Gaststätte auf der Speisekarte. Kleine Abweichungen sind die Regel. So serviert sie der eine mit Sauerkraut, Kartoffelbrei, Kesselfleisch, Blut- und Leberwurst, der andere zieht Spätzle, Bubaspitzla oder ein deftiges Bauernbrot vor. Vereinzelt wird auch Erbsenbrei und ein Stück gekochtes Rauchfleisch mit angeboten. Bei einer Hausschlachtung wird die Schlachtplatte noch mit dem Schwänzchen und dem Kopffleisch bereichert.
„Du kasch gera dei Floisch en meim Kraut mitkocha, wenn e drfir meine Kiachla en deim Schmalz rausbacha derf", hot sell Bäure gmoint.
Wenn in Schwaben eine „Saubloadr" an der Wirtschaft aufgehängt wurde, so war's früher wenigstens, bedeutete dies nichts anderes, als daß ein Schwein geschlachtet wurde. Heute lesen wir in der örtlichen Zeitung z. B. „Am Samstag frische Metzelsupp". Dann heißt es schnellstens das Auto satteln und ab geht's zum großen Schmausen.

Denn Metzelsupp ist in Schwaben gleichbedeutend mit einer Hausschlachtung. Wurde früher auf dem Lande ein Schweinlein, besser gesagt eine schlachtreife „Sau“ mit ihren angemästeten 3–4 Zentner zum „Metzga“ geführt, konnte die Nachbarschaft, nicht zu vergessen der Herr Pfarrer und der immer hungrige Dorflehrer, mit einer „Metzelsupp“ rechnen. Die Kinder des Bauern trugen dann gegen Abend in einer kleinen Milchkanne die Suppe aus. Je nach Gewicht des Empfängers war auch der Inhalt der Suppe, am besten kam der Herr Pfarrer weg, da schwammen dann neben dem „Sauschwänzle“ noch ein schönes Stück vom Bauch (Kesselfleisch) und natürlich die Blut- und Leberwürste umher. Denn nehmen ist seliger wie geben. Und je mehr in der Metzelsupp an Fleischigem herumschwamm, je näher war man dem Himmel.

Saure Schweinereien

Zutaten:
Bratenreste, 1–2 Zwiebeln, Mehl nach Bedarf, 1–2 EL Most, 1 EL Essig, Butter, Brühe, Salz und Pfeffer.

Zubereitung: Die Bratenreste in feine Scheiben schneiden. Die feingehackten Zwiebeln hellbraun andünsten, das Fleisch kurz mit anbraten und einstäuben. Mit der Brühe, dem Essig und dem Most aufgießen und noch kurz köcheln lassen. Auf Wunsch können Sie noch 1–2 EL sauren Rahm beigeben.
Dazu empfehle ich Ulmer Weckknödel sowie grünen Salat und „a Krügle Moscht, damit die Reschtla besser nonder rutschad“.

Schweinshaxe

Zutaten:
1–2 Schweinshaxen, $^{1}/_{2}$ l Bier, Zwiebeln, Karotten, Sellerie, Salz und Pfeffer, etwas Wasser.

Zubereitung: Die Schweinshaxe gleich beim Metzger rautenförmig einschneiden lassen. Die Haxen würzen, mit dem Gemüse in eine Kasserolle legen und ca. 2 Tassen Wasser beigeben. Bei ca. 200 Grad ungefähr $1^{1}/_{2}$–2 Stunden im Backofen braten. Immer gut mit dem Bratensaft, zum Schluß mehrmals mit Bier begießen, damit die Schwarte schön knusprig wird. Zur Haxe gibt's natürlich Sauerkraut und Knödel.

Wenn ich Haxe höre, denk ich unwillkürlich ans Münchner Oktoberfest, und das Wasser läuft mir im Mund zusammen. (Bier wäre mir dazu lieber.) Dabei hat das Haxenfleisch einen relativ schlechten Ruf.
Es sei zu fett, meinen die einen und zudem gilt es als Armeleuteessen. So können Sie Schweinshaxen relativ preiswert einkaufen. Allerdings gibt es da Unterschiede, die Sie wissen müssen.
So ist die hintere Haxe, im Norden mehr als Eisbein bekannt, wesentlich fleischiger und schwerer. Sie wiegt ungefähr 1400 g, die vordere Haxe dagegen etwa 900 g. Wenn sie mal Lust auf so ein herzhaftes rosarotes Eisbein haben, müssen Sie es beim Metzger bestellen, damit er es für Sie pökelt und auf Wunsch auch anraucht.
Die Schweinsfüße, auch Spitzbein, in Bayern „Füßerl" genannt, bekommen Sie „fast geschenkt". Die Schweinsfüße bestehen allerdings überwiegend aus Schwarten und Knochen. Eignen sich aber hervorragend zur Her-

stellung unserer so heißgeliebten Tellersulzen. Wer also die Haushaltskasse mal etwas schonen will – das saftige Haxenfleisch ist eine echte Alternative.

Spanferkel

Zutaten:
Ein ca. 3 Wochen altes Spanferkel, Salz, Wasser nach Bedarf, Butter, Zitronenscheiben, Peterling oder Brunnenkresse.

Zubereitung: Ein Spanferkel mit der erforderlichen Größe beim Metzger bestellen. Es gibt aber auch Landwirte mit Sauenmast, die sich auf Spanferkel spezialisiert haben. Also Augen und Ohren auf, die Buschtrommel rühren, dann werden Sie sicher fündig. Das bratfertige Spanferkel innen mit Salz einreiben, mit Salzwasser bestreichen, in eine eiserne Bratpfanne legen, 2–3 Tassen Wasser zugießen und in das mit 200 Grad vorgeheizte Bratrohr schieben. Zu Beginn wischt man den austretenden Bratensaft ab, damit die Haut keine Flecken bekommt.
Kann man – muß man nicht.
Nach ca. $^1/_2$ Stunde bestreicht man das Spanferkel ab und zu mit zerlassener Butter und sticht es von Zeit zu Zeit mit einer Nadel, damit die Haut keine Blasen zieht. Die Bratzeit beträgt ca. $1^1/_2$–2 Stunden. Danach kommt es auf eine Platte und wird mit Zitronenscheiben und Peterling garniert. Dazu reicht man Salate und Brot.
Tip:
Sie können in Ermangelung einer großen Bratpfanne oder zu kleiner Bratröhre das Spanferkel auch bei Ihrem Bäcker, vielleicht sogar Metzger, herausbacken lassen.

Beliebt sind die gebratenen Spanferkelessen bei Richtfesten, Familienfeiern oder im Sommer am Wochenende im Freien. Ein Faß Bier sollte nicht fehlen.

Also sagte die Chefin zu ihrer Haushälterin:
„Bevor Sie das Spanferkel servieren, legen Sie die Zitronenscheiben auf die Augen und stecken den Peterling hinter die Ohren."
Die Angesprochene ganz entrüstet:
„Dann seh ich doch nichts mehr!"

Schweinepfeffer

Zutaten:
600 g Schweinschulter ohne Knochen.
Weißweinbeize:
1 l Wein, 2 geviertelte Zwiebeln, 1 gelbe Rübe in dicke Scheiben schneiden, Salz, 1 Prise Zucker, einige Pfefferkörner, 2 Lorbeerblätter, Fett, ca. 1 Tasse Wasser oder Brühe, ⅛ l sauren Rahm.

Zubereitung: Das Schweinefleisch in größere Würfel schneiden und ca. 2–3 Tage in der Beize ziehen lassen. Die Fleischwürfel dann herausnehmen, trockentupfen und in einer Kasserolle im heißen Fett scharf anbraten. Dann die Beize und etwas Wasser zugeben und eventuell nachwürzen. Den Schweinepfeffer nun im Rohr bei 200 Grad zugedeckt 1–1½ Stunden schmoren lassen. Zum Schluß das Gericht eventuell abbinden. Das Gemüse und die Lorbeerblätter herausnehmen. Mit dem sauren Rahm verfeinern.
Sie können das Gemüse auch erst ca. 15–20 Minuten vor dem Garende zugeben und es im Schweinepfeffer belassen.

Rind und Kalb

Es wird angenommen, daß zwischen 1350 und 1550 der einzelne genug zu essen hatte. Besonders die Fleischversorgung war reichlich und das nicht nur an den Fürstenhöfen, obwohl dort ungeheure Fleischmengen von der weltlichen und kirchlichen Oberschicht verbraucht wurden.
Ab dem 16. Jahrhundert allerdings drehte sich das Blatt. Die Fleischpreise zogen drastisch an, und der Verbrauch ging stetig zurück. Der Grund lag einerseits in der Bevölkerungsvermehrung und dem Sinken der Kaufkraft.
Das Fehlen des Futteranbaus und damit der Rückgang der Stallfütterung hat sich hier besonders nachteilig ausgewirkt. Zudem benötigte der Getreideanbau immer mehr Land und engte die Weideflächen immer mehr ein. Fleisch wurde immer mehr zur Luxusspeise. Der Rückgang des Fleischkonsums zwischen dem Spätmittelalter und dem 19. Jahrhundert (Entfleischung der Nahrung) war natürlich regional verschieden. Besonders in Süddeutschland wurde die Fleischverknappung zuerst bemerkbar. Das hing wiederum mit dem starken Anbau von Getreide zusammen, das die Schwaben für ihre Mehlspeisen benötigten. Einem Großteil der Bauern fiel es schwer, die Rinder im Winter durchzufüttern. Große Teile davon wurden im Spätherbst geschlachtet und eingepöckelt, teilweise auch geraucht oder getrocknet.
Auf Grund der schlechten Stallfütterung war das Vieh im Frühjahr so schwach, daß man es mit dem Schwanz auf die Weide zog. Man nannte es daher auch „Schwanzvieh".

Fleisch kam immer seltener auf den Tisch und wenn, nur noch zu den heiligen Zeiten wie Ostern, Kirchweih und zu Hochzeiten.
Daß die Tische des Adels und des Klerus' immer reichlich gedeckt waren, dafür sorgte die Kirchengesetzgebung, die den Fleischverbrauch des kleinen Mannes immer mehr einschränkte.
Die Fastenzeiten beliefen sich auf bis zu 150 Tage im Jahr. Die Befreiung von den Ernährungsvorschriften der katholischen Kirche erfolgte erst im 16. Jahrhundert durch die Reformation.
Aber wie die Quellen zeigten, hatte dies für die Bauern und kleinen Leute keine großen Auswirkungen. Eher das Gegenteil war der Fall. Von der Jagd ausgeschlossen, sie war für Adel und Klerus reserviert, und mit einer großen Schar Kinder gesegnet, die Geburtenregelung war mit der Vernichtung der weisen Frauen (Hexenverbrennung) vergessen, war die Küche karg und eintönig.
Breie aus Gerste, Dinkel und Hirse mit Wasser und Milch zubereitet sowie Bohnen, Erbsen und Kohl waren die Grundlagen der alltäglichen Nahrung.
Selbst die Kost der reicheren Bauern war schlechter als die eines Knechtes von anno dazumal.
Wer konnte, hielt sich ein Schwein, Hühner und Gänse, die in der herrschaftlichen Küche nur ein geringes Ansehen hatten. In der Spitzengastronomie sind sie mehr oder weniger noch heute von den festlichen Tafeln verbannt.
Das Fleisch wurde, sofern es nicht am Spieß gebraten wurde, zerkleinert und kam als Knödel, Ragout oder Pasteten auf den Tisch. Braten galt als Herrenspeise.
Das einfache Volk kochte im dreibeinigen Kessel über dem Feuer, wo die Reste der Metzger wie Lunge, Leber, Herz, Nieren, Hirn, Füße, Kehle, Maul vor sich hinbrutzelten.
Ja selbst Häute wurden ausgekocht.

Wenn eine Schaffkuh, die neben ihrer Arbeit als Zugtier noch alljährlich kalben und Milch geben mußte, nach zehn bzw. zwölf Jahren geschlachtet wurde, machte man ihr zähes Fleisch durch „Essigmarinaden“ wieder genießbar und es fand als Sauerbraten viel Beifall. Nimmt man die Jahre 1825–1835 als Ausgangsbasis, hat sich der Fleischverbrauch in einem Jahrhundert verdoppelt und bis heute etwa verdreifacht. Fast jeder kann es sich heute leisten, der Fleischeslust zu frönen. Waren noch um die Jahrhundertwende Fleischgerichte Fest- oder Sonntagen vorbehalten, so leisten wir uns heute den Luxus, vornehmlich hochwertiges Muskelfleisch zu verwenden. Der Rest geht mehrheitlich zur Wurstfabrikation.
Das Rind hat sich als Fleischlieferant durchgesetzt, besonders in den USA.
Um den derzeitigen Fleischkonsum dort beizubehalten, müssen 80% des dort angebauten Getreides an das Vieh verfüttert werden.
Die Zeit der „glücklichen Kühe“ ist wohl vorbei. Die Turbokuh ist auf dem Vormarsch. Mastbetriebe haben heute das Sagen. Wer Glück hat, kann seinen Fleischbedarf auf einem Biohof eindecken. Denn nach den Rindfleischskandalen kaufen immer mehr Menschen direkt beim Erzeuger ein.

„Jedoch er sollt' eins nicht vergessen:
Beefsteak aus Gold kann man nicht essen.“
Erich Kästner

Tips:

- *Bratenfleisch* in Fett – am besten Schweineschmalz – in einer schweren Pfanne auf beiden Seiten anbraten, damit sich die Poren schließen, es eine braune Kruste bekommt, die später beim Schmoren ihr Aroma an die Soße abgibt und sie bräunt.
- *Anbraten:* Niemals Fleisch angefroren oder feucht anbraten. Immer vorher abtrocknen.

- *Auftauen* von Fleisch am besten im Kühlschrank bei 5–10 Grad. Es ist das hygienischste und sicherste Verfahren.
- *Rindfleisch* stammt heute von Tieren, die nicht älter als 2 Jahre sind. Ältere Tiere werden meist zu Wurst verarbeitet.
  Jungmastrinder beiderlei Geschlechts werden bei einem Schlachtgewicht von 250 kg geschlachtet und liefern uns das begehrte, marmorierte Fleisch.
- *Kalb:* Auf schwäbisch ein „Kälble“ ist ein Jungrind von ca. 3 Monaten. Sie werden hauptsächlich mit Milch und Austauschfutter gemästet. Da helles Kalbfleisch in Mode ist, werden Kälber eisenarm ernährt. Wer einmal diese armen Tiere in ihren Boxen gesehen hat, verzichtet gerne auf Kalbfleisch. Das dunklere, mehr rote Fleisch, schmeckt genauso gut, wenn nicht besser.
- *Erhitzen* des Fleisches führt neben Farbveränderungen zu nicht unerheblichem Gewichtsverlust:
  Beim Kochen zwischen 20–50%
  Beim Braten zwischen 5–40%
  Beim Schmoren zwischen 22–46%
  Beim Grillen zwischen 10–30%
- *Salzen:* Beim Kochen des Fleisches rät der Wissenschaftler wie folgt:
  Wenn das Fleisch seinen Geschmack behalten soll – das Wasser vor dem Kochen salzen.
  Will man den Fleischgeschmack aber in der Brühe haben – dann erst am Schluß salzen.
  Den Braten salzen, nachdem er braun angebraten ist, also nicht vorher und nicht nachher, meint ein Profi.
- *Reifes Fleisch:* Rindfleisch sollte mindestens 1–2 Wochen abhängen. Kalbfleisch 2–3 Tage.

Beim Abhängen verändert das Fleisch seine Struktur. Es wird zarter und aromatischer.
Nicht oder schlecht abgehangenes Fleisch schrumpft beim Braten oft über die Hälfte ein und ist nicht selten zäh. Also den Metzger fragen!

- *Fettäderchen* und ein Fettrand sind Zeichen für eine gute Ausmästung des Rindes. Besonders wichtig beim Grillfleisch oder Kurzgebratenem. Das Fett ist ein wichtiger Aromaträger und sorgt auch dafür, daß das Fleisch saftiger wird.
- *Steaks*, dazu zählt natürlich auch unser Rostbraten, sollten bei guter Hitze von beiden Seiten angebraten werden, damit sich schnell die Poren schließen und das Fleisch immer saftig bleibt.
  Nach alter Väter Sitte wird der Rostbraten vor dem Braten in Mehl gewälzt. Das schließt die Zellen und verhindert das Austreten von Fleischsaft.
- *Braten:* Dunkles Fleisch, wie z. B. Rind oder Lamm, wird gern rosa gebraten – dann ist es saftiger.
- *Kalbfleisch* wird meistens durchgebraten. Zur Prüfung wird eine Nadel oder dünne Bratgabel in die Mitte des Fleisches gestochen und nach ca. 10 Sekunden herausgezogen. Man hält sie danach an die Lippe. Ist die Nadel lauwarm, ist das Fleisch rosa, ist sie heiß, ist das Fleisch durchgebraten.

„Jedes Tier ist in Gefahr,
vom Menschen verspeist zu werden,
außer dem Krokodil,
das macht es umgekehrt
und frißt die anderen."

Abraham A Santa Clara

Rahmschlegel

Zutaten:
750 g Kalbfleisch vom Fricandeau oder eine große Nuß, Wurzelgemüse, 2 Tomaten, Butterschmalz, Salz und Pfeffer, etwas Wasser, Weißwein, $^{1}/_{2}$ l Rahm, etwas Buttermehl.

Zubereitung: Das Kalbfleisch in heißem Fett auf beiden Seiten anbraten und würzen. Das Wurzelgemüse und die Tomaten zugeben, mit etwas Wasser auffüllen und zugedeckt in die vorgeheizte Röhre schieben. Hin und wieder den Braten begießen. 15 Minuten vor Fertigstellung den Deckel abnehmen. Bratzeit ca. 1–1$^{1}/_{2}$ Stunden Danach den Braten auf eine Platte legen. Den Fond einkochen und nochmals mit etwas Brühe oder Wasser auffüllen. Die Soße mit Mehlbutter abbinden. Rahm beigeben, würzen und abschmecken. Auf Wunsch einen Schluck Weißwein beigeben.
Zu diesem excellenten Sonntagsbrätle gibt es Spätzle und Kartoffelsalat und natürlich reichlich Soß.

Böse Zungen behaupten:
An so einem Tag sagt der Schwabe zu seinen Gästen „No kommat no glei nach am Essa, damit ’r zom Kaffeedrenka wieder drhoim send.“

Rahmschnitzel

Zutaten:
4 Kalbschnitzel mit je 150 g von der Schnitzelschale, Salz und Pfeffer, 1–2 EL Mehl, ca. 50 g Fett, ca. 1/4 l Rahm, etwas Brühe, 1–2 EL Weißwein, 1 EL Tomatenmark, Zitronensaft.

Zubereitung: Schnitzel etwas mit dem Handballen klopfen, mehlen und in heißem Fett auf beiden Seiten braten. Würzen, Rahm, Tomatenmark und Brühe zugeben und ca. 15 Minuten dünsten lassen.
Vor dem Servieren noch den Wein zugeben. Die Soße eventuell mit Kräutern und Pilzen verfeinern.

Wiener Schnitzel

Zutaten:
4 Kalbsschnitzel mit je 150 g von der Schnitzelschale, Salz und Pfeffer, 2 Eier verkleppern, 2–3 EL Mehl, Paniermehl, Zitronenscheiben, Fett.

Zubereitung: Die Schnitzel dünn schneiden und leicht klopfen. Salzen, pfeffern und panieren. In reichlich Fett goldgelb ausbacken. Mit Zitronenscheiben oder -schnitzen garnieren.

Tip:
Unter die Panade gemahlene Haselnüsse mischen. Oder eine Käsepanade zubereiten. 1/3 Paniermehl, 1/3 geriebenen Emmentaler und 1/3 geriebenen Parmesan. Schmeckt super!

Die panierten Schnitzel sollten und werden generell trocken, am besten auf einer Panierunterlage serviert.

Aber nicht so in Schwaben. Dort wird zum Schnitzel die obligatorische Soße serviert. In unserem griechischen Lokal serviert auf allgemeinen Wunsch, Lucky, unser sympathischer Wirt, dicke panierte Schnitzel vom Hals mit viel Soße darüber. Es heißt dort abgekürzt: „Schniposa“ (Schnitzel, Pommes, Salat). Scheußlich, aber wahr.

Eingemachtes Kalbfleisch

Zutaten:
750 g Kalbfleisch von der Schulter oder vom Hals, Wurzelgemüse mit Peterling zusammenbinden, 1 Zwiebel mit Nelke und Lorbeerblatt spicken, Butter, 2 EL Mehl, Salz, Muskat, Pfeffer, Zitronensaft, etwas Most oder Wein, 1 Eigelb, 1/8 l Rahm.

Zubereitung: Das Fleisch kurz abbrühen und in mundgerechte Würfel schneiden. In Butter leicht anbraten. Mit dem Mehl bestäuben, gut vermengen, mit Wasser aufgießen, würzen, das Wurzelgemüse beigeben, aufkochen lassen und abschäumen. Bei kleiner Hitze ca. 1 Stunde köcheln lassen. Das Fleisch und Gemüse herausnehmen, die Soße eventuell noch etwas mit Buttermehl abbinden, den Weißwein zugeben, abschmecken und mit Rahm und Eigelb legieren. Nicht mehr kochen lassen.

Variante: Das Fleisch am Stück anbraten und in der Brühe fertiggaren. Zum Schluß die Soße herstellen und das Fleisch aufschneiden. Und dazu essen die Schwaben Bandnudeln und grünen Salat.

Kalbshaxe

Zutaten:
1 kleine Haxe für 2 Personen oder eine große für 3 – 4 Personen, Butterschmalz, Wurzelgemüse, 1 – 2 Tomaten, Salz und Pfeffer, etwas Wasser.

Zubereitung: Die Haxe waschen, trocknen, würzen und in einer Kasserolle im heißen Fett gut anbraten. Das gewürfelte Wurzelgemüse und die Tomaten zugeben. Etwas Wasser zugießen und in der vorgeheizten Backröhre, zugedeckt, je nach Größe, $1^{1}/_{2}$ – 2 Stunden schmoren lassen. Die Haxe ab und zu begießen, ca. 15 Minuten vor der Fertigstellung den Deckel abnehmen, damit die Haxe rundum goldbraun anbraten kann.
Die Haxe ist fertig, wenn Sie mit der Gabel bis zum Knochen stechen können und der austretende Fleischsaft ganz klar ist.
Die Haxe auf eine Platte legen. Etwas Wasser in die Kasserolle geben, aufkochen lassen und abschmecken. Die Haxensoße wird nicht abgebunden. Auf Wunsch einen Schuß Weißwein zugeben. Sehr gut schmeckt es auch, wenn sie etwas Thymian oder Rosmarin mitschmoren. Knoblauch finde ich hier nicht passend. Dann eher bei Schweinshaxen.
Die Haxen können Sie auch schon beim Metzger auslösen oder in Scheiben schneiden lassen.

Variante: Salzwasser mit Wurzelgemüse und gespickter Zwiebel zum Kochen bringen und die Haxe darin halbgar kochen. Im vorgeheizten Ofen in der Kasserolle fertigbraten. Siehe oben.

Gefüllte Kalbsbrust

Zutaten:
1–1½ kg Kalbsbrust von der Brustspitze, Fleisch vom Metzger auslösen und die Tasche vorbereiten lassen. Zum Braten: Die Knochen der Brust, 1 Kalbsfuß, Fett, Wurzelgemüse, ca. ½ l Wasser oder Brühe, Salz und Pfeffer.

Füllung I: 3–4 alte Wecken, 3–4 Eier, Salz und Muskat, ca. ⅛ l Milch, 1 große Zwiebel in Würfel schneiden, Peterling fein hacken, etwas Butter.
Die Wecken in mittelgroße Würfel schneiden. Die Eier mit der Milch verkleppern, mit Salz und Muskat würzen, über die gewürfelten Wecken geben und kurz durchziehen lassen. Die Zwiebelwürfel mit dem gehackten Peterling in der Butter kurz andämpfen und zusammen mit der restlichen Masse vorsichtig vermengen, damit die Würfel möglichst ihre Form behalten. Die Brust innen salzen und nicht zu fest füllen, da sie beim Braten noch aufgeht. Mit einem starken Faden zunähen.
Füllung II: 250 g Kalbsbrät oder Hackfleisch, 1 Ei, 1–2 Wecken, 1 große Zwiebel kleinschneiden und Peterling fein hacken, 20 g Butter. Verfahren wie oben.
Zubereitung: In einer Kasserolle das Fett erhitzen, die gefüllte Kalbsbrust auf beiden Seiten anbraten und herausnehmen. Die Knochen und Wurzelgemüse in die Kasserolle geben, kräftig anbraten und mit der Brühe auffüllen. Die Brust einlegen und würzen. Zugedeckt ca. 20 Minuten in die mit 220 Grad vorgeheizte Röhre schieben. Danach auf 180 Grad herunterschalten.
Die Garzeit beträgt ca. 2 Stunden.
Ab und zu den Braten übergießen. 10 Minuten vor Fertigstellung Deckel abnehmen und fleißig mit dem Bratenfond begießen, damit sie Farbe bekommt. Eventuell mit Sahne bestreichen.

Vor dem Servieren die Brust ca. 10 Minuten warm stellen, damit sie sich besser schneiden läßt. Den Bratensaft mit Wasser oder Brühe aufkochen, nach Bedarf abbinden, würzen und passieren.
Bei den Füllungen können Sie Ihre ganze Kreativität entfalten. So kann man zur Geschmacksverbesserung noch Leber, Ingwer, feingehackte Nüsse oder geriebenen Meerrettich beigeben. Manche trennen auch die Eier und ziehen Eischnee unter die Füllmasse. Früher wurde das Brot sogar mit Wein eingeweicht und der Füllung Weinbeeren beigegeben. Im Grunde genommen ist so eine gefüllte Kalbsbrust eine Artverwandte der Maultaschen. Denn hüben wie drüben kommt es auf die Füllung an.
Tip:
Statt die gefüllte Kalbsbrust anzubraten, zuerst ca. 30 Minuten in einem Sud köcheln lassen, damit die Fülle schön aufgeht. Danach dann in einer Kasserolle im vorgeheizten Rohr weitergaren.

Gebackene Kalbsbrust

Zutaten:
750 g Kalbsbrust, Wurzelgemüse, ca. 2 l Wasser, Salz und Muskat, Mehl, 2 Eier, Brösel, Butterschmalz, Zitronenschnitz.

Zubereitung: Die Kalbsbrust kochen und in ca. 3 cm breite Stücke schneiden. Würzen, in Mehl, Ei und Brösel wenden und in Butterschmalz goldgelb anbraten. Mit einem Zitronenschnitz servieren. Als Beilage empfehle ich Kartoffelsalat mit Endiviensalat.
Ein gutes und preiswertes Essen.

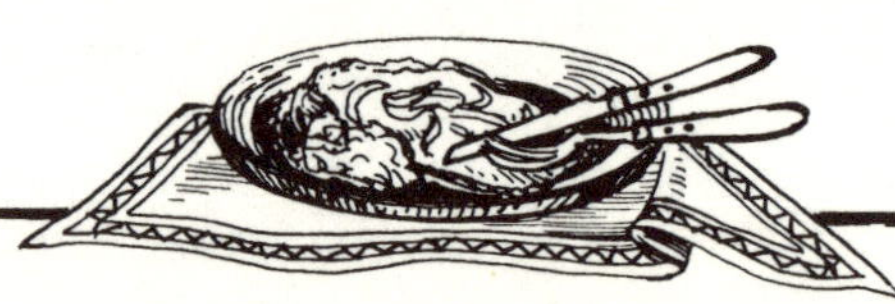

Schwäbischer Rostbraten

Zutaten:
4 Rippenstücke vom Rind mit je ca. 150–180 g, Fett, 2–3 Zwiebeln, Pfeffer und Salz, 1 TL Tomatenmark, etwas Wasser oder Brühe, 2 EL Mehl.
Nur gut abgelagertes Fleisch verwenden.

Zubereitung: Der schwäbische Rostbraten wird mit dem Handballen etwas geklopft, der Fettrand mit dem Messer einige Male eingeschnitten, gepfeffert und in Mehl gewendet. Im heißen Fett auf jeder Seite 2–3 Minuten anbraten. In Schwaben herrscht leider die Unsitte, die Rostbraten ganz durchzubraten.
Die fertigen Rostbraten aus der Pfanne nehmen, salzen und warm stellen. Die Zwiebelringe hellbraun anbraten, das Tomatenmark dazugeben, mit etwas Brühe und einem Schuß Rotwein aufgießen, abschmecken und aufkochen lassen.
Wer den Rostbraten durchgebraten liebt, kann dieselben noch 3–5 Minuten in der Soße mitdämpfen.
Ansonsten die Zwiebelsoße über die angerichteten Rostbraten gießen.
In vielen Gaststätten werden nur angeröstete Zwiebeln über das „Rostbrätle" gestreut. Die Soße kommt extra. Verlangen Sie immer frisch angeröstete Zwiebel. Sonst kann es Ihnen passieren, daß Sie vorgefertigte, in der Friteuse herausgebackene Zwiebel mit dem unverwechselbaren Geschmack von Friteusenfett serviert bekommen. Hier bleibt einem dann das Wort „Mahlzeit" buchstäblich im Munde stecken.
Normalerweise werden Rostbraten auf Krautspätzle serviert. Zum Schluß fragt der Wirt: „So, wia hen Se onser Roschtbrätle gfonda?"
Der Gast: „Onderm letschta Salatblättle!"

Siedfleisch

Zutaten:
750 g Brustkern vom Rind, einige Markknochen, 1 Zwiebel, 1 Stange Lauch, 1–2 gelbe Rüben, 1 Stück Sellerieknolle, ca. 2 l Wasser, Salz und Muskat, gehackten Peterling.

Zubereitung: Das Wasser mit den Markknochen und den gewaschenen Brustkern in den Topf geben. Aufkochen, abschäumen und ca. $1^{1}/_{2}$–2 Stunden langsam köcheln lassen. Nach Bedarf abschäumen. Eine Fleischbrühe „sott mr nia z' laut kocha", sagte meine Tante Maria dazu.

Nach ca. 1 Stunde gebe ich erst das Wurzelgemüse bei, damit es nicht verkocht und trotzdem seinen Geschmack beigibt. Damit die Brühe Farbe bekommt, wird allerdings die Zwiebel mit der Schale halbiert, in einer Pfanne mit der Schnittstelle braun angebraten und von Anfang an mitgekocht.

Vor dem Servieren die Brühe mit Muskat und wer will mit Flüssigwürze abschmecken. Die Suppe mit gehacktem Peterling bestreuen. Ein absolutes „Muß" zum Siedfleisch ist dazu eine Meerrettichsoße. Als Beilage empfehle ich Salzkartoffeln und das noch bißfest gekochte Wurzelgemüse.

Das Siedfleisch mitsamt der Brühe ist auch Grundlage für den Gaisburger Marsch.

Sauerbraten

Zutaten:
750 g Rindfleisch vom Schwanzstück, das sogenannte falsche Filet verlangen, eventuell gespickt, oder ein Stück „mürbe Schoß". 1 Zwiebel, 1 Selleriestück, 2 gelbe Rüben, 1 Stange Lauch, Pfefferkörner, Lorbeerblatt, 1 EL Tomatenmark, Salz, Wasser, Essig, Rotwein, 1 Prise Zucker, Fett, 1/8 l sauren Rahm, 1–2 EL Mehl, Brotrinde oder 1 Lebkuchen.
Marinade: 1/3 l Essig, 1/3 l Wasser, 1/3 l Rotwein, das zerkleinerte Wurzelgemüse, Pfefferkörner, Lorbeerblatt.

Zubereitung: Das Fleischstück 2–3 Tage in die Marinade legen. Zugedeckt im Kühlschrank lagern, ein- bis zweimal umdrehen. Im Sommer die Marinade abkochen, abkühlen lassen und das Fleisch einlegen. Die Marinade kann auch ohne Wein zubereitet werden. Die richtige Mischung finden Sie mit der Zeit selbst heraus.
Das Fleisch aus der Marinade nehmen, gut abtrocknen, die Marinade passieren, das Fleisch in einer Kasserolle im heißen Fett von allen Seiten scharf anbraten. Danach salzen und herausnehmen.
Das Wurzelgemüse mit dem Tomatenmark anbraten, mit etwas Marinade ablöschen und einköcheln. Das Fleisch einlegen und mit der Brühe bzw. Wasser und einem Teil der Marinade auffüllen. Das Fleisch sollte bis zur Hälfte bedeckt sein. Die Brotrinde oder den Honiglebkuchen zur Soßenbindung beigeben. Wer will, kann zum Schluß die Soße auch mit Mehl abbinden.
Die Kasserolle mit Deckel in die mit 200 Grad vorgeheizte Ofenröhre geben. Den Sauerbraten während der Schmorzeit einmal wenden. Schmorzeit ca. 1 1/2–2 Stunden Die Fertigstellung mit einer Gabel prüfen. Danach das Fleisch herausnehmen. Die Soße abschmecken und mit Rotwein, Most und saurem Rahm verfeinern. Den Säuregrat der Soße entscheiden Sie, indem Sie mehr oder weniger Marinade zum Schmoren beigeben. Beilage: Spätzle und Kartoffelsalat.
Ein königlich schwäbisches Festessen!

Rindsgulasch

Zutaten:
750 g Rindfleisch von der Wade, Fett, 2 EL Mehl, 1 EL Tomatenmark, 1–2 Zwiebeln, Salz, Pfeffer, Paprika, etwas Wasser oder Brühe.

Zubereitung: Das Fleisch in mundgerechte Stücke schneiden. Die Zwiebeln feinschneiden und mit dem Mehl und Fleisch vermengen. Das Ganze nun in heißem Fett scharf anbraten. Das Tomatenmark beigeben und ebenfalls kurz mit anbraten. Würzen und mit der erforderlichen Brühe oder Wasser auffüllen. Auf kleiner Flamme ca. 1–1½ Stunden köcheln lassen.
Um den Geldbeutel zu schonen, können Sie die Fleischmenge halbieren und ca. ½ Stunde vor der Fertigstellung 1 Pfd. rohe Kartoffelwürfel zugeben und mitschmoren. In diesem Fall etwas Kümmel mitkochen.

Katzagschroi

Zutaten:
ca. 500 g gekochtes Siedfleisch, 2 Zwiebeln, 4 Eier, Butterfett, Salz und Pfeffer, Schnittlauch.

Zubereitung: Die Zwiebeln in Scheiben schneiden und hellbraun anbraten. Das kleingeschnittene Siedfleisch dazugeben und kurz mitbraten. Würzen. Die Eier verkleppern, mit dem geschnittenen Schnittlauch über das Fleisch geben und zusammen abbraten.
Ein schnelles Resteessen, das es schon morgens zum Vesper gab und noch gibt.

Hackfleisch

Bis zum Mittelalter hatte die Bevölkerung nur das Messer als Eßbesteck zur Verfügung. Die geeigneten Fleischstücke wurden entweder gegrillt oder zu Fleischknödeln und Ragout verarbeitet.
Das Hackfleisch wurde zuerst mit dem Messer zerkleinert und dann mit dem Fleischerbeil fein gehackt, wie es beim Tatar noch heute bei Feinschmeckern beliebt ist.
Die Fleischknödel konnten bequem mit dem Messer, an dem teilweise vorn zwei Zinken angebracht waren, aus der Brühe gefischt werden. Zudem war das „Gehackte" für die vielen Zahnkranken leichter zu verzehren.
Erst viel später, als der geschlossene Herd sowie die Gabel immer mehr in Mode kam, begann man mit der Zubereitung von weiteren Gerichten, wie z. B. Hackbraten, Hacksteak, gefülltes Weißkraut und Haschee.
Rohes Hackfleisch kann schnell verderben. Deswegen darf es nur am Tage der Herstellung verkauft werden und sollte auch an demselben verzehrt werden.
So darf z. B. Hackfleisch vom Fisch und Wild nicht an die Verbraucher abgegeben werden. Und wenn, dann nur, wenn es nach der Herstellung sofort tiefgefroren wurde.
Auf jeden Fall muß gekauftes Hackfleisch sofort in den Kühlschrank!
Am besten Hackfleisch frisch zubereiten lassen, so ist die Salmonelleninfektion

am geringsten. Hackfleisch sollte zu Ihrer eigenen Sicherheit immer gut durchgegart werden.
Rinderhackfleisch ist sehnenarm und relativ mager. Der Fettgehalt beträgt bis zu 20%.
Tatarfleisch höchstens 6%.
Vom Schwein: Der Fettgehalt ist auf 35% beschränkt.
Eine Hackfleischmischung aus Rind und Schwein darf nicht mehr als 30% Fett enthalten.

Vom Fasten

Das Fasten ist ein altbewährtes Mittel.
Wer fastet, ob in Kutte oder Kittel,
kasteit sein Fleisch, doch ihm ist's wohlbekannt,
er schärft die Schau, die Sinne, den Verstand.

Das Fasten ist ein altbewährtes Mittel.
Den Wohlbeleibten hält es fern vom Spittel;
wer seine Qualen nicht erdulden mag,
ißt nur geschabte Äpfel einen Tag.

Das Fasten ist ein altbewährtes Mittel.
Es ist, weiß Gott, ein anderes Kapitel,
wenn einer fastet in der großen Stadt,
ganz einfach, weil er nichts zu beißen hat.

E. Kramer

Hackbraten

Zutaten:
500 g Hackfleisch, halb Schwein, halb Rind, 2–3 alte Wecken, 2 Eier, 1–2 EL Grieß oder Weckmehl, Fett, 1–2 Zwiebeln, 1 Strauß Peterling, Salz und Pfeffer, auf Wunsch noch etwas Majoran und Knoblauch, Schweinsnetz (rechtzeitig bestellen).

Zubereitung: Die Zwiebelwürfel und den gehackten Peterling im Fett glasig dünsten. Die zerrupften Wecken im lauwarmen Wasser-Milch-Gemisch einweichen.
Das ganze mit einem Teller und Topf beschweren, damit alles gut einweicht. Danach gut ausdrücken. Nun alle Zutaten zusammen gut durchmengen und abschmecken. Wenn Ihnen die Masse zu naß erscheint, noch etwas Grieß oder Weckmehl einarbeiten. Ist die Masse zu trocken, etwas Wasser zugeben. Nun mit naßen Händen einen länglichen Laib formen und in die gefettete Kasserolle setzen.
Um dem Hackbraten den nötigen Halt zu geben, empfiehlt es sich, den Braten in ein Schweinsnetz zu hüllen. Sie können ihn aber auch zur Festigung in Paniermehl wenden oder mit Eiweiß bestreichen. Ganz Vorsichtige setzen das Hackfleisch in eine Backform.
Backzeit ca. $1^{1}/_{2}$ Stunden

Tip:
- Um das Fleisch zu strecken können Sie z. B. geriebene Kartoffeln untermengen.
- Gut schmeckt auch, wenn Sie dem Hackfleisch Blattspinat beigeben.
- Ganz Kreative mengen dem Hackbraten noch Käsewürfel, gelbe Rüben, gekochte Eier, Essiggurken oder ein ganzes Wienerle bei.

– Damit der Hackbraten eine nicht zu feste Kruste bekommt, ihn ab und zu mit Wasser oder Bratensaft begießen. Sie können ihn auch mit einer Alu-Folie abdecken.

Dazu servieren Sie Kartoffelbrei und Gemüse.

Fleischküchle

(bekannt auch als Hacksteak, Hamburger, Frikadellen, Buletten oder Fleischpflanzerl).

Zutaten:
400 g Schweinehack,
3–4 alte Semmeln,
Semmelbrösel,
1–2 Eier, 1 Zwiebel,
Peterling, Salz und
Pfeffer, auf Wunsch
Majoran und Knoblauch.

Zubereitung: Die Semmeln einweichen, gut ausdrücken und zerkleinern. Die gehackte Zwiebel und den Peterling kurz in Butter glasig anbraten und zusammen mit den anderen Zutaten vermengen. Unter die Fleischmasse lassen sich auch gut Speckwürfel, etwas Tomatenmark, Meerrettich oder Gemüsewürfel mengen.

Die Hände vor dem Formen der Masse mit lauwarmen Wasser befeuchten.

Tip:

Die „Floischküchla“ vor dem Backen in Semmelbrösel und geriebenen Käse wälzen oder in ein Schweinsnetz wickeln.

Zu „Floischküchla“ schmeckt gut Kartoffelsalat mit Gurken gemischt.

Der Unterschied zu Frikadellen ist übrigens der, daß hier auch gekochte Fleischreste verwendet werden. Bei uns undenkbar, oder? Wenn bei uns das Hackfleisch gestreckt werden soll, dann nur mit „eigwoichte Wecka". Nach dem Motto: „D' Floischküchla werrat deirer, d' Brotpreis send gschtiega."

Krautwickel

Zutaten:
1 mittlerer Krautkopf (Filderkraut), 400 g gemischtes Hackfleisch, 2–3 alte Wecken, 2 Eier, 1–2 Zwiebeln, Peterling, 1 EL Grieß oder Paniermehl, Salz, Pfeffer und Majoran, Fett, etwas Brühe, 1/8 l Rahm, 1 EL Tomatenmark.

Zubereitung: Dem Krautkopf den Strunk herausschneiden. Auf Wunsch geht auch ein Wirsingkopf. Im Salzwasser 5–10 Minuten köcheln lassen. Abkühlen, die großen Blätter abtrennen und die Mittelrippe flachklopfen oder herausschneiden. Die Blätter auf dem Tisch verteilen und würzen. Die angemachte Hackfleischmasse in Portionen formen, auf die Blätter verteilen und einwickeln. Mit einem Faden zusammenbinden. In einer Kasserolle auf beiden Seiten anbraten. Etwas Brühe zugießen und ca. 20–30 Minuten schmoren lassen.
Die Krautwickel auf einer Platte anrichten. Den Rahm und 1 EL Tomatenmark in der Kasserolle aufkochen und abschmecken.
Tip:
Auf die Krautwickel je eine Scheibe Speck legen.
Die angebratenen Krautwickel ins Sauerkraut setzen und dort mitkochen.
Von den kleinen Krautblättern einen Krautsalat bereiten.

Bietigheimer Laubfrösche

Zutaten:
400 g Hackfleisch oder durchgedrehte Fleischreste, ca. 30 große Spinatblätter, 2–3 alte Wecken, 1–2 Zwiebeln, Peterling, 1–2 Eier, etwas Brösel oder Grieß, Salz und Pfeffer, etwas Brühe, Fett.

Zubereitung: Die Laubfrösche werden wie Krautwickel zubereitet. Die Spinat- oder Mangoldblätter kurz mit heißem Wasser überbrühen. Auf dem Tisch ausbreiten. Mit einem Löffel die angemachte Hackfleischmasse verteilen und die einzelnen „Laubfrösche" einrollen.
In eine gefettete Kasserolle setzen und kurz anbraten. Etwas Brühe zugeben, mit Butterflocken bedecken und zugedeckt ca. 20–30 Minuten schmoren lassen.
Zu den Laubfröschen gibt es Salzkartoffeln und eine Buttersoße.

Gefüllte Flädla

Zutaten:
Flädlesteig (siehe bei Flädla), Fett, 400 g Hackfleisch, 1–2 Zwiebeln, 1 EL Tomatenmark, Salz und Pfeffer, 3–4 EL Mehl, Paniermehl,

Zubereitung: Zuerst die Zwiebelwürfel, dann das Hackfleisch im Fett gut anbraten, das Tomatenmark kurz mitbraten, würzen und eventuell mit Mehl etwas andicken.
Die vorgebackenen, abgekühlten Flädla auslegen und mit der Masse bestreichen. Zusammenrollen, halbieren und panieren. In reichlich Fett goldgelb ausbacken.
Als Beilage reichlich frischen Salat servieren.
Tip:
Statt Hackfleisch können Sie auch Braten-, Schinken- und Wurstreste zerkleinern und die Flädla damit füllen. Ein preiswertes Resteessen!

Gefüllte Tomaten

Zutaten:
Pro Person 2 Tomaten, 400 g gemischtes Hackfleisch, 2–3 alte Wecken, 1–2 Eier, etwas Grieß oder Weckmehl, Salz und Pfeffer, Butterfett, Paniermehl.

Zubereitung: Den Tomaten (groß und nicht zu reif) einen Deckel abschneiden und aushöhlen. Aus dem Hackfleisch, den eingeweichten Wecken, Eier, Grieß und den Gewürzen einen festen Teig kneten und die Tomaten damit füllen. Den Deckel aufsetzen, in eine gefettete Kasserolle setzen und mit Paniermehl bestreuen. Mit Butterflocken belegen. Etwas Wasser oder Brühe in die Kasserolle geben und ca. $^{1}/_{2}$ Stunde im Ofen schmoren lassen.

Tip:
Das Hackfleisch kann auch mit gekochtem Reis gestreckt werden. Der Reis kann ganz nach Wunsch auch mit Schinken oder Zunge gemischt werden.

Noch ein kleiner Scherz gefällig?

Was ist ein dicker Vegetarier?
Eine Biotonne!

Innereien

Gerichte von Eingeweiden gelten seit Jahrhunderten als Essen der einfachen Leute. Ein Glück, kann man da nur sagen, denn was für Köstlichkeiten lassen sich daraus zubereiten.
Am häufigsten verwendet wurden und werden noch: Hirn, Bries, Leber, Niere, Herz, Lunge, Gekröse und Kutteln.
Hirn: Besonders beliebt ist das Kalbshirn. Es wiegt etwa 500 g. Beliebt sind Gerichte wie: Hirnsuppe und Hirn gebacken.
Bries: Auch Kalbsmilch genannt, ist als Wachstumsdrüse nur bei jungen Tieren zu finden.
Vorwiegend verwenden wir das Kalbsbries, sei es nun gebacken oder gekocht.
Leber: Durch seinen hohen Eiweiß-, Mineralstoff- und Vitamingehalt wird sie besonders geschätzt. Beliebt ist auch hier die Kalbsleber. Die Rindsleber erkennen Sie an der dunkelroten Farbe. Sie ist preiswert und wird für Leberknödel, aber auch für saure Leber verwendet.
Schweinsleber wegen ihres Geschmackes eventuell 30 Minuten in Milch legen.
Achtung: Leber erst nach dem Braten salzen.
Nieren: Bevorzugt wird bei uns die Schweinsniere verwendet. Der strenge Geschmack der Nieren ist oft störend. Also die Nieren der Länge nach aufschneiden, alle Häute und Sehnen entfernen und waschen.

Innereien wie Nieren und Leber sind relativ preiswert. Leider sind sie heute nicht selten mit Schadstoffen belastet. Innereien nur von jungen Tieren verwenden und nicht öfters als alle 2–3 Wochen zubereiten.
Kutteln: Auch Kaldaunen, Pansen oder Kuttelfleck genannt, stammen vom Rind.
Gekröse: Das Kalbsgekröse sind Bauchfellfalten und werden wie Kutteln zubereitet.
Soviel Freunde die Kutteln haben – soviel Feinde stehen ihr gegenüber.
Wohl kein Gericht ist so umstritten, wie dieses Allerweltsgericht und das quer durch alle Bevölkerungsschichten.
Schon im Mittelalter wurden besondere „Kuttelhöfe" eingerichtet. Sie galten als minderwertiges Fleisch und wurden laut der Reichsgewerbeordnung aus Vorsicht nur in abgekochter Form abgegeben. Kuttelknechte nannte man die Gehilfen der Metzger. „Kuttelgerber" war früher ein beliebtes Schimpfwort.
Volksmund: *„Där fällt driber her, wia a Hond ibr d' Kuttla."*
Denn was dem einen sein Leibgericht, diente dem anderen gerade noch als Hundefutter. Doch ausgerechnet diese Innerei haben die Schwaben besonders in ihr Herz geschlossen. Kutteln in einer sauren Brennsoße mit Bratkartoffeln ist ein echtes Gedicht.
Doch die Beliebtheit dieses edlen Gerichts, Sie merken, auch meine Wenigkeit ist ihm verfallen, ist auch im Ausland seit alters her hoch geschätzt.
So wurde eine der Gassen von Robanus zu Ehren der Kutteln und Gekröse „Kuttelgasse" getauft.
Kennen Sie die „Paté de Brillat-Savarin" ?
Das sind in Blätterteig eingebackene, kleingeschnittene Kutteln, Stücke vom Truthahn mit Nelken und Rosinen gewürzt.
In Italien werden Kutteln mit Tomaten bevorzugt, in Frankreich mehr mit Weißwein serviert.

Ein Feinschmecker meinte gar, feingeschnittene Salbeiblätter darüber gestreut sei erst die echte Erfüllung.
In Schwaben dagegen schätzt man als Würze mehr den Majoran. Im Volksmund bekannt als „Kuttelkraut".
Die „Kuttelfleck" in saurer Brüh, überliefert von den Fildern 1718, dürften dann eher mit einem Schluck rotem Württemberger verfeinert worden sein.
Die „Kuttelsupp" war das traditionelle Voressen, z. B. auf Märkten, wo sich die Bauern noch weit in unser Jahrhundert hinein stärkten.

Vom Kuttelfleck

Von Ochs und Kuh die fetten Bauchfellwände,
in die der Fleischer ungern taucht die Hände,
verkochen sich, sind sie von Talg und Dreck
gesäubert, zu famosem Kuttelfleck.

Man läßt es wässern, schneidet es in Streifen,
läßt golden erst im Schmalz die Zwiebeln reifen
und setzt gewiegtes Räucherfleisch daran,
auch Mandeln, wenn man es sich leisten kann.

Das Ganze wird geschmort, gerührt, gesotten,
und schmeckt, als würd die Schöpfung mild verrotten;
es scheint, daß mancher es so gerne ißt,
weil es zugleich gemein und köstlich ist.

E. Kramer

Saure Kutteln

Zutaten:
500 g Kutteln bestellen. Werden vom Metzger schon gekocht und in Streifen geschnitten geliefert.
2 l Wasser.
Brennsoße: Mehl, Butterschmalz, Wasser, Salz, Pfeffer, Essig, Zwiebeln, 2 Lorbeerblätter, 1 Schuß Rotwein (siehe Brennsoße).

Zubereitung: Die vorgekochten Kutteln kurz aufkochen und abschütten. So haben Sie die Gewißheit, daß sie kein „Gschmäckle" mehr haben.
Die Brennsoße zubereiten, die Kutteln zugeben und noch einige Minuten darin schmoren lassen. Gut säuerlich abschmecken. Die Kutteln sollten nicht zu weich gekocht werden.
Man serviert sie als reine Kuttelsupp oder als Hauptgang mit Bratkartoffeln.
Tip:
- Die Brennsoße nur mit Most zubereiten.
- Die Kutteln statt in Streifen in kleine Quadrate schneiden, dann sind sie leichter zu verzehren. Bei den in langen Streifen zubereiteten Kutteln wird leicht gekleckert. Hier ist für unsere kleinen Erdenbürger ein Latz zu empfehlen.
- Ein altes Rezept empfiehlt – eine Tasse Weinbeeren in Rotwein einzulegen und vor dem Servieren noch kurz mit den Kutteln mitzuschmoren.

Variante I: Die Kutteln in Speck- und Zwiebelwürfel anrösten, verklepperte Eier darübergeben und stocken lassen.
Variante II: Die Kuttelstreifen in Pfannkuchenteig tauchen und in Butterfett goldgelb herausbacken.
In beiden Fällen gibt es Kartoffelsalat mit Endivie vermischt.

Kalbsgekröse

Zutaten:
500 g Kalbsgekröse (vorbestellen), 2 l Wasser, Salz, Pfeffer, Essig, 1 Schuß Wein, 1/8 l sauren Rahm.

Zubereitung: Das vorgekochte Kalbsgekröse im Wasser kurz aufkochen und abtropfen lassen. Eine hellbraune Brennsoße zubereiten und das nudelartig zugeschnittene Gekröse zugeben und einige Minuten mitköcheln. Vor dem Servieren mit Essig, Wein und Rahm abschmecken. Dazu gibt es Bratkartoffeln.

Tip:
Das Kalbsgekröse ist leider von den Speisekarten ganz verschwunden. Dabei könnte es den Kutteln große Konkurrenz machen.
Gut schmeckt das Gekröse auch mit Zwiebeln angeröstet und mit Ei zu einem Omelett gebraten.
Früher wurden dazu noch Kartoffeln mitgebraten und teilweise mit Kümmel gewürzt.

Saure Nieren

Zutaten:
400–500 g Schweinsnieren, 1 Zwiebel, Salz, Pfeffer, Essig, Fett, 1 guter Schuß Rotwein, etwas Mehl, Brühe bzw. Wasser.

Zubereitung: Die echten „Saure-Nieren-Fans“ schneiden die Nieren in feine Scheiben (2–3 mm) und braten sie in heißem Fett mit Zwiebelwürfeln scharf an. Löschen sie kurz mit Essig ab, stäuben sie etwas mit Mehl, würzen nicht vergessen, und gießen die Brühe zu. Kurz durchschmoren und heiß mit Bratkartoffeln servieren.
Die „Vorsichtigen“, die gehört haben, daß die Nieren ab

und zu „soichalat“, also nach Urin düfteln, machen aus der Zubereitung einen Staatsakt.
Da werden die Nieren zuerst gewässert, dann gehäutet, gespalten, alle Sehnen und Häute entfernt, nochmals gewaschen, in Milch gelegt und dann in Würfel geschnitten. Und schmecken soll das auch noch.

Tip:
– Kaufen Sie nur frische Nieren.
– Achten Sie darauf, daß sie schön rosa sind.
– Nieren nur kurz garen, damit sie nicht hart werden.

Saure Leber

Zutaten:
400–500 g Schweins- oder Kalbsleber, 1 EL Fett, 1–2 EL Mehl, 1–2 Zwiebeln, Brühe oder Wasser, Salz und Pfeffer, Essig, 1/8 l Rahm, 1/2 Glas Obstler.

Zubereitung: Die Leber enthäuten und in kleine Scheibchen schneiden. Im Fett die Zwiebelwürfel und die Leber kurz andämpfen, bis kein Blut mehr austritt. Dann mit Mehl stäuben, kurz mitbraten bis es leicht gebräunt ist, mit Essig und Brühe ablöschen und aufkochen. Erst zum Schluß würzen und den Rahm beigeben. Nur kurz schmoren, da die Leber sonst hart wird. Dazu gibt es bei uns Brat- oder Salzkartoffeln und grünen Salat.
Variante: Die Leberscheiben panieren oder aber nur in Mehl wenden und herausbacken. Zum Schluß das Fett abschütten und die Leber in Butter nachbraten. Ein Kartoffelbrei sollte hier nicht fehlen.

Schweins- bzw. Kalbszunge

Zutaten:
ca. 4 Zungen (vorbestellen), 2 l Wasser, Wurzelgemüse, Salz und Pfeffer, Mehl, Paniermehl, 2–3 Eier, Butterschmalz.

Zubereitung: Die Zungen im gesalzenen Wasser kochen, bis man die Haut abziehen kann. Danach in längliche Scheiben schneiden, panieren und in Butterschmalz goldgelb herausbacken.

Tip:
Aus dem Fond eine Weißweinsoße bereiten und die Zungen darin servieren.
Dazu mundet Reis und grüner Salat.

Kalbsherz

Zutaten:
2 kleinere Kalbsherzen, 2 l Wasser, Wurzelgemüse, Salz und Pfeffer, 3 Lorbeerblätter, Mehl, Butterfett, 1 EL Essig, 1/8 l sauren Rahm, 1 Schuß Wein. Brennsoße.

Zubereitung: Die Kalbsherzen gut waschen. Ins kochende Wasser geben, die Gewürze und das Gemüse beigeben und ca. 30 Minuten köcheln lassen.
Aus dem Fond eine Brennsoße zubereiten. Das Herz in Scheiben schneiden und in der Soße ca. 15 Minuten weiter köcheln lassen.
Zum Schluß die Soße mit einem Schuß Wein und Essig sowie dem Rahm abschmecken.
Dazu gibt es Bandnudeln und Salate.

Tip:
- Das Herz mit Speckstreifen spicken.
- Die Brennsoße statt aus dem Fond ganz aus Most herstellen.

Leberknöpfle

Zutaten:
400 g gehackte Leber (beim Metzger vorbestellen), 3 alte Wecken„ Milch, 2–3 Eier, 2 Zwiebeln, Peterling, Salz, Pfeffer und Majoran, 1–2 EL Grieß oder Paniermehl, Butterschmalz, Wasser, Speck- und Zwiebelschmelze.

Zubereitung: Die Wecken kleinschneiden und im lauwarmen Milch-Wassergemisch einweichen. Mit einem Teller und Topf beschweren, ca. 15 Minuten ziehen lassen und anschließend gut ausdrücken. Die Zwiebeln und den Peterling feinhacken und in der Butter glasig andünsten. Nun alle Zutaten zusammen gut vermengen und kräftig würzen. Wenn die Masse zu weich ist, noch etwas Grieß bzw. Paniermehl beimengen. Ins heiße Wasser einen Probeknopf einlegen.
Mit einem Löffel die Leberknöpfle ins leicht köchelnde, gesalzene Wasser legen und ca. 20 Minuten ziehen lassen.
Die Leberknöpfle werden auf Sauerkraut angerichtet und vor dem Servieren mit angerösteten Zwiebel- und Speckwürfeln abgeschmelzt. Kartoffelbrei sollte hier nicht fehlen.

Wer's nicht anders weiß,
dem schmeckt Leber wie Fleisch.

Riedlinger Gröscht

Zutaten:
250 g Schweinsleber,
2 Schweinsnieren,
1 Schweineherz, nach Belieben Kutteln, Wurzelgemüse,
2 l Wasser, Salz und Pfeffer.
Brennsoße: Mehl, Butterschmalz, Brühe, Essig, 2 Lorbeerblätter, 1 Schuß Rotwein oder Most.

Zubereitung: Die Innereien gut waschen, ins heiße Wasser geben, würzen und mit dem Wurzelgemüse köcheln lassen. Ab und zu den Garzustand prüfen, da die Leber früher fertig gekocht ist. Danach abkühlen lassen, in Würfel schneiden, in die Brennsoße geben und noch einige Minuten darin schmoren lassen.
Gut säuerlich abschmecken.
Als Beilage werden Weckknödel empfohlen.
Variante: Reichlich Zwiebel (halb Zwiebel – halb Fleisch) in einer Kasserolle andünsten. Die kleingeschnittenen, rohen Innereien zugeben und mitköcheln. Die Kutteln erst zum Schluß beigeben. Eine hellbraune Brennsoße kochen und die Innereien damit abbinden. Zum Schluß würzig abschmecken und etwas Sahne untermengen.

Lieber viel mit Genuß,
als wenig mit Verdruß!

Geflügel

Wer sich früher kein Schwein leisten konnte, der hielt sich auf jeden Fall ein paar Hühner, Enten oder Gänse als Fleisch- und Eierlieferant.
Denn: „*Einem Hungrigen ist ein gackerndes Huhn auf dem Mist lieber, als eine gurrende Taube auf dem Dach.*“
Die Enten und Gänse kamen vermehrt in der kalten Jahreszeit auf den Tisch, besonders an Weihnachten durfte eine Gans nicht fehlen.

Sehr geschätzt waren die Gänse, lieferten sie doch neben ihrem schmackhaften Fleisch auch die unverzichtbaren Federn und Daunen für unsere Betten. Übrigens eine Erfindung der alten Germanen. Denn hier bei uns war es schon immer einen Kittel kälter als im Süden Europas.

Kindervers:

Schniebel, Schnabel, Schnäbel,
kommt der Herbst im Nebel,
Gänsebraten, Gänsefett,
weiche Federn für das Bett,
freu'n sich alle Kinder,
gi – ga – gack.

Die Gans heißt im Schwäbischen „Gas“ (durch die Nase gesprochen). In der Mehrzahl sind es dann die „Gäs“ oder „Geis“. Aber auch „Gaus“ wird sie gerufen. Der männliche Part ist dann der „Gausger“.
Die Gänse waren so beliebt, daß man Stadttore oder Plätze nach ihnen benannte, wie in Ulm z. B. das Gänstor. Die Friedrichsau (Freizeitpark in Ulm) hieß früher „Gänshölzle“. Dorthin wurden sie anno dazumal zum Grasen an die Donau getrieben.

Auch in Gedichten wurden sie besungen:
„Echte Ulmer Griebagäns,
spickfett vorn ond henta,
ja des älles ond no meh,
kascht en Ulm du fenda.“

Aber die Gans ist beileibe nicht eine Zucht unserer Altvorderen. Schon im alten China war die Gänsezucht verbreitet, bevor sie dann in Ägypten in Mode kam und ein Privileg der Priester und Könige wurde.
Auf den Landgütern Karls des Großen mußten stets fette Gänse auf Vorrat gemästet werden. Später allerdings verschwand das Interesse der Herrschaften an ihnen, man züchtete sie hauptsächlich noch wegen ihres Gänsefettes, das zur Verbesserung der Speisen hochgeschätzt war.
So war Sauerkohl mit Gänseschmalz ein „anerkannt Pfaffenbißlein“. Aus Ulm ist überliefert, daß in vielen Haushalten früher in der Küche unter dem Abguß die Hausgans ihren Schlafplatz hatte. Die Küchenreste wurden an Ort und Stelle verwertet.
„Heit däd mr saga – recycelt.“
Aber nicht nur durch ihr vorbildliches Familienleben zeichnen sich die Gänse aus, sondern auch durch ihre bekannte Wachsamkeit.
Ohne Zweifel ist die „Ulmer Regimentsgans“ ein Unikum sondergleichen, die zusammen mit den Soldaten vor der Kaserne Wache hielt.

Mehr bekannt sind wohl die Gänse des Heiligtums der Juno in Rom, die durch ihr Geschnatter im Jahre 387 v. Chr. das römische Capitol vor den herannahenden Galliern retteten. Dafür wurden sie dann nicht mehr in die Pfanne gehauen, sondern auf den Sockel der Verehrung gehoben. Ganz anders verlief es 371, als der heilige Martin, der gegen seinen Willen zum Bischof von Tours gewählt werden sollte, sich im Gänsestall versteckte und durch ihr Geschnatter entdeckt wurde. Seit Jahrhunderten wandern sie nun schon, wohl zur Vergeltung, an Martini in die Bratröhre.

Wie dem auch sei, seit dem 5. Jahrhundert werden am 11. November (Festtag des hl. Martin) die ersten Gänse geschlachtet. Sind doch die Gänse zu diesem Termin so weit gediehen, daß sie am besten munden. Und kein Vogel ging früher ohne Füllung auf die kulinarische Reise.

Omas Rezept lautet dazu:

Backpflaumen – Rosinen und Mandeln – Wecken und Speck oder einfach säuerliche Äpfel und ein Strauß Beifuß bzw. Salbei verfeinerte den Festtagsschmaus.

Geflügel wurde früher vorwiegend im Winter verspeist. Dazu zählte natürlich auch die Hühnerschar, die im Sommer fleißig Eier legte und in der kalten Jahreszeit nicht selten den Sonntagsbraten stellte.

Heute sind alle Geflügelarten das ganze Jahr über verfügbar. Die berühmt-berüchtigten Hühnerfarmen mit der Massenkäfighaltung liefern wie am Fließband unsere Eier und Brat- und Suppenhühner.

Früher noch eine Delikatesse, setzte nach dem Krieg die Hähnchenfreßwelle ein. Ein Brathähnchen sank auf die Stufe von Grillwürsten. Aber Huhn ist nicht gleich Huhn. Nachdem in den Geflügelfarmen Zigtausende dieser armen eingesperrten Mistkratzer am Fließband mit präpariertem Hühnerfutter, meistens aus Fischmehl, hochgemästet wurden, merkte auch der Laie, daß der Geschmack doch zu wünschen übrig läßt.

Wer sich also etwas Gutes antun will, kauft besser eines dieser freilaufenden, auf neudeutsch glücklichen Hühnern auf dem Markt direkt vom Bauern.

Sie wissen doch: „*Der Mensch ist, was er ißt.*“
Daß unser Federvieh schon immer besonders leiden mußte, zeigt folgendes Rezept aus einem 1691 gedruckten Kochbuch aus Nürnberg.

„*Nehmet ein junges Huhn – ertreanckets mit Essig – heangets auf – und lassets verzappeln – rupffets – schneidets auf – nehmets aus – waschets mit Wein – weurzets innen und aussen wohl ein – und setzts euber Nacht in Keller – bratets wie ein ander Huhn – und machet eine Breuh dareuber nach Belieben.*“

Sie sehen, besonders zartfühlend ging man noch nie mit ihnen um. Aber immerhin war ihre tägliche Kost frisches Gras und Körner. Und vor der Schlachtung kamen sie 14 Tage lang in den Genuß von festem Getreidebrei und gehackten Brennesseln.
Aber andere Zeiten – andere Sitten. Die EG-Verordnung (39) legt die Haltungsarten für Hühner genau fest. Bei der Freilandhaltung stehen dem Huhn 10 qm zu – 2,5 qm bei intensivem Auslauf –, was darunter auch zu verstehen ist – 0,14 qm bei Bodenhaltung und 0,04 qm bei der Käfighaltung. „*Wenn mr onsre Tierla so lieba dädat wia onsre Feind, wär so ebbes net passiert.*“
Die meisten Eier stammen in der Zwischenzeit aus solchen „Legebatterien“.
Eine Henne legt im Jahr etwa 300 Eier – 1950 waren es noch 120 Stück.

Tips:
- Der Pro-Kopf-Verbrauch in Deutschland von Geflügelfleisch stieg 1996 auf 7,3 Kilogramm.
- Frisches Geflügel sollte wegen der Salmonellengefahr nicht länger als 1 Woche gelagert werden.
- Tiefgekühltes Geflügel ohne die Verpackung auftauen. Verpackung sofort entsorgen. Zugedeckt und langsam im Kühlschrank auftauen lassen. Auftauwasser sofort weggießen.

- Bei Schmorhühnern bzw. Hähnchen empfiehlt es sich, die Tiere zu enthäuten.
- Wenn ein Huhn gegrillt oder gebraten wird, also nicht mit der Soße in Verbindung kommt, es also knusprig sein soll, beläßt man ihm die Haut.
- Als Markengeflügel (Klasse A) dürfen nur Tiere bezeichnet werden, die voll-fleischig, einwandfrei gerupft und ohne Verletzungen bzw. Verfärbungen sind.
- Immer beliebter wird das Putenfleisch. Man kennt es auch unter dem Namen Truthahn oder Turkey. Im Handel finden wir junge Puten (Babyputen). Sie sind ca. 10 Wochen alt und haben ein Gewicht von 2–6 Kilo. Sie kommen meist bratfertig zerlegt ins Angebot.

1 Hähnchen wiegt ca. 700–1150 g
1 Poularde wiegt über 1200 g
Junger Hahn wiegt über 1800 g
Suppenhühner 1200–1800 g – Legehennen
Frühmastgänse 3000–4000 g
Junge Gänse 4000–6000 g
Enten 1500–2500 g
Flugente 1500–3500 g

Volksmund:

„Die Ente ist ein blöder Vogel, für einen ist's zuviel und für zwei zuwenig."

„Dasselbe Wasser, das die Hühner weich macht, macht die Eier hart."

Gans

Zutaten:
1 Gans (ca. 5 kg),
2 Tassen Wasser, Salz,
Pfeffer und Beifuß,
4–5 Äpfel.
Soße: Wurzelgemüse,
Reste von der Gans,
1 EL Tomatenmark.

Zubereitung: Die vorbereitete Gans innen und außen pfeffern und salzen. Die Äpfel vierteln und mit dem Beifuß in die Bauchhöhle legen. Die Gans zunähen oder mit Zahnstocher zustecken. Die Backröhre auf 220 Grad vorheizen, damit das Fett besser austritt. Nach ca. 45 Minuten auf 175 Grad schalten. Die Gans mit den Keulen auf die Seite in die Ganskachel legen. Wasser zugeben, aufkochen und in die Röhre geben. Bratzeit: ca. $2\frac{1}{2}$–3 Std., je nach Größe. Ab und zu die Gans wenden und immer gut begießen, ca. 30 Minuten vor Garende die Gans mit der Brust nach oben einsetzen, damit sie schön knusprig wird.
Soße: Die Reste der Weihnachtsgans, Hals, Flügel, Herz, Magen zerkleinern und mit dem Wurzelgemüse scharf anbraten, das Tomatenmark zugeben, kurz mit anbraten, mit Wasser auffüllen und 2 Stunden köcheln lassen. Die Gans nach der Fertigstellung auf eine Platte legen und etwas ruhen lassen.
Die Soße entfetten, den angesetzten Fond zugießen und alles etwas einkochen lassen. 1 Schuß Rotwein zugießen, nachwürzen, eventuell einen Teil der Fülläpfel zugeben und abpassieren. Die Gans zerteilen und gefällig auf einer vorgewärmten Platte anrichten.
Beilage: Blaukraut und Weckknödel.
Tip:
– Wer will kann nach 30 Minuten Bratzeit die Gans aus dem Ofen nehmen und restliche Kiele entfernen.

– Fette Gänse an den Fettstellen leicht einstechen, damit das Fett besser auslaufen kann.
– Gänse werden gerne gefüllt. Siehe Kalbsbrustfüllung. Wobei hier noch geriebene Nüsse, 1 geriebener Apfel, ein wenig zerkleinerter Beifuß und das gekochte und in Würfel geschnittene Herz, Leber und der Magen zugegeben wird.
– Tüftler aus dem Ländle lösen beide Brüste aus, aber so, daß sie am Rücken zusammenhält, und fertigen einen Rollbraten an.
– Die Feinschmecker unter denselben füllen den Braten mit einer Farce aus Gänseleber und 1 Wecken. Die Keulen werden 1 Tag später serviert.
– Aus den restlichen Teilen kochen sie eine Gänsekraftbrühe.

Sie wissen ja: „Des Menschen Wille ist sein Himmelreich“ oder wie meine Großmutter zu sagen pflegte: „Jedem Tierchen sein Pläsierchen.“

Gänseklein

Zutaten:
Gänseflügel, -hals, -herz, -magen, -kopf und -füße, Wurzelgemüse, Salz und Pfeffer, Wasser, gespickte Zwiebel, Fett, Mehl, Peterling.

Zubereitung: Das Gänseklein waschen, aufkochen und abgießen. Mit kaltem Wasser ansetzen, salzen, das Gemüse beigeben und aufkochen, abschäumen und garköcheln lassen. Das Fett erhitzen, das erforderliche Mehl zugeben und eine Schwitze bereiten. Mit ca. 1/2 l Brühe auffüllen und noch ca. 15 Minuten köcheln lassen. Abschmecken, den gehackten Peterling zugeben und über das Gänseklein geben.
Beilage: Salzkartoffeln.

Im Dialekt heißt dieses Gericht „Gansgschnader“ und wird mit Vorliebe am Weihnachtsmittag als „Nebenprodukt“ der Weihnachtsgans in der Brühe serviert.
Als Beilage reicht der Urschwabe dazu Sauerkraut und Spätzle. Das Gänseklein ist eine beliebte „Nagerei“ für groß und klein.

Ente

Zutaten:
1 Ente, Größe nach Bedarf bestellen, Salz und Pfeffer, Salbeizweig, Äpfel, Fett, 1 EL Tomatenmark.

Zubereitung: Den Backofen auf etwa 220 Grad vorheizen. Die Ente waschen und trocknen. Innen und außen würzen und mit den geviertelten Äpfeln und dem Salbeizweig füllen. Die Ente mit der Keulenseite in die Kasserolle legen, 1–2 Tassen Wasser zugeben und zugedeckt in den Ofen schieben. Die Ente immer wieder wenden und begießen. Das verdampfende Wasser löst das Fett aus der Ente. Ungefähr 50 Minuten abwechselnd auf den Keulen braten, dann Deckel abnehmen und mit der Brust nach oben in die Kasserolle setzen, damit die Brust schön Farbe bekommt. Weiterhin begießen.
Bratzeit je nach Größe der Ente $1\frac{1}{2}$–2 Std.
Wir setzen mit Wurzelgemüse den restlichen Hals, Flügelspitzen, Magen und Herz eine separate Soße an, indem wir alles zusammen scharf anbraten, 1 EL Tomatenmark zugeben, kurz mit anbraten, mit Wasser auffüllen und 1–2 Stunden köcheln lassen.
Nachdem die Ente fertig gegart ist auf eine Platte legen. Das Fett in der Kasserolle abschöpfen und den Fond dazugeben. Abschmecken, einen Schuß Rotwein zugeben und die Soße abpassieren. Manche Feinschmecker passieren die Äpfel aus der Füllung noch in die Soße. Die Ente zerteilen und auf einer Platte anrichten.
Beilage: Blaukraut und Weckknödel.
Tip:
Zur Ente gepfeffertes Apfelmus servieren. Dabei das Apfelmus gut pfeffern, einen Spritzer Zitronensaft zugeben und lauwarm servieren.

Die Ente füllen (siehe Kalbsbrust). Eventuell
Leberwürfel untermengen.
Und wie heißt es nun? Ente gut – alles gut!
Wenn Sie sich eine Ente zu Gemüte führen wollen, empfehle ich Ihnen, eine Flugente in die Röhre zu schieben.
Die Flugente ist ein französisches Zuchtprodukt und macht dort unter dem Namen „La belle“ Karriere. Bei uns ist sie auch als Warzenente bekannt. Besonders die männlichen Enten haben auf dem Schnabel einen kleinen Höcker. Sie wird aber auch als Moschusente, Barbarieente und Stumme Ente bezeichnet.
Physiologisch steht sie mehr den Gänsen näher. Aber geschmacklich ist sie einsame Spitze. (Besonders fleischig und fettarm.)
Ihre Vorfahren, die heute noch in Seen und Bächen unsere Augen erfreuen, haben ein mehr dunkles, farbiges Federkleid. Die Flugente dagegen kleidet sich ganz in Weiß und hat als Kontrast auf dem Kopf ein schwarzes Häubchen. Mit dem Fliegen hat sie allerdings so ihre Probleme. Die wilden Enten fliegen lustig über die Wohnhäuser, sie dagegen schafft vielleicht noch einen kleinen Luftsprung bis zu 1 Meter.
Kein Wunder. Eine fleischige Flugente bringt einige Pfund auf die Waage.
Weibliche Ente: 1,8 – 2 kg,
Männliche Ente: 3 – 3,5 kg
Die Wildenten wiegen dagegen nur 2 – 3 Pfd. (Weibchen) und 3 – 5 Pfd. (männliche Ente).
Von Ihnen stammt auch der Spruch:
„Oine isch z'wenig ond zwoi send z'viel“.

Brathähnchen

Zutaten:
1 Hahn, Gewicht ca. 1,5 kg, frisch vom Markt und freilebenden Hühnern. Ist etwas teurer, hat dafür aber gutes Muskelfleisch. Salz und Paprika, Kräuter aus dem Garten, Öl.

Zubereitung: Das Hähnchen innen und außen würzen. Öl mit Paprika verrühren und das Geflügel gut bestreichen. Kräuter, z. B. Estragon, nach Gusto in das Hähnchen legen. Den Ofen vorheizen. In die Kasserolle legen und auf beiden Seiten anbraten. Während der Bratzeit das Hähnchen ab und zu wenden und mit dem Fond begießen.
Das Federvieh ist fertig, wenn Sie in die Keule stechen und der austretende Bratensaft farblos ist.

Tip:
- Vor dem Braten das Hähnchen mit dünn geschnittenen Speckscheiben umwickeln. 10 Minuten vor Ende der Garzeit entfernen.

- Die Bezeichnung „Brathähnchen“ dürfen sie nach dem EU-Recht führen bis sie das Gewicht von 1400 g erreicht haben. Danach bezeichnet sich unser so geschätzter „Gockel“ als Poularde.

Gefülltes Hähnchen

Zutaten:
1 Masthahn.
Füllung: 4 Wecken, 2 Eier, Leber, Herz, eventuell den Magen, auf Wunsch eine Handvoll Champignons, 1 EL Weckmehl, Salz und Pfeffer, 1 Zwiebel, Peterling, Butter.

Zubereitung: Das Geflügel waschen und innen und außen würzen.
Die Wecken zerkleinern und einweichen, mit einem Teller und Topf beschweren und danach gut ausdrücken. Die Innereien in kleine Würfel schneiden oder durch den Wolf drehen. Die feingeschnittene Zwiebel und den Peterling in Butter glasig andünsten und abkühlen lassen. Die Zutaten nun vermengen, würzen, das Huhn bzw. Hahn mit der Masse füllen und mit einem Faden zunähen bzw. mit Zahnstochern zustecken.
Nun das Geflügel mit Butter bestreichen, anbraten, mit 1 Tasse Wasser ablöschen und zugedeckt ca. 1 Stunde braten. Ab und zu mit dem Bratenfond begießen.

Tip:
– Öl mit Paprika und Salz verrühren und das Geflügel gut bestreichen.
– Dem Fond etwas Weißwein beigeben.

Lamm

Früher bevorzugten die wohlhabenden Städter das teure Rind- und Kalbfleisch. Wer nicht über das nötige Kleingeld verfügte, mußte sich mit Schaf- und Hammelfleisch begnügen. Ab dem 14. und 15. Jahrhundert wurden immer mehr Schafe und Hammel in der Küche eingesetzt. Das hatte seine Begründung darin, daß viele Wälder zu Wiesen kultiviert wurden und die Schweine nicht mehr zur Eichelmast in die Wälder getrieben werden durften.

Jedes größere Dorf verfügte über eine eigene Schafherde sowie Schäfer, die Jahrhundertelang über die Heiden der Alb zogen und heute noch ab und zu anzutreffen sind.

Lange Zeit rümpften die meisten von uns die Nase, wenn sie nur „Hammelfleisch" hörten. Und früher schmeckte das Fleisch dieser Wollieferanten wirklich penetrant. Es „bockelte" ganz schön. Nur mit viel Knoblauch oder mariniert konnte es genossen werden. Das lag daran, daß damals die Schafe – die Metzger und Gaststätten führten es unter Hammelfleisch – erst geschlachtet wurden, nachdem sie als Wollieferant ausgedient hatten. Das heute angebotene Lammfleisch ist damit nicht mehr zu vergleichen. Die Zeit, als das ranzige Fett an die Seifensieder verkauft wurde, ist endgültig vorbei.

Aber trotz aller Werbung hat das Lammfleisch nicht in unsere Küche zurückgefunden. – Leider.

Viele unserer Schäfer wären in ihrer Existenz bedroht, wenn nicht Gastarbeiter verstärkt als Abnehmer auftreten würden. Dabei schmeckt Lammfleisch von jungen Tieren saftig. Vom ehemals gefürchteten Hammelgeruch ist so gut wie nichts übriggeblieben.
Der Verzehr von Lammfleisch beträgt bei uns in Deutschland pro Kopf und Jahr gerade mal 0,9 kg.
Im Vergleich – in Frankreich liegt er bei 3 kg und in England bei 13 kg.

Kraut und Rüben haben mich vertrieben.
Hätte meine Mutter Fleisch (Lamm?) gekocht,
wäre ich daheim geblieben.

Tips:

- Lammfleisch liefern heute junge Lämmer, die nicht älter als 1 Jahr sein dürfen. Angeboten werden auch sogenannte Milchlämmer, die 6 Monate mit Milch aufgezogen wurden. Sie werden meist zu Ostern offeriert.
  Schaffleisch von weiblichen und kastrierten männlichen Tieren ist nicht älter als 2 Jahre.
- Junge Lämmer stammen bei uns aus Deutschland, besonders von der Schwäbischen Alb.
- Lammfleisch sollte leicht mit Fett durchzogen (marmoriert) und ca. 1 Woche abgehangen sein.
- Beim Fleischzubereiten die pergamentartige Haut abziehen.
- Den Eigengeschmack des Lammfleisches können sie mit Kräutern wie Thymian, Rosmarin, Salbei oder Wacholderbeeren verfeinern.
- Wer will, kann das Fleisch auch in Buttermilch oder in Rotweinmarinade einlegen.
- Lammfleisch immer heiß servieren! Denn das Fett erstarrt sehr schnell, und feine Nasen sind dann vielleicht beleidigt.

- Junges Lammfleisch nach Möglichkeit rosa braten. Besonders wichtig beim Rücken.
- Frisch geschlachtetes Lammfleisch können Sie auch selbst reifen lassen – ca. 1 Woche.
  Dabei das vorbereitete Fleisch z. B. mit Olivenöl einpinseln, mit Knoblauch einreiben, pfeffern, mit Thymian bestreuen und mit Lorbeerblättern belegen. Danach fest in Pergamentpapier einwickeln und im Kühlschrank reifen lassen. Lukull läßt grüßen!
- Sehr geschätzt wird der Lammrücken als Ganzes gebraten oder als Lammkotelett gegrillt. Empfehlenswert sind auch die Haxen als Schmorgericht. Die Rippen, Schulter und Hals eignen sich gut für Ragout und Eintopf. Der Primus ist allerdings die Keule.
- Die Keule wiegt ca. 3 kg und reicht ungefähr für 6–8 Personen. Sie wird auf Wunsch beim Metzger bratfertig gemacht und der Knochen entfernt. Wer die Keule eventuell am offenen Kamin grillen will, sollte sie unbedingt mit Knoblauchzehen spicken.
- Den Rotwein rechtzeitig öffnen, damit er atmen kann!
- Die Keule bzw. der Lammschlegel sollte innen noch leicht rosa sein.
- Der berühmt-berüchtigte Hammelgeschmack sitzt hauptsächlich im Fett. Das Fett erst nach dem Garen entfernen.
- Die Keule läßt sich übrigens auch gut mit Rosmarinnadeln spicken.
- In Griechenland wird die Keule in gesalzene Buttermilch eingelegt, danach mit Knoblauch eingerieben und in dünne Speckscheiben eingewickelt.

„Wenn's no scho kocht wär,
gessa wär's schnell."

Lammkeule

Zutaten:
1 Lammkeule von einem schwäbischen Lamm von der Alb,
Fett, Salz und Pfeffer,
Knoblauchzehen,
1–2 Zwiebeln,
1–2 gelbe Rüben,
1 Stück Sellerie,
1 EL Tomatenmark oder frische Tomaten,
1 Schuß Rotwein.

Zubereitung: In die entbeinte Lammkeule kleine Taschen schneiden und mit den Knoblauchzehen füllen. Salzen und pfeffern. Im heißen Fett von allen Seiten anbraten. Auf eine Platte legen. Das gewürfelte Gemüse in die Kasserolle geben und zusammen mit dem Tomatenmark scharf anbraten, mit 2–3 Tassen Wasser ablöschen und die Keule dazugeben. Sollte die Keule sehr mager sein, mit etwas Butter bestreichen. Das Fleisch während des Bratens häufig mit dem Bratensaft begießen.
Bratzeit ca. $1\frac{1}{2}$–2 Std. bei 220 Grad.
Nach dem Garen die Keule auf eine Platte legen.
Die Soße würzig abschmecken, Rotwein zugeben, aufkochen, abpassieren und heiß servieren.
Zur Lammkeule können Sie Salate und Kartoffeln servieren.
Die mit Knoblauch gespickte Lammkeule schmeckt besonders gut, wenn sie am Grill gegart wurde.
Dazu gehört ein trockener Rotwein.

Tip:
- Die Lammkeule darf innen noch rosa sein. Sie schmeckt dann saftiger.
- Die Keule beim Metzger entbeinen lassen und mit Rosmarinnadeln spicken.
- Der eine oder andere legt sie vor dem Braten ein paar Stunden in Buttermilch ein.
- In die entbeinte Keule einen Rosmarinzweig und Knoblauchzehen stecken.

Lammhaxen

Zutaten:
4 Lammhaxen, Salz, Pfeffer, 1–2 Knoblauchzehen, Fett, 2–3 Zwiebeln, 2 gelbe Rüben, 1 Stück Sellerie, 1 EL Tomatenmark, 2–3 Tassen Wasser, Mehl, 1 Schuß Rotwein, auf Wunsch etwas Rosmarin.

Zubereitung: Die Lammhaxen gut würzen und von allen Seiten gut anbraten. Dann auf eine Platte legen. Das gewürfelte Gemüse in die Kasserolle geben und anbraten. Das Tomatenmark zugeben und ebenfalls kurz mit anbraten. Die Haxen wieder in die Kasserolle legen und mit 2–3 Tassen Wasser auffüllen. Die Haxen bei 200 Grad zugedeckt ca. $1\frac{1}{2}$–2 Std. schmoren lassen.
Auf eine Platte legen. Die Soße etwas einkochen lassen, 1 Schuß Rotwein zugeben, abschmecken und abpassieren.
Wer will, kann die Soße noch etwas mit Mehl abbinden.
Dann noch ca. 5–7 Minuten köcheln lassen.
Wir essen dazu Kartoffelbrei und grünen Salat.

Gebeizte Lammschulter

Zutaten:
500 g ausgebeinte, gerollte und zusammengebundene Schulter bestellen. Fett, 1 EL Tomatenmark, Mehl, $\frac{1}{8}$ l Rahm, Salz und Pfeffer.
Beize: $\frac{1}{2}$ l Rotwein, $\frac{1}{2}$ l Essig, $\frac{1}{2}$ l Wasser, Salz und Pfeffer, 2 gelbe Rüben, 1–2 Zwiebeln mit der Schale, 1 Stück Sellerie, 1 Knoblauchzehe.

Zubereitung: Die Beize und das Gemüse aufkochen, abkühlen lassen und das Fleisch 1–2 Tage einlegen und in den Kühlschrank stellen. Einmal umdrehen.
Danach das Fleisch gut abtrocknen und im Fett von allen Seiten anbraten. Das Gemüse, 1–2 Tassen Wasser und Beize zugeben und ca. 1 Stunde zugedeckt schmoren lassen.
Ab und zu übergießen.
Das Fleisch auf die Platte legen. Die Soße mit Tomatenmark, etwas Mehl und dem Rahm fertigkochen.
Würzig abschmecken.
Blattspinat und Salzkartoffeln dazu servieren.

Lammragout

Zutaten:
500 g Lammschulter, Brust bzw. Nacken, Fett, 2 EL Mehl, 1–2 Knoblauchzehen, 1 EL Tomatenmark, Salz und Pfeffer, 2 Zwiebeln, 3 gelbe Rüben, Butter, 500 g Kartoffeln, Peterling.

Zubereitung: Das Fleisch vom Fett befreien, Sehnen entfernen und in mundgerechte Würfel schneiden.
Das Fett erhitzen, das Fleisch von allen Seiten anbraten und mit etwas Mehl bestäuben. Knoblauch zugeben.
Das Mehl mit dem Fleisch leicht braun anbraten. Mit Wasser auffüllen, so daß die Fleischwürfel bedeckt sind.
Nun das Tomatenmark sowie Salz und Pfeffer zugeben und das Ragout zugedeckt 45 Minuten köcheln lassen.
Die Zwiebeln in Würfel, die gelbe Rüben in kräftige Scheiben schneiden. Das Gemüse in Butter und etwas Zucker dünsten, dem Ragout zugeben und weitere 45 Minuten schmoren lassen. Danach die Kartoffelwürfel zugeben und noch ca. 20–30 Minuten mitschmoren.
Vor dem Servieren die Soße entfetten, abschmecken, eventuell einen Schuß Rotwein zugeben, mit gehacktem Peterling bestreuen und servieren.

Oh liabr Gott von Riada
viel Häfa hent se ond
nix zom Siada.

Wild

Vom 6. bis mindestens zum 10. Jahrhundert waren Weiden und Wälder ein Mosaik von Landschaftsformen, die eine vielfältige, erzeugerische Aktivität zuließen wie: Getreideanbau, Jagd und Fischerei sowie das Sammeln von wildwachsenden Früchten.

Das günstige Verhältnis zwischen Bevölkerung und Ressourcen ermöglichte jedem das Überleben. Niemand untersagte die Nutzung der Flächen, die dem König, anderen Herrschaften oder der Kirche gehörten. Die Wälder und Weiden waren so zahlreich, daß ein jeder auf irgendeine Art Zugang zu ihnen hatte.

In dieser Zeit, also bis ins 9./10. Jahrhundert, wurde auch noch der Auerochse bejagt.

Fleisch war im germanischen Raum die Hauptnahrung. Neben den Haustieren spielte das Wild eine große Rolle.

Allerdings wurde die Jagd immer mehr privilegiert und das Wild ein reines „Herrenessen". Die unteren Schichten ernährten sich immer mehr von Mehlspeisen.

Als Kaiser Maximilian 1495 die Region Schwaben dem Herzog Eberhard zum Lehen gab, war in der kaiserlichen Deklaration auch die Bestimmung enthalten, „daß der Herzog und seine Nachkommen das Herzogtum mit allen Wildbännen besitzen und gebrauchen solle". Dies bedeutete, daß der württembergische Regent

alleiniger Jagdherr war, egal, wem das Gebiet nun gehörte, sei es nun städtischer, dörflicher, geistlicher, adeliger oder bäuerlicher Besitz. Damit wurde der Bevölkerung eine wichtige Nahrungsquelle entzogen.
Aber das war nicht das Schlimmste. Die jagdfronpflichtigen Bauern hatten mit ihrem Zugtier jederzeit Dienst zu tun und sei es mitten in der Ernte, nicht selten waren sie wochenlang als Treiber von Hof und Familie getrennt.
An Wild herrschte in dieser Zeit kein Mangel, besonders die Alb mit ihren Eichen- und Buchenwäldern war ein idealer Lebensraum für Rot- und Schwarzwild. Schon 1569 meldete das Uracher Forstamt einen Bestand von 518 Hirschen, im Jahr 1589 von über 2000, mindestens das Doppelte wurde aber geschätzt. Nicht zu sprechen von den ungezählten Horden von Wildschweinen.
Es waren die zahlenmäßig stärksten Edelwildbestände in der Geschichte der mittleren Alb. Das Wild trat sich quasi auf die Füße. Durch den Wildfraß entstand der Landbevölkerung riesiger Schaden. Entsprechend waren die Klagen auf den Landtagen, daß „das Wildbret an vielen Orthen dem armen Mann großen Schaden thue“. In den ersten 15 Jahren der Regierungszeit von Herzog Eberhard wurden über 1000 Untertanen wegen Wilderei verurteilt. Wilderer, auf frischer Tat ertappt, wurden ohne Federlesens niedergestochen.
Noch Schlimmeres ist von einem Erzbischof aus Salzburg überliefert. Dieser geistige Herr ließ 1537 einen Bauern, der als Wilderer ertappt wurde, lebendig in die Haut des erlegten Hirsches einnähen und anschließend von einer Hundemeute zerreißen.
Nach der Französischen Revolution wurden diese Umstände so nicht mehr hingenommen. Es wurde die radikale Reduzierung des Wildes gefordert. Aber erst im Januar 1817 ordnete König Wilhelm die sofortige und totale Ausrottung des Schwarzwildes und die radikale Reduzierung des Rotwildes an.
Allerdings galt diese Deklaration nur für das württembergische Territorium, das an das Ulmer Reichsstadtgebiet grenzte. Für die Reichsstadt Ulm selbst galten

andere Verordnungen. Denn über ihr stand kein Territorialfürst, sie war eine nur dem Kaiser unterstellte Stadtrepublik. (Bis 1803 Reichsstadt, bis 1810 bayrisch, seither württembergisch.)
Liest man in der Literatur nach, so haben offensichtlich in der Reichsstadt Jagdrechte für manche Bürger bestanden. Diese Jagdrechte waren lediglich zum Zwecke des Flurschutzes (Vermeidung von Ernteschäden) und zum Artenschutz des Getiers jahreszeitlich eingeschränkt.
Daß Jagen in Ulm sehr beliebt war, zeigt uns eine Hauptjagd von 1592, die mit befreundeten Adligen veranstaltet wurde. Sie fand vom 22. August bis 3. September statt. Dabei wurden 50 Hirsche, 13 Kälber, 41 Stück anderes Wild, 14 Rehe und 7 Schweine erlegt. Zur Jagd wurden über 500 Hunde eingesetzt.
Wie Sie feststellen konnten, waren keine Hasen aufgeführt. Diese galten lange Zeit als unkeusch. Der Hase war einfach zu fruchtbar und daher dem Zölibatsgedanken abträglich.
Kam notwendigerweise Hasenfleisch in die Klosterküche, wurde es so zerkleinert, gewürzt und in der Form verändert, daß es von den Mönchen und Nonnen nicht mehr zu erkennen war.

Tips:
- Junges Wild, so wie es meistens auch angeboten wird, zählt zu den gesündesten Fleischsorten. Lebt es doch natürlich, setzt dadurch kein Fett an und hat sein natürliches Aroma erhalten. Das Fleisch ist fest und hat zarte Fasern.
- Eingefrorenes Fleisch aus der Folie nehmen und bei Zimmertemperatur oder im Kühlschrank auftauen. Danach sofort zubereiten.
- Um den Wildgeschmack zu entwickeln, das Haarwild im Winter am besten im Fell an der kalten Luft mehrere Tage abhängen.
- Wildbret statt zu beizen eine Nacht in ein essiggetränktes Tuch einwickeln.
- Das „Rotwild“ (Hirsch) ist sehr schmackhaft aber nicht so zart wie z. B. das Reh.

- Ein ausgewachsener Hirsch wiegt bis zu 4 Zentner. Es werden nur Hirsche und Kälber im 1. Lebensjahr verwendet. Älteres Hirschfleisch ist trocken und zäh.
- Die Damhirsche sind kleiner als das Rotwild. Das Fleisch ist zarter und meist auch etwas fetter. Man sollte auch hier nur junge Tiere verwenden.
- Der beliebteste Wiederkäuer aus dem Walde ist aber wohl das Reh. Sein Fleisch ist zart und wohlschmeckend. Die beste Qualität haben die Schmalrehe und Spießer.
- Die Wildschweine werden auch als Schwarzwild bezeichnet. Am besten munden die einjährigen Frischlinge. Das Fleisch älterer Tiere muß gebeizt werden. Am besten schmecken sie im Winter.
- Ein naher Verwandter des Hasen ist das wilde Kaninchen. Es unterscheidet sich vom Hasen durch seine kürzeren Löffel (Ohren). Das Fleisch ist weich und schmeckt süßlich. Man kann Hasen und Kaninchen zerlegt oder als Ganzes kaufen. Hasen schmecken am besten im Alter von 3–8 Monaten.

„Lieber einen Hasen an den Löffeln,
als einen Hirsch im Gebüsch.“

Rehschlegel

Zutaten:
1 kg Fleisch von der Keule, 100 g fetten Speck, Fett, Gewürze wie bei Rehrücken, 2 Tassen Wasser.
Soße: Knochen und Wurzelgemüse, Tomatenmark, Mehl, $^{1}/_{4}$ l Rahm, $^{1}/_{8}$ l Rotwein.

Zubereitung: Den Rehschlegel auslösen, enthäuten und von den Sehnen befreien. (Vom Fachmann zubereiten lassen.) Waschen, trocknen und würzen. Im heißen Fett von allen Seiten anbraten. Etwas Wasser zugeben und mit den Speckscheiben belegen. Zugedeckt in den mit 200 Grad vorgeheizten Ofen geben.
Garzeit ca. 90 Minuten
Ab und zu begießen. Die Speckscheiben ca. 25 Minuten vor Garende entfernen und in den Fond geben.
Soße: Die Knochen und Sehnen mit dem Wurzelgemüse gut anbraten, Tomatenmark beigeben, gut kurz mitbraten. Mit Wasser auffüllen, würzen und köcheln lassen. Nach Fertigstellung das Fleisch auf eine Platte legen und warm stellen. Den angesetzten Wildfond in die Kasserolle leeren, den Wein zugießen, mit Mehl etwas abbinden und die Soße noch ca. 5–8 Minuten köcheln lassen. Die Sahne zugeben und mit aufkochen. Nachwürzen und abpassieren.
Beilage: Spätzle, Salat und viel Soß! Schmoräpfel mit Preiselbeeren gefüllt.
Tip:
– Halbe Birnen mit Preiselbeeren gefüllt schmeckt echt gut dazu.
– Das Wildbret nicht bei zu hoher Hitze braten. Macht das Fleisch sonst trocken.

- In die Soße Preiselbeergelee geben. Das gibt ihr das gewisse Etwas.
- Wild zum Auftauen in Milch legen.
- Beliebte Kräuter für das Wild sind: Thymian, Salbei und Rosmarin. Was und wieviel Sie nehmen, entscheiden Ihre Geschmacksnerven.

Rehrücken

Zutaten:
1–2 kg Rehrücken je nach Personenzahl, Speckscheiben, Rippenknochen, Fett, 1 EL Tomatenmark, 1 Zwiebel, 1 gelbe Rübe, 1 Stück Sellerie, Salz, Pfefferkörner, Wacholderbeeren, etwas Senf, Öl, 1/8–1/4 l Rotwein, 1/4 l Rahm. Ganz nach Gusto etwas Thymian und Rosmarin.

Zubereitung: Den Rehrücken mit einem scharfen Messer von den Sehnen befreien. Abwaschen und trocknen. Die Gewürze, Pfefferkörner und Wacholderbeeren vorher zerdrücken, in einer Tasse mit Öl und Senf vermischen und den Rehrücken damit bestreichen. Das Fett in einer Kasserolle erhitzen und den Rehrücken mit der Fleischseite nach unten anbraten. Danach umdrehen. Den Rücken mit Speckscheiben belegen. Etwas Wasser zugeben. Die zugedeckte Kasserolle in den mit 200 Grad vorgeheizten Ofen stellen.
Garzeit ca. 35–40 Minuten. Ab und zu den Braten begießen. Nach ca. 25 Minuten den Speck abnehmen, zerkleinern und mitbraten. Nach Fertigstellung den Rücken warm stellen.
Soße: Während der Bratzeit die Sehnen, Knochen und das Wurzelgemüse scharf anbraten. Das Tomatenmark zugeben und ebenfalls kurz mit anbraten. Mit Wasser auffüllen und köcheln lassen. Dann in die Kasserolle

geben, den Rotwein zugießen und noch etwas einkochen.
In der Zwischenzeit den Rehrücken auslösen, in schräge, kräftige Scheiben schneiden und wieder in die Rückenknochen setzen. Appetitlich mit Peterling und Tomatenscheiben garnieren.
Der Soße den Rahm zuschütten, nochmals nachwürzen, aufkochen und abpassieren.
Beilage: Spätzle und Salate, Schmoräpfel.
Der Rehrücken muß innen noch zartrosa sein.
So schmeckt er saftiger.
Tip:
Eine andere Art den Rehrücken zu braten: Den Rücken auslösen und in ca. 150 g schwere Medaillons (Nüßle) schneiden und zartrosa braten. Aus den Rückenknochen dazu eine mit Rahm und Rotwein verfeinerte Soße bereiten. Eventuell Pfifferlinge dazu anbieten.

„Ich kreuzige mein Fleisch“, sagte der Pfaff und legte die Rehfilet kreuzweise auf den Teller.

Rehpfeffer

Zutaten:
1 kg Rehfleisch von der Schulter, Hals oder Brust. Zu diesem Wildgulasch nimmt man das mehr „minderwertige“ Fleisch. Also nicht den Rücken und Schlegel.
Rotweinbeize, Fett,
1/8–1/4 l Rahm.

Zubereitung: Das Fleisch entbeinen, häuten, in mundgerechte Stücke schneiden und 2–3 Tage in die Beize legen. Danach gut abtrocknen und mit dem Gemüse in heißem Fett anbraten. Etwas Beize zugeben und zugedeckt ca. 1 Stunde schmoren lassen. Ab und zu Marinade oder Wildfond nachgießen.
Zum Schluß eventuell noch etwas mit Mehl abbinden.
Den Rahm zugeben, nachwürzen und aufkochen.
Beilage: Spätzle, Apfelmus und Preiselbeeren.

Rehschäufele in Wacholderrahmsoße

Zutaten:
1 kg Rehschäufele (Vorderschlegel),
Rotweinbeize,
Wurzelgemüse, Fett,
1 TL Tomatenmark,
etwas Mehl,
1/4 l sauren Rahm,
2 EL Wacholderbeerenschnaps,
1/4 l Rotwein.

Zubereitung: Das Fleisch aus der Beize nehmen und gut abtrocknen. Wer will, kann das Fleisch schon zu Beginn in 250 g große Stücke aufteilen lassen. Das Fleisch nun im heißen Fett gut anbraten. Das Wurzelgemüse, Wacholderbeeren und Tomatenmark beigeben, das Fleisch mit Mehl bestäuben, so bleibt es auch saftiger. Mit einem Teil der Beize und Wasser auffüllen und zugedeckt schmoren lassen. Danach auf einer Platte warm halten. Der Soße nun den Rotwein, Rahm und Wacholderschnaps zugeben, aufkochen und abpassieren.
Manch Wildliebhaber verfeinert die Soße noch mit Preiselbeeren und Thymian.
Beilage: Knödel und Salate.

Weinbeize

Zutaten:
$^{2}/_{3}$ trockenen Wein,
$^{1}/_{3}$ Weinessig und etwas Wasser,
ca. 6 Pfefferkörner,
2 Lorbeerblätter,
2 Nelken, 1–2 Zwiebeln mit Schale,
1 Knoblauchzehe,
ca. 6 Wacholderbeeren,
1 gelbe Rübe und
1 Stück Sellerie.

Zubereitung: Vorbereitetes Fleisch mit dem Wurzelgemüse und den Gewürzen in eine Schüssel legen. Die Flüssigkeit zugeben, so daß alles bedeckt ist. Zudecken und im Kühlschrank 2–3 Tage ruhen lassen. Einmal das Fleisch wenden.
Die Weinbeize wird für zartes Fleisch empfohlen. Man benutzt sie mit zum Aufgießen der Soßen.

Essigbeize

Zutaten:
ca. $^{1}/_{4}$ Essig,
$^{3}/_{4}$ Wasser, Wurzelgemüse und Gewürze wie bei Weinbeize.
Rosmarin und Thymian nach Belieben.

Zubereitung: Fleisch in die Schüssel geben, Gewürze, Gemüse und angerührte Beize zugeben und zugedeckt kalt stellen. Das Fleisch einmal wenden. Die Essigbeize können Sie für alle Fleischarten verwenden.
Eine „Schnellbeize“ gewinnen Sie, wenn Sie die Essigbeize aufkochen und heiß über das Fleisch geben. Danach einen Tag ruhen lassen.

Buttermilchbeize

Zutaten:
1–2 l Buttermilch, ganz nach Gusto einen guten Schuß trockenen Wein, Gewürze wie oben gehabt, 1 Zwiebel, 1 Knoblauchzehe mit Salz zerdrücken.

Zubereitung: Das Fleisch in die Schüssel legen, die Buttermilch und die Gewürze zugeben. Zugedeckt kalt stellen. Diese Beize ist mild und sollte nicht länger als drei Tage benützt werden.
Ein Teil der Buttermilchbeize eignet sich gut zum Aufgießen der Soße. Die Beize verwendet man gern zum Einlegen von Hasen, Reh, Lammfleisch und Wildschwein.
Tips und Tricks in der Wildküche:
– Ist Beizen und Spicken eigentlich nötig?
– Nun, früher, als man noch nicht die Kühlmöglichkeiten von heute hatte und das Wild oft durch langes Lagern seinen strengen „Hautgout" bekam, war es auf jeden Fall ratsam. Konnte man so das Fleisch auch noch längere Zeit aufbewahren.
Im Zeitalter der Tiefkühlschränke und -truhen ist Beizen nicht mehr nötig und nur noch eine Sache der Geschmacksverbesserung. Bei älteren Tieren ist Beizen allerdings empfehlenswert. Mildert es doch den Wildgeschmack und macht das Fleisch mürber. Im Sommer, an heißen Tagen, ist es besser, die Essig- und Weinbeize aufzukochen, abzukühlen und dann über das Fleisch zu geben. Die Beizdauer ist dann kürzer.
– Da Wildfleisch sehr mager ist, wird oft das „Spicken" des Fleiches empfohlen. Dabei wird das Fleisch aber verletzt und der Fleischsaft kann austreten. Daher ist

es besser das Fleisch beim Garen mit Speckscheiben zu belegen. Meist wird heute junges Wild, zum Teil aus Zucht, wie z. B. das Damwild, angeboten, das von Natur aus saftig ist und das Spicken erübrigt.

- Meist wird Wild aus Argentinien, Neuseeland und Osteuropa tiefgekühlt angeboten. Die schonendste Art des Auftauens ist, das Wild über Nacht in den Kühlschrank zu legen. *Beachten:* Auftauflüssigkeit wegschütten und Fleisch abwaschen. Am besten mundet natürlich frisches Fleisch aus unseren Wäldern. Glück für den, der einen Jäger zum Freund hat.
- Bis zu einem Jahr nennt man die Jungrehe männlich und weiblich „Kitze“. In diesem Alter werden sie bei uns auch meistens angeboten. Von 1 bis 2 Jahren heißen die weiblichen Tiere „Schmalrehe“. Sobald sich dann Nachwuchs eingestellt hat, darf sie den Namen „Geiß“ tragen. Ab dem 1. Jahr heißen männliche Tiere Bock. Hauptabschußzeit für Geißen und Kitze ist im Herbst ab 1. September bis 31. Januar. Ab 16. Mai bis 15. Oktober werden die Böcke bejagt.
- Bei den Wildschweinen heißen die Jungen „Frischlinge“ und „Überläufer“ (ältere Jungtiere). In diesem Alter werden sie das ganze Jahr bejagt. Die Wildschweinmama heißt „Bache“ und er nennt sich „Keiler“. Sie werden vom 1. März bis 15. Juni bejagt.

Nun bin ich mit meinem Jägerlatein am Ende und wünsche Ihnen ein „Waidmanns Heil“.

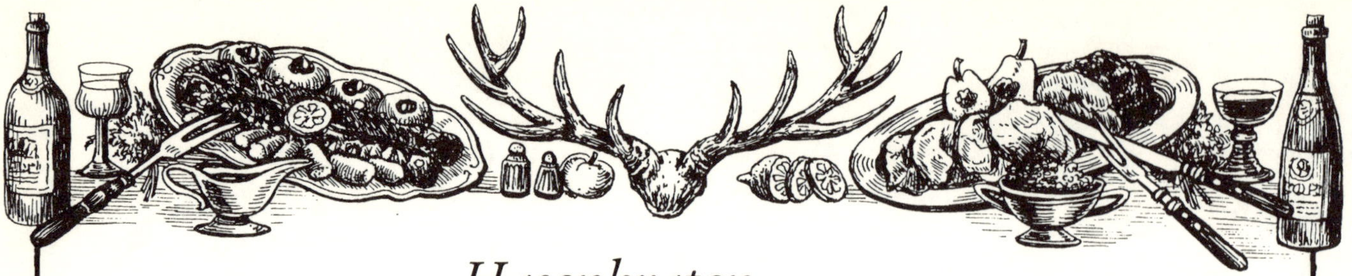

Hasenbraten

Zutaten:
1 Hase (Stall), Salz, Pfeffer, zerkleinerte Wacholderbeeren, ca. 100 g Speck, Wurzelgemüse, Fett, Wasser oder Brühe, 1/4 l Rahm, 1 Schuß Weißwein.

Zubereitung: Den über Nacht abgehängten Hasen reinigen und in 6 Teile zerlegen. Das Fleisch mit den Gewürzen einreiben. Die beiden Schlegel mit der Oberseite nach unten in die Kasserolle legen, anbraten, mit den Speckscheiben belegen, etwas Wasser zugeben und in die Röhre schieben. Nach ca. 20 Minuten die restlichen Teile und das Wurzelgemüse zugeben. Mit Speck belegen. Die Schlegel nach ca. 30 Minuten umdrehen und eventuell Brühe zugießen. Etwa 20 Minuten vor Fertigstellung den Speck abnehmen, damit das Fleisch Farbe bekommt. Auf Wunsch mit Rahm bestreichen. Bratzeit für die Schlegel ca. 50–60 Minuten. Für den Rücken und Vorderläufe ca. 30–35 Minuten. Nicht zu lange braten. Hasenbraten sollte am Knochen noch zartrosa sein, da das Hasenfleisch recht trocken ist.
Nach Fertigstellung das Fleisch warm stellen.
Die Soße mit Rahm und einem Schuß Wein verfeinern.
Nachwürzen und abpassieren.
Beilage: Rosenkohl und Salzkartoffeln.
Tip:
- Den Hasen vor dem Braten mit scharfem Senf bestreichen und mit getrockneten Kräutern bestreuen. (Estragon, Rosmarin, Salbei).
- Öl und Paprika in einer Tasse verrühren und den Hasen vor dem Braten einreiben. Gibt einen guten Geschmack und eine schöne Farbe.

Saurer Hase

Zutaten:
1 Hase (Stall) in 6 Teile zerlegen, Essigbeize, Essiganteil nach Belieben auf $\frac{1}{3}$ erhöhen.
Soße:
Reste wie Bauchlappen, Hals, Herz, Magen und Wurzelgemüse, 1 EL Tomatenmark, Fett, etwas Mehl, $\frac{1}{4}$ l saurer Rahm, $\frac{1}{8}$ l Wein.

Zubereitung: Das Fleisch ca. 2 Tage in die Beize legen. Danach die Beize aufkochen und Hasenteile ca. 1–1$\frac{1}{2}$ Stunden darin schmoren lassen.
Soße: Die Reste im heißen Fett anbraten, Tomatenmark zugeben und mit der restlichen Beize und Wasser auffüllen und ca. 1 Stunde köcheln lassen. Eventuell am Schluß noch Brühe (Beize) zugießen.
Mit etwas Mehl eindicken und ca. 5–8 Minuten köcheln lassen. Zur Verbesserung der Soße noch sauren Rahm und Wein zugeben.
Beilage: Spätzle und Kartoffelsalat.
Achtung: Die kleineren Teile, wie Rücken und Vorderläufe, sind früher gar. Also nach ca. 30 Minuten herausnehmen.

Wildschweinkeule

Zutaten:
1 kg Wildschweinkeule von einem Frischling, Buttermilchbeize mit einem Schuß Rotwein, Fett, 4 EL geriebenes Schwarzbrot, 4 Scheiben Speck.
Soße: 1 TL scharfer Senf, 1 Schuß Rotwein, $\frac{1}{8}$–$\frac{1}{4}$ l Rahm.

Zubereitung: Die vorbereitete, eventuell gebundene Keule ca. 24 Std. in die Beize legen. Danach gut trocknen, würzen und im heißen Fett anbraten.
Den Backofen auf 220 Grad vorheizen. Mit ca. $\frac{1}{4}$ l Beize aufgießen. Das Gemüse, die Beize und die Brösel zugeben. Den Braten mit den Speckscheiben belegen. Aufkochen und zugedeckt in die Röhre schieben.
Garzeit ca. 1$\frac{1}{2}$ Std. Das Fleisch ab und zu wenden und

mit der Beize begießen. 25 Minuten vor Garende den Speck abnehmen. Nach Fertigstellung den Braten warm stellen.
Die Soße mit Senf, Rotwein und Rahm verfeinern, nachwürzen und aufkochen.
Beilage: Blaukraut und Knödel.
Tip:
- Ca. 100 g Trockenpflaumen über Nacht in Rotwein einlegen und mitkochen.
- Die Soße können sie auch mit Hägemark verfeinern.

Mosthase

Zutaten:
1 abgehangenen Hasen in 6 Teile zerlegen, ca. $1\frac{1}{2}$ l Most, Wurzelgemüse, Salz, Pfeffer, Kräuter nach Belieben, Fett, 2 EL Mehl, Buttermilch, $\frac{1}{8}$ l Rahm.

Zubereitung: Die Hasenteile 2–3 Tage in Most einlegen. Abtropfen lassen und gut abtrocknen. Würzen und von allen Seiten anbraten. Gemüse zugeben. Mit einem $\frac{1}{2}$ l Most (Beize) ablöschen und schmoren lassen. Ab und zu Most nachgießen und ca. 1 Std. im Ofen schmoren lassen. Rücken und Vorderläufe nach ca. 30 Minuten herausnehmen. Die Schlegel garen ca. 50–60 Minuten Nach Fertigstellung das Fleisch warm stellen. Dem Fond Buttermilch oder Joghurt beigeben, mit Mehl abbinden und ca. 5–8 Minuten köcheln lassen.
Mit dem Rahm verfeinern, nachwürzen und abpassieren.
Beilage: Weckknödel und Salate.

Spätzle

Die Namensgeber der schwäbischen Nationalspeise waren sicher Mönche, die im Mittelalter ein spezzato aus Teig machten. Denn spezzato, pezzo heißt im Italienischen Stück, spezzare in Stücke schneiden. Ein spezzato ist also nichts anderes als ein Gestückeltes, Geschnetzeltes und wie wir es heute kennen, ein Geschnetzeltes.
Im Laufe der Jahrhunderte entstanden - geschliffen durch unseren Dialekt – die Spätzle. Und sie sind sicher die Urahnen der späteren Nudelgenerationen.
Somit wären also die Spaghetti, Tortellini, Spirelli, Cannelloni, Makkaroni, bei uns auch als „Tunnelspatzen“ bekannt, Enkel und Urenkel unserer Spätzle. Wer hätte das gedacht!
Eines ist sicher, die Spätzle waren und sind auf der Speisekarte der Schwaben nicht mehr wegzudenken.
Eine Zeitlang schien es so, als würden die „Fabrikspätzle“ die „Hausgemachten“ verdrängen. Aber mancher Wirt hat hier die Rechnung ohne die Gäste gemacht. Heute ist es wieder eine Selbstverständlichkeit, in einem schwäbischen Gasthaus „hausgemachte Spätzle“ serviert zu bekommen. Renommierte Lokale lassen es sich nicht nehmen, ihre Spätzle nach alter Väter Sitte mit der Hand vom Brett zu schaben. Der Erfindungsreichtum der Schwaben ist ja sprichwörtlich. So haben sich im Laufe der Zeit über 50 Rezepte angesammelt, vom Gaisburger Marsch, einer Stuttgarter Suppenspezialität, bis hin zu den sauren Spätzle, denen eine

geradezu wunderbare Wirkung zugeschrieben wird. So lesen wir im „Lob der Schwabenspätzle" von 1838 folgendes:

„Die sauren Spätzle,
die der Bauer
mit Essig eingerührt genießt,
sind eine Speise,
die die Trauer
dem Volk zur Fastenzeit versüßt."

Standardgerichte sind heute die allgemein beliebten Käs- und Krautspätzle, die gerne als Beilage zum Rostbraten serviert werden. Dabei ist es noch gar nicht so lange her, da galten die Spätzle noch als Armeleuteessen, denn wer es sich leisten konnte, kaufte Nudeln oder gar Reis als Beilage.
Bei württembergischen Regierungsessen glänzten unsere Spätzle noch lange Zeit durch Abwesenheit. Heute dagegen profilieren sich Präsidenten von Baden-Württemberg, indem sie die Spätzle über den Schellenkönig loben und sogar neue Spätzlesmaschinen erfinden. Großmutters Lieblingsspeise steht nicht zu Unrecht wieder hoch im Kurs. Und seit Dinkel in unseren Küchen wieder hoffähig geworden ist, werden sie wieder wie einst mit dem Mehl unserer Urväter hergestellt.

Lompaliadle:

Mei Muader, des Luader,
macht d' Schpatza so kloi,
mei Vaddr, der Donder;
frißt se älle alloi.

Spätzle

Zutaten:
Grundrezept für 4 Personen
500 g Mehl,
4 – 5 Eier (je nach Größe),
1/8 – 1/4 l Wasser,
1 Prise Salz.

Zubereitung: Die Zutaten miteinander vermengen und mit der Hand oder einem Kochlöffel den Teig schlagen, bis er Blasen wirft und 15 Minuten ruhen lassen. Den Teig durch den Spätzleshobel oder durch die Spätzlespresse (Spätzlesschwob) in das gesalzene, leicht kochende Wasser geben. Die Spätzle einmal aufkochen lassen, herausnehmen und in kaltes Wasser legen. Anschließend in ein Sieb gießen und gut abtropfen lassen.
Tip: Könner der Materie schaben die Spätzle natürlich vom Brett.

Kässpätzle

Zutaten:
200 g Emmentaler,
1 – 2 Zwiebel,
60 g Butter.
Spätzle zubereiten, siehe Grundrezept.

Zubereitung: Die frischen Spätzle legt man schichtweise, immer eine Schicht Spätzle und eine Schicht geriebenen Emmentaler, in eine vorgewärmte Schüssel aufeinander.
Zum Abschluß gibt man braungeröstete Zwiebeln darüber.
Wer es besonders würzig liebt, legt statt Emmentaler einfach eine Schicht Romadur dazwischen.
Man kann die Schüssel (feuerfest) noch kurz in die Backröhre schieben, damit sich der Käse besser auflöst.

Leberspätzle

Zutaten:
500 g Mehl,
500 g gehackte Leber (beim Metzger bestellen),
4 Eier, eine gute Handvoll feingehackte Petersilie,
Salz, Pfeffer, Muskat.

Zubereitung: Die Zutaten zu einem Spätzlesteig verarbeiten und ca. 1 Stunde ruhen lassen. Weitere Verarbeitung wie bei normalen Spätzle, wobei man die Leberspätzle ein paar Minuten im Wasser ziehen läßt.
Die Leberspätzle werden in einer Pfanne mit Butter angeröstet, darüber gibt man 2–3 verquirlte Eier.
Das Ganze wird mit Kartoffelsalat und, wer will, mit Soße serviert.
Sehr gut schmecken Leberspätzle bzw. -knöpfle in einer Fleischbrühe, wobei reichlich geschnittener Schnittlauch nicht fehlen darf.

Saure Spätzle

Zutaten:
Eine Brennsoße herstellen. Spätzle zubereiten, siehe Grundrezept.

Zubereitung: Etwas Mehl in Butterschmalz rösten, mit Fleischbrühe aufgießen, mit Salz, Pfeffer und Essig würzen. Dazu gibt man eine gespickte Zwiebel (Zwiebel mit Nelke und Lorbeerblatt) und kocht die Soße ca. 30 Minuten auf kleiner Flamme, bis sie schön sämig geworden ist. Dann übergießt man die heißen Spatzen und vermischt alles miteinander.
Wer will kann dazu Wursträdle (Fleischwurst oder rote Wurst) reinschneiden. Kurz vor dem Servieren mit Schnittlauch bestreuen.

Spinatspätzle

Zutaten:
400 g Mehl,
2–3 Eier,
$^{1}/_{8}$–$^{1}/_{4}$ l Wasser,
250 g frischen Spinat blanchieren, durch den Wolf drehen und mit Salz und Muskat würzen.

Zubereitung: Die Zutaten zu einem festen Teig verarbeiten und mit dem Spatzenhobel in das kochende Wasser geben, weitere Verarbeitung wie bei normalen Spätzle.
Wer es eilig hat, nimmt feingehackten Spinat aus der Gefriertruhe. Die Spätzle erhalten dann allerdings nicht so eine satte grüne Farbe.
Dazu reicht man eine würzige Hackfleischsoße.

Gurkenspätzle

Zutaten:
Brennsoße zubereiten, siehe Saure Spätzle,
Spätzle zubereiten, siehe Grundrezept,
1 Gurke.

Zubereitung: Eine Gurke schälen und entkernen, in kräftige Scheiben bzw. Würfel schneiden und in die Soße geben, ca. 10 Minuten mitkochen und über die heißen Spätzle geben.
Für Vegetarier ein Festessen!
Wer auf sein Fleisch nicht verzichten will, kann Schinkenwurstwürfel oder 200 g Speck dazugeben.

Wirsingspätzle

Zutaten:
1 Wirsingkopf,
1 Zwiebel,
60 g Butterschmalz,
Salz und Pfeffer,
1–2 Kartoffeln
(roh), 150 g Speck
(Bauch).

Zubereitung: Einen Wirsingkopf waschen und fein schneiden. In einem Topf werden Zwiebelwürfel in Butterschmalz angedünstet, dazu gibt man den Wirsing, würzt mit Pfeffer und Salz und gibt ein wenig Brühe dazu. Nach ca. einer 1/2 Stunde Dünstzeit bindet man ihn mit rohen geriebenen Kartoffeln oder einer Mehlschwitze ab. Der Wirsing kann nach dem Dünsten auch durch den Wolf gedreht werden. Den fertigen Wirsing mit den Spätzle vermischen und mit angerösteten Speckwürfeln abschmälzen.

Krautspätzle

Zutaten:
1 Pfd. Sauerkraut,
1–2 Zwiebeln,
60 g Butterschmalz.
Spätzle zubereiten,
siehe Grundrezept.

Zubereitung: Sauerkraut und gewürfelte Zwiebeln werden zusammen im heißen Butterschmalz goldgelb geröstet und dann mit den ebenfalls angerösteten Spätzle vermischt und serviert.
Man kann natürlich auch gekochtes Kraut mit Spätzle vermischen, dann eben nur die Spätzle anrösten.

Apfelspätzle

Zutaten:
4 – 5 Äpfel,
60 – 80 g Butter,
Zucker und Zimt.
Spätzle zubereiten, siehe Grundrezept.

Zubereitung: Die Äpfel schälen, entkernen, in Scheiben schneiden und in Butter andämpfen. Die Spätzle werden angeröstet und mit den gedämpften Äpfeln vermischt.
Das Gericht wird mit Zucker und Zimt bestreut.
Wer will, kann auch noch Apfelkompott dazu reichen. (Damit's besser nonderrutschd.)

Brühte Spatzen

Zutaten:
300 g Mehl, 3 – 4 Eier, 1/4 l heißes Wasser, Salz, auf Wunsch 2 – 3 Handvoll angeröstete Brotwürfel, Speck- oder Schinkenwürfel, Peterling.

Zubereitung: Das Mehl, Salz, die angerösteten Brot- und Speckwürfel, fein geschnittenen Peterling mit dem heißen Wasser übergießen und mit einem Kochlöffel zu einem festen Teig verarbeiten, nach und nach die Eier untermengen und ca. 10 Minuten ruhen lassen.
Mit einem Löffel kleine Stücke herausstechen und in kochendes Salzwasser geben. Wenn sie an die Oberfläche kommen, noch ca. 5 Minuten ziehen lassen.
In einer kräftigen Brühe servieren. Dazu gibt es Kartoffelsalat. Sie können die Spatzen auch direkt auf dem Kartoffelsalat servieren und noch mit angedämpften Zwiebeln abschmelzen.

Knödel

Der Knödel zählt zum Urgestein der kulinarischen Leckerbissen. Der Name „Knödel“ stammt übrigens aus dem althochdeutschen „chnodo“ oder „knoto“ und wandelt sich im Mittelhochdeutschen zu „knote“, was andeutet, daß der Knoten Pate stand.
Der Knoten wird in alten süddeutschen Kochbüchern dann zum Knötlein, Knötchen oder Knötelein. Nachdem ihn die Mundart Jahrhundertelang kräftig durchgeknetet hatte, landete der Wonneproppen schließlich als Knödel in all seinen Spielarten auf unseren Tellern.
Im Alemannischen ging man allerdings ganz eigene Wege. Dort heißen die Knödel schon recht früh „Pflutten“. In der Schweiz z. B. Chnöpfli, aber auch Flute oder Flutte. Die Geschichte des Knödels reicht bis in das tiefe Mittelalter zurück.
Die ersten Knödel waren mit Sicherheit aus Fleisch geformt. Aus Ermangelung von erforderlichen Eßbestecken und teilweise schlechten Beißwerkzeugen wurde Fleisch zerkleinert, zu Kugeln geformt, gesotten oder in Fett gebacken.
Im ältesten Kochbuch des abendländischen Kulturraums von Gavius Apisius, geschrieben in der Zeit von Kaiser Tiberius (um Christi Geburt) finden sich knödelartige Speisen, die speziell für die auf weichen Bänken liegenden Römer zubereitet wurden. Die leckeren Gebilde wurden mit den Händen in den Mund geschoben. Ähnlich handhabten es auch die im Mittelmeerraum lebenden Araber.

Nach dem Dreißigjährigen Krieg wurde Fleisch immer mehr zur Luxusspeise. So wurde aus der Not heraus der Knödel immer mehr mit Brot und anderen Zutaten gestreckt und es entwickelte sich eine Vielzahl von Knödelrezepten. Angefangen von Leber-, Schinken-, Speck- und Griebenknödel, Hühner-, Hirn-, Wild- und Hasenknödel. Aber auch Fische und Krebse wurden genudelt und gekugelt.
Ob groß oder klein, lang wie Würste oder flach zusammengedrückt sind sie überall zu Hause. So heißen sie in England „ball“, in Frankreich „quenelles“, in Schweden „Boller“, in Italien „ghenedeli“ oder „gnocchi“. In Tschechien kommen sie als „knedlicky“ und in Ungarn als „Galusckas“ auf den Tisch. Die in Fett gebackenen Knödel kennen wir heute hauptsächlich als Kroketten. Sie werden meist aus Kartoffeln gefertigt.
Eine besondere Art von Knödeln sind unsere Maultaschen. Um die „runden Gebilde“ haltbarer zu machen, wurden sie einfach mit einer Teighülle versehen und schon konnte sich die Hackfleischmasse im Wasser nicht mehr auflösen.
Man sieht, am Anfang stand der Knödel. Ob Klöße, Klümpe oder Klopse, sie munden uns immer noch.
Nur Trauerklöße haben keine Zukunft und haben weiterhin Tischverbot.

Vater unser, der du bischt,
und Knödel auf am Tisch
und an Braten in dr Pfann – Amen.

Tip:

- Die Knödelmasse sollte weder zu fest noch zu weich sein. Ein Knödel muß luftig sein, damit er möglichst viel Soße aufsaugt.
- Zum Formen der Knödel die Hände bzw. die Löffel zuvor ins kalte Wasser tauchen.

- Die geformten Knödel müssen außen ganz glatt sein und dürfen keine Risse haben, da sonst das Wasser eindringt.
- Knödel sollten möglichst frisch, kurz vor dem Essen zubereitet werden.
- Die Knödel in leicht köchelndes Wasser legen, damit das Eiweiß an der Außenhaut sofort gerinnt und den Knödel zusammenhält.
- Knödel am besten im Dampf warmhalten.
- Letzte Meldung aus der Knödelküche: Käsereste reiben und unter die Weckknödel mengen. Zuletzt gegessen in Kaltern. Ein echtes „Schmankerl“ würden die Bayern sagen.

D' Maria macht heit Knödel,
dia hot de greschte Händ,
heit kommt dr Pfarrer zom Essa.

Serviettenknödel

Zutaten:
8 alte Wecken,
ca. 1/4 l Milch, bei ganz altbackenen Wecken auch mehr,
Salz und Muskat,
3–4 Eier, 1 Zwiebel,
Peterling, 1 EL Butter, Mehl nach Bedarf, Küchentuch, Wasser.

Zubereitung: Die Wecken klein schneiden, mit lauwarmer Milch übergießen und 20 Minuten quellen lassen. Feingehackte Zwiebel und Peterling in Butter glasig dünsten. Die Wecken eventuell noch etwas ausdrücken, würzen und mit allen Zutaten locker vermengen. Nochmals ein paar Minuten ziehen lassen. Die Masse auf dem bemehlten Tisch zu einer ca. 15 cm langen Rolle formen.
Das Geschirrtuch bzw. Stoffserviette heiß auswaschen, damit ja keine Waschmittelreste übrigbleiben. Das Tuch können Sie noch mit Butter einreiben.
Die Rolle locker in das Tuch wickeln und an den Enden festbinden. Die Knödelmasse geht beim Kochen noch auf, daher das Tuch nicht zu fest zusammenbinden.
Sie können nun die Knödelrolle direkt ins kochende Wasser legen und ca. 30 Minuten lang im köchelnden Wasser garen lassen. Nach Fertigstellung kurz mit kaltem Wasser abschrecken. Auspacken, in Scheiben schneiden und auf einer heißen Platte servieren.
Tip: Um zu prüfen, wie weit die Knödel gegart sind, einfach einen Holzspieß in den Knödel stecken. Hat er noch Teig am Stecken, muß er noch im Wasser bleiben. Über den Topf einen Kochlöffel legen und die Knödelrolle daran aufhängen.

Um die Knödel vor dem Auseinanderfallen zu bewahren, steckten ihn unsere Urahnen schon in ein Tuch,

Sack, Beutel oder Serviette. Zum Teil entstanden so Gebilde von ungeahnter Größe und Form. Gelegentlich hieß er einfach Tuch- oder Sackkloß.
In einem Augsburgisch-Münchner Kochbuch aus dem Jahre 1538 finden wir ein Rezept von „Guete sackh küechlin zu packen“.
Der „Serviettenknödel“ wie er heute heißt, ist also ein alter Veteran in unseren Kochtöpfen und dazu ein „Hochgeschätzter“.

Ulmer Weckknödel

Zutaten:
6–8 altbackene Wecken,
ca 1/4 l lauwarme Milch,
2–3 Eier, Salz und Muskat, 150 g Rauchfleisch, (Bauch)
1 Zwiebel, Peterling,
nach Bedarf 1–2 EL Mehl oder Weckmehl,
Wasser.

Zubereitung: Die alten Wecken in Würfel schneiden, mit der Milch einweichen und ca. 20 Minuten ziehen lassen. Die Speckwürfel, die feingehackte Zwiebel und Peterling in Butter andünsten, mit den Eiern und den Gewürzen zu der Knödelmasse geben und locker vermengen. Wenn die Masse zu feucht ist, etwas Mehl oder Weckmehl untermengen. Einen kleinen Probeknödel testen.
Wenn der Wonneproppen dann die richtige Konsistenz hat, die Knödel mit nassen Händen formen, ins sprudelnde Wasser legen und ca. 15 Minuten leise köcheln lassen.
Schmeckt gut zu Braten, Wild und Pilzen.
Tip.
Der normale Weckknödel wird ohne Speck zubereitet.

- Würzen können Sie ganz nach Belieben noch mit Majoran, Pfeffer und gehackten Kräutern.
- Die Knödelmasse nur locker anmachen. Nie kneten, sonst gibt es „Gummibälle".
- Beim Essen nur mit der Gabel trennen, nie mit dem Messer schneiden. Gilt bei den Knödelfans als Todsünde.
- Knödelbrot gibt es teilweise fertig beim Bäcker zu kaufen.
- Vor dem Servieren mit angerösteten Semmelbröseln bestreuen.
- Zu Weihnachten Weckknödel aus $^{2}/_{3}$ Wecken und $^{1}/_{3}$ Hutzelbrot herstellen. Schmeckt echt gut zu Enten- und Gänsebraten mit Blaukraut.

Hefeknödel

Zutaten:
500 g Mehl, 30 g Hefe, $^{1}/_{4}$ l Milch, 1 Ei, 50 g Butter, Salz nach Bedarf, $^{1}/_{2}$ TL Zucker, Wasser.

Zubereitung: Das Mehl in eine Schüssel sieben, in die Mitte eine kleine Mulde drücken und die Hefe hineinbröseln. Die Butter in der lauwarmen Milch zergehen lassen und das Ei darin verkleppern. Nun alles in die Mulde gießen, Zucker zugeben und einen Vorteig zubereiten. Die Zutaten alle zusammen gut durchkneten, bis der Teig eine schöne glatte Oberfläche bekommt und sich von der Schüssel löst.
Eine Kugel formen und zugedeckt ca. 25 Minuten gehen lassen, bis der Teig sich verdoppelt hat. Wir formen

dann eine ca. 5 cm dicke Teigrolle und teilen diese in ein Dutzend ca. 30 – 40 g schwere Stücke. Mit bemehlten Händen formen Sie den Teig in Kugeln und setzen diese auf den bemehlten Tisch oder Brett, decken alles mit einem Tuch ab und lassen sie nochmals einige Minuten gehen, bis sich das Volumen fast verdoppelt hat.
In einem flachen, größeren Topf Wasser zum Kochen bringen, die Hefeknödel einlegen und sie ca. 12 Minuten auf jeder Seite leise köcheln lassen. Insgesamt 24 Minuten.
Sie schmecken wunderbar zu sauren Bohnen, saurer Leber, Sauerbraten und zu Braten mit viel Soße.
Aber auch als Süßspeise, zusammen mit Kompott, bestreut mit Zucker und Zimt, sind sie beliebt.

Tip:
- Sehr geschätzt ist auch der Hefeknopf. Hier wird der Teig nicht aufgeteilt, sondern als ganze Teigkugel ins sprudelnde Wasser gesetzt. (Einen flachen Topf mit $1/3$ Wasser füllen.) 30 Minuten leicht köcheln lassen.
- *Wichtig:* Den Topf zudecken und während der Garzeit nicht öffnen.
- Eine andere Garmethode ist: Über den Topf ein Mulltuch spannen das durchhängt, und den Hefeknopf zugedeckt ca. $1/2$ – $3/4$ Stunde im Dampf garen.
- Das Aufteilen der Hefeknöpfe war für meine Großmutter eine heilige Handlung. Sie trennte nämlich äußerst vorsichtig den Knopf mit einem starken

Faden in Scheiben, damit er ja nicht zusammenfällt, und legte sie gleich jedem auf den Teller.

- Die Knopfscheiben werden auch gerne mit heißer Butter übergossen, mit Zucker und Zimt bestreut und sind ein Leckerbissen für alle Kinder.
- Die restlichen Scheiben dieses Kunstwerkes wurden am anderen Tag in Butter angebraten, mit Ei übergossen und mit grünem Salat serviert. „Denn jedes Reschtle fendet en dem Maga no a Plätzle".

Ulmer Löffelspatzen

Zutaten:
500 g Mehl,
ca. 1/4 l Wasser, Salz,
3 – 4 Eier, 1 TL Backpulver,
ca. 3 – 4 alte Wecken,
1 EL Butter, Wasser.

Zubereitung: Aus Mehl, Wasser, Eiern, Salz und dem Backpulver einen Spätzlesteig zubereiten und ca. 30 Minuten ruhen lassen.
Die Wecken in Würfel schneiden, in der Butter anrösten, abkühlen lassen und unter den Teig mengen.
Mit einem Eßlöffel längliche „Spatzen" formen und ins sprudelnde Salzwasser legen und 25 – 30 Minuten köcheln lassen.
Schmeckt zu allen Braten mit viel Soße.

Tip:

- Beim Formen der Löffelspatzen den Löffel zuerst in heißes Wasser tauchen und in der Hand so lange drehn, bis die „Spatzen" außen ganz glatt sind.
- Feingehackten Peterling und Schinkelwürfel zugeben.

Aalener Großknopf

Zutaten:
8 alte Wecken, 500 g Hartweizengrieß,
3 EL Mehl,
1–2 Zwiebeln,
Schmalz oder Öl, Salz und Muskat.
Pro Wecken ca. 100 g siedendheißes Wasser.

Zubereitung: Die Wecken in Würfel schneiden, die gehackten Zwiebeln in Schmalz andämpfen und alles zusammen mit dem Grieß, Mehl und Gewürzen vermengen. Nun ca. 800 g siedigheißes Wasser darübergeben und mit dem Kochlöffel locker zur Knödelmasse verarbeiten. Einen Probeknopf bereiten.
Wenn alles zu Ihrer Zufriedenheit ausfällt, mit nassen Händen die „Knöpf" (Knödel) formen, ins sprudelnde Wasser legen und ca. 15 Minuten im leicht köchelnden Wasser ziehen lassen.
Dieses Rezept kommt vom „Dorle aus Aalen", die uns zusammen mit ihrem köstlichen Sauerbraten manch Gaumenfreude bereitete.

Diese „Armeleuteknödel" stehen heute wieder hoch im Kurs. Früher gab es im Winter keine Eier und oft keine Milch, weil die Kühe mangels Futter trocken standen und die Hühner ihren Winterschlaf hielten. Hatte die Hausfrau trotzdem ein ganzes halbes Ei hineingeschmuggelt, galt dies als „aushausig".
Darum: Oi „Oi" oder koi „Oi", war hier die Frage. Und hatte sie sich dann doch schweren Herzens für die Eier entschieden, hieß es gleich: „Was willst du mit den Eiern sprich?"
„Knödel machen wollte ich."

Kartoffelknödel

Zutaten:
750 g mehlig kochende Kartoffeln,
1–2 Wecken vom Vortag, 1 EL Butter,
Salz und Muskat,
Peterling, 50 g Mehl und 50 g Grieß nach Bedarf untermengen,
1 Ei und 1 Eigelb,
Kartoffelmehl zum Knödelformen, Wasser.

Zubereitung: Die Kartoffeln abkochen, schälen, durch die Kartoffelpresse drücken und erkalten lassen. Eventuell Kartoffeln vom Vortag verwenden. Den Wecken würfeln und in Butter anrösten.
Die abgekühlte Kartoffelmasse würzen, die Eier und den gehackten Peterling zugeben und je nach Feuchtigkeit der Kartoffelmasse Grieß und Mehl beimengen und alles gut durcharbeiten. Die Hände mit Kartoffelmehl bestreuen und Knödel formen. In die Mitte einige Brotwürfel drücken. Einen kleinen Probeknödel machen und ins strudelnde Wasser geben. Wenn der Knödel noch zu weich ist, etwas Kartoffelmehl unter die Masse mengen. Die Knödel ca. 15–20 Minuten ins köchelnde Wasser legen.
Schmecken gut zu Sauer- und Schweinebraten, Gans, Ente, Gulasch und Wild und zu allen Sauerkrautgerichten.

Tip:
- Die Kartoffelknödel können Sie noch verfeinern, indem Sie z.B. Speckwürfel, Grieben, Meerrettich und verschiedene, feingehackte Kräuter untermengen.
- Vor dem Servieren in Butter angedämpfte Semmelbrösel über die Knödel geben.
- Kartoffelknödel aus halb gekochten und halb rohen Kartoffeln herstellen.

Im Reigen der Knödelfamilie ist der Kartoffelknödel ein relativ junges Mitglied. Werden sie doch erstmals um 1800 in Kochbüchern erwähnt. Nach ernsthaften Schwierigkeiten beim Überqueren der Rhein-Main-Linie eroberten die Nordlichter nur recht langsam die schwäbische Küche.
So richtig heimisch wurden sie erst nach dem Ersten. Weltkrieg.

Grießknödel

Zutaten:
1/2 l Milch,
150 g Grieß, Salz und Muskat, Peterling,
2–3 Eier, Brotwürfel,
1/2 EL Butter, Wasser.

Zubereitung: Die Milch aufkochen, den Grieß zugeben, aufkochen, würzen und erkalten lassen. Danach 2–3 Eier zugeben, alles vermengen, Knödel formen, in die Mitte einige angeröstete Brotwürfel drücken, ins sprudelnde Wasser legen und ca. 25 Minuten köcheln lassen. Man serviert sie zu Gulasch, Rahmschlegel und Wild. Die etwas „lätschigen" Knödel werden heute bevorzugt als „Grießknöpfla" zur Suppeneinlage verwendet.
Tip:
Unter die Grießknödel können Sie z.B. feingehackten Schinken und Käsewürfel mengen.

Und wie sagt der Volksmund:
„Leit gibt's wia Grießknödel,
bloß ned so rond, drfir meh lätschig."

Brezelknödel

Zutaten:
8 alte Brezeln vom Vortag, $^{1}/_{4}$ l Milch, $^{1}/_{4}$ l lauwarmes Wasser, 2 Eier, 1 Zwiebel und Peterling, 1 EL Butter, Salz und Pfeffer, nach Bedarf 1–2 EL Paniermehl, Wasser.

Zubereitung: Die Brezeln kleinschneiden. In eine Schüssel geben, mit Milch und Wasser übergießen. Mit einem beschwerten Teller bedecken, ca. 20 Minuten ziehen lassen. Eventuelle Feuchtigkeit etwas ausdrücken. Die feingehackte Zwiebel und Peterling in Butter kurz andünsten. Mit den Gewürzen, Eiern und dem Paniermehl nach Bedarf vermengen. Mit nassen Händen Knödel formen, ins strudelnde Wasser legen und ca. 20 Minuten köcheln lassen.

Tip:
- Wer will, kann der Knödelmasse ca. 200 g Kalbsbrät und ganz nach Gusto etwas Majoran beimengen.
- Wer ganz sichergehen will, kann die Brezelmasse auch zu Rollen formen, im Küchentuch einschlagen, an beiden Enden zubinden und im Salzwasser 25 Minuten garen lassen.

„Wem nicht schmecken will das Weißenbrot,
mach' es besser – und vergelt's ihm Gott."
(um 1230, Freidank)

„Wenn dr Maga voll isch,
schmeckt 's beschte Brot bitter."

Nudeln

Mehlspeisen in jeder Form ist des Schwaben liebstes Gericht. Die bekanntesten Nudeln sind hier seit alters her die Band- und Suppennudeln. Die sozusagen „bessere Verwandtschaft" der Spätzle und Knöpfla. Denn sie galten lange Zeit als Armeleuteessen. Denn nur wer Geld hatte, konnte sich eine Nudelmaschine leisten. Hergestellt wurden die Mehlspeisen in Süddeutschland Jahrhundertelang hauptsächlich aus Dinkel, auch Schwabenkorn genannt. Es war die Hauptgetreidefrucht der Schwaben, die sie in Urzeiten von den Kelten übernahmen.
Im Volksmund ist er auch als Korn, Kernen oder Veesen bekannt. Dieses robuste anspruchslose Getreide gedieh besonders gut auf den steinigen, teils mageren Äckern der Alb. Anfang des Jahrhunderts begann der ertragsreichere Weizen den Dinkel immer mehr zu verdrängen. Und das gleich so gründlich, daß in den 60er Jahren kein Saatgetreide mehr aufzutreiben war. Landwirte, die den Wert des Dinkels wieder entdeckten, mußten Saatgut aus der Schweiz, wo der Dinkel nach wie vor hoch geschätzt war, herüberschmuggeln.
Aber lassen Sie uns doch einige der Vorzüge des Dinkels aufzeichnen:
Er gedeiht noch in bergigen Höhen, wo sonst kein anderes Getreide mehr wächst. Ein echter Bergfreund also.
Sein dicker Spelz, der die Körner wie eine Ritterrüstung umschließt, macht ihn unempfindlich gegen Unwetter, schützt ihn vor natürlichen Feinden und er muß somit nicht gespritzt und bei der Aussaat nicht gebeizt werden.

Der Dinkel verfügt über ein reichverzweigtes Wurzelwerk und besitzt dadurch ein hohes Stickstoffaneignungsverfahren. Er benötigt so gut wie keine Düngung und eignet sich besonders gut für Wasserschutzgebiete.

Aus der heutigen ökologischen Sicht ist der Dinkel geradezu das ideale Getreide für unsere so arg gebeutelte Natur. Aber nicht nur für Mutter Natur ist er der ideale Partner, sondern auch für uns ein unschätzbares Lebensmittel. So wird er schon längere Zeit in der Diätküche eingesetzt.

Es ist überliefert, daß früher der Dinkel auch als Medizin bei Mensch und Tier eingesetzt wurde. Bei Bauch- und Zahnweh wurden heiße „Kleiabeutel“ (Spelz) auf die betreffende Stelle gelegt. Die heilige Hildegard von Bingen (1098–1179) schrieb über ihn, daß er „rechtes Fleisch und rechtes Blut“ gebe und die Sinne heiter und froh mache.

Wenn jemand besonders krank war, empfiehlt sie eine Suppe aus Dinkel zuzubereiten, damit sie ihn innerlich heile, wie eine gute Salbe. Gekochten Dinkel verabreichte man auch erkrankten Hunden und Ferkeln. Zum Glück findet dieses wunderbare Getreide bei uns immer mehr Freunde, und wir finden heute wieder Dinkelnudeln in verschiedenen Ausführungen im Angebot.

Vom Getreidebrei und Fladenbrot, den ältesten uns bekannten Mehlspeisen, bis hin zur heutigen Nudelvielfalt war ein langer Weg.

Ottl Aicher, der Begründer der Ulmer HfG und hochgeschätzter Designer, war der Meinung, daß die Spätzle die „Urnudel“ schlechthin sei. Eine Art Nudel sind auch unsere Flädla, ein in Streifen geschnittener Pfannenkuchen und hierzulande eine geschätzte Suppeneinlage.

Eine Besonderheit aus Merklingen ist die gleichnamige Nudel, hergestellt aus Hefeteig und reichlich Schweineschmalz.

Die Laichinger Gegend, von alters her eine karge Landschaft, kannte lange Zeit keine Spätzle, geschweige Nudeln. So wurde am Sonntag die vorgestellte Nudel, eine Art großes Toastbrot, gebacken. Vor dem Kirchgang brachte man sie ins

Backhaus und holte sie auf dem Nachhauseweg wieder ab. Auch dem Pfarrer war wohlbekannt, wo der Teig ging, denn seine Predigt durfte am Sonntag nicht länger als eine Stunde dauern, sonst bekam er Ärger mit den Bäuerinnen.
Die süddeutsche Mehlspeisenküche, bestehend aus Mus, Knödel und Nudeln, war Hauptbestandteil der Ernährung der damaligen Bevölkerung. Fleisch galt lange Zeit als Luxus und war den oberen Schichten vorbehalten.
Dagegen leben wir heute im Schlaraffenland. Das Überangebot von Nudeln aller Art aus dem In- und Ausland, macht die Wahl zur Qual. Den Ruf als Dickmacher haben die Nudeln längst abgelegt. Denn sie enthalten wenig Fett und Natrium und sind somit auch als Diätkost bestens geeignet. Zudem sind sie frei von Faserstoffen und daher leicht verdaulich.
100 g Nudeln enthalten übrigens nur etwa 370 Kalorien.
Volksmund:
A guats Nudelbrett ond a guata Ausred isch 's halbe Leba.

Tips:
- Man sollte beim Abkochen der Nudeln so wenig wie möglich Öl verwenden. Denn das Fett versiegelt die Nudeloberfläche und die Soße bleibt außen vor und kann nicht einziehen.
- Hausgemachte Nudeln werden bißfest, wenn Sie Hartweizengrieß zugeben.
- Dem Vollkornnudelteig etwas Wasser zufügen. Die Ruhezeit verlängert sich hier um ca. 30 Minuten. Der Ballaststoff dauert hier zum Ausquellen etwas länger.
- Wollen Sie z. B. gelbe Nudeln – etwas Maisgrieß zugeben. Bei roten Nudeln – Ketchup untermengen.

Lompaliadle:
Drei Nudla en dr Pfann, hot koina an Schpitz,
ond dr zottige Vikar, hot Hausere kißt.

Nudelteig

Zutaten:
400 g Mehl, 4 Eier, 1 EL Salz, 1 EL Öl, eventuell etwas Wasser, je nach Größe der Eier.

Zubereitung: Das Mehl auf das Nudelbrett bzw. auf den Tisch geben, eine Mulde hineindrücken, Eier, Salz und Öl hineingeben, mit Mehl bedecken, alles zusammen mit beiden Händen kräftig durchkneten, bis der Teig glatt und glänzend ist. Ist der Teig zu trocken, etwas Wasser beimengen.

Abgedeckt den Teig ca. 10 Minuten ruhen lassen. Wird der Teig erst später verarbeitet, die Oberfläche mit Öl einpinseln, damit er nicht austrocknet.

Selbstverständlich können Sie den Nudelteig auch ohne Eier zubereiten. In diesem Fall nehmen Sie Hartweizengrieß statt Mehl und machen den Teig mit 2 EL Öl und einem $^{1}/_{2}$ l Wasser an. Hier lassen Sie den Teig ca. 30 Minuten ruhen. Danach den Teig ausrollen und Nudeln formen. Der feste und zähe Teig muß papierdünn ausgerollt werden. Deswegen verarbeiten Sie am besten zuerst nur ein Viertel des Teiges.

Bandnudeln: Die ausgerollten Teigfladen mit etwas Mehl bestäuben, zu einer Roulade aufrollen und mit dem Messer Scheiben von je 2–3 mm Dicke abschneiden. Die Scheiben sofort auseinanderschütteln und zum Trocknen auf Pergamentpapier legen.

Wollen Sie andere Nudeln, so lassen Sie Ihrer Phantasie freien Lauf und rädeln oder schneiden Sie mit dem Messer einfach Vierecke oder Dreiecke jeglicher Art aus. Natürlich gibt es heute zum Nudelnherstellen die

modernsten Geräte, die Ihnen die Arbeit sehr erleichtern. Wer gerne bunte Nudeln liebt, gibt einfach in den Teig feingehackte Kräuter, Spinat oder Tomatenketchup dazu.

Tip:

- Damit die Nudeln nicht zusammenkleben, ein paar Tropfen Öl ins Kochwasser geben. Aber bitte sparsam, denn zu fettige Nudeln nehmen keine Soße mehr auf.
- Bandnudeln kurz vor dem Essen in einer Pfanne mit Butter anschwenken und verquirlte Eier, die reichlich mit Schnittlauch vermischt sind, untermengen und kurz stocken lassen.
- Wer seine Nudeln im Wasser aufwärmen will, einfach etwas Nudelkochwasser aufbewahren.
- Selbstgemachte Nudeln benötigen eine kürzere Kochzeit als gekaufte Trockennudeln.
- Semmelbrösel in Butter anschwenken und kurz vor dem Servieren über die Nudeln geben.

Nudeln abkochen

Sparen Sie nicht beim Wasser. Man rechnet für 100 g Nudeln, das ist ungefähr eine Portion pro Person, 1 l Wasser.

Der Topf sollte nicht zu klein sein. Die Nudeln in das leicht gesalzene oder mit gekörnter Brühe gewürzte, kochende Wasser geben. Die Kochzeit der Nudeln beträgt nach dem Aufkochen ca. 5–10 Minuten.

Die Nudeln nur leicht köcheln lassen. Wichtig ist, die Nudeln nach dem Einfüllen behutsam umrühren, denn sonst sitzen sie sofort am Boden fest und kleben zusammen. Nach ca. 5 Minuten ist die erste Bißprobe fällig, denn zu weich gekochte Nudeln sind ein Greuel. Die Nudeln sollten einen festen Biß haben. In Italien, dem Land der Nudelfeinschmecker, werden alle Nudelarten bißfest, in der Fachsprache „al dente" abgekocht. Sobald die Nudeln also fertig sind, sofort in ein Sieb schütten und gut abtropfen lassen. Bitte nicht mit kaltem Wasser abschrecken. Das ist eine alte Unsitte und nur bei schlechter Qualität nötig. Nach dem Abschütten die Nudeln gleich mit Öl oder Butter bzw. Soße vermischen, dann kleben sie auch nicht zusammen.
Das Nudelgericht sollte übrigens, wenn zeitlich möglich, sofort nach dem Kochen serviert werden.

Nudeln mit Butter, Rahm und Käse

Zutaten:
400 g Bandnudeln,
Salz, Muskat,
120 g Butter,
$1/4$ l frische Sahne,
6 EL geriebenen
Parmesan.

Zubereitung: Die Nudeln bißfest abkochen, gut abtropfen lassen und sofort in einer Pfanne oder breitem Topf mit der zerlassenen Butter bei kleiner Flamme behutsam mischen. Nach und nach die frische Sahne, den geriebenen Käse untermischen und mild würzen.
Dazu gibt es frische Salate mit Kräutern.

Nudelauflauf

Zutaten:
400 g Nudeln,
80 g Butter,
4 EL Mehl, 1/2 l Milch,
je eine Prise Salz und Muskat, 1 Zwiebel,
300 g gekochten Schinken oder Bratenreste,
150 g geriebenen Käse,
200 g saure Sahne,
2 Eigelb, Kräuter.

Zubereitung: Aus der Butter, Mehl und der heißen Milch eine dickflüssige Soße kochen und gut würzen. Die feinen Zwiebeln glasig dünsten, die Schinkenwürfel dazugeben und kurz anbraten. Etwas abkühlen lassen und mit dem Käse und den Kräutern vermischen. Die Eigelb mit der Sahne vermengen und würzen. In eine gefettete Kasserolle abwechselnd je eine Lage kernig gekochte Nudeln und eine Schinken-Käse-Mischung geben. Jedesmal etwas von der Eiersahne darübergießen. Die letzte Schicht ist aus Nudeln und wird mit der weißen Soße begossen und mit Käse bestreut. Mit Butterflocken versehen, im vorgeheizten Ofen bei 200 Grad ca. 1 Stunde goldgelb backen. Beilage: grüne Salate.

Nudeln in bunter Soße

Zutaten:
400 g Nudeln,
3/4 l Milch,
250 g Schmelzkäse,
150 g Salami,
500 g Tomaten, 2 hartgekochte Eier, Kräuter,
Essiggurke, Salz,
Pfeffer, Muskat.

Zubereitung: Die Milch erhitzen und den Schmelzkäse stückchenweise zugeben und unter Rühren auflösen. Die Wurst, die abgezogenen Tomaten, Eier, Essiggurke in Würfel schneiden und in die Käßesoße geben. Kräftig abschmecken. Die bißfest abgekochten Nudeln in eine Kasserolle geben und mit der bunten Soße vermischen und mit feinen Kräutern bestreuen. Beilage: Salatplatte

Krautnudeln

Zutaten:
250 g Bandnudeln,
250 g Sauerkraut,
2 Zwiebeln,
250 g Speck- oder Schinkenwürfel,
ca. 80 g Schmalz.

Zubereitung: Die feinen Zwiebeln glasig dünsten und mit den Speck- oder Schinkenwürfeln kurz zusammen anbraten. Das rohe Sauerkraut in einer Pfanne unter ständigem Rühren bräunen lassen. Die bißfesten Nudeln mit dem angebräunten Kraut und dem Zwiebel-Speck-Gemisch gut vermengen und zusammen anbraten.

Nudeln mit Ei und Schinken

Zutaten:
400 g Nudeln,
200 g Schinkenwürfel,
Kräuter, 2 Eier,
Butter, Salz, Pfeffer,
geriebenen Käse.

Zubereitung: Die Schinkenwürfel mit den Kräutern in einer Pfanne in der zerlassenen Butter kurz andünsten. Die gut abgetropften Nudeln untermengen und die zwei verquirlten Eier unterziehen. Die Eier dürfen dabei auf keinen Fall zu sehr stocken, sonst wird das Gericht zu trocken. Zum Abschluß mit etwas Käse bestreuen. Beilage: Kartoffel- und Endiviensalat.

Schupfnudeln

Schupfen heißt nichts anderes als stoßen – durch einen Stoß befördern – Nudeln schupfen – rollen – Endprodukt: gerollte Nudeln in Fingergröße.
Im Volksmund auch als Buabaschpitzla, Bautza, Wargala, Schupfwargel, Wargelnudel, Bauchschtecher bzw. Schtupfer oder Ranzaschtecher bekannt. Schon 1345 wurde in der Würzburg-Münchener Handschrift „von guter Spise“ von „bubenpfulben“ berichtet, was uns an die Buabaschpitzle erinnert.
Damals allerdings nur aus Mehl hergestellt. Die uns heute bekannten Schupfnudeln werden mit Kartoffeln vermischt. Und sie gibt es erst wieder seit einigen Jahren, als die Nostalgiewelle sie wiederentdeckte und auf unsere Tische brachte.
Sie fehlen auf keinem Stadtfest oder Dorfhockade, wo sie, zusammen mit Sauerkraut gebraten, die Ränzlein füllen.
Früher als sie noch mit den Händen gerollt bzw. geschupft wurden, hatte jede Nudel seine unverwechselbare Form. Heute werden sie fix und fertig, in Folie abgepackt, angeboten.

Schupfnudeln mit Kraut

Zutaten:
500 g Mehl, 2 Eier, ca. 1/8 l Wasser, Salz und Muskat, Butterschmalz, 500 g Sauerkraut, 1 Zwiebel, ganz nach Gusto Speckwürfel.

Zubereitung: Aus Mehl, Eiern, Wasser und Salz einen Nudelteig bereiten, Schupfnudeln formen und abkochen.
Siehe Schupfnudeln mit Kartoffeln.
Im heißen Butterschmalz die Zwiebelwürfel und das leicht ausgedrückte Sauerkraut anrösten, bis es Farbe bekommt. Dann die Schupfnudeln untermengen und braten bis sie hellbraun angeröstet sind.
Tip:
- Statt Sauerkraut, Weißkraut feinschneiden, blanchieren und mit den Schupfnudeln anbraten.
- Das Sauerkraut fein hacken und unter den Nudelteig mengen. Schupfnudeln formen, abkochen und in Schmalz anbraten.

Allgäuer Schupfnudeln

Zutaten:
250 g trockenen Quark, 200 g Mehl, Salz, 2 Eier, nach Belieben Kümmel.

Zubereitung: Aus den Zutaten einen festen Teig kneten. Wenn der Teig zu fest ist, etwas Sauerrahm beigeben. Nudeln formen, wie bei Schupfnudeln angegeben.
Die „Ziegernudeln“, wie sie im Allgäu heißen, in heißem Fett herausbacken und mit Apfelmus servieren. Natürlich können Sie die „Ziegernudeln“ auch im Salzwasser abkochen und in Butterschmalz anbraten.
Beilage: Kraut oder Salat.

Schupfnudeln

Zutaten:
500 g Mehl, 1–2 Eier, 40 g Öl, Salz und Muskat, ca. 1/4 l Wasser.

Zubereitung: Aus den o.g. Zutaten einen glatten Nudelteig herstellen. Auf dem bemehlten Tisch oder Nudelbrett daumendicke Teigstränge ausrollen.
Nun können Sie bequem die richtigen Portionen abzwicken und den Teig so lange schupfen, bis die gewünschte Form in Ihren Händen liegt. Siehe Kartoffelschupfnudeln.
Die rohen Nudeln mit einem Tuch zudecken und ca. 30 Minuten ruhen lassen. Danach ins gesalzene, köchelnde Wasser geben und warten, bis sie oben schwimmen. Noch ca. 5–7 Minuten, je nach Größe ziehen lassen.
Herausnehmen und mit kaltem Wasser abschrecken. Danach in Butterschmalz anbraten.

Tip:

- In Semmelbrösel oder geriebenen Haselnüssen kurz anschwenken.
- Damit die „Bauchschtupferle“ nicht gar so schwer im Magen liegen, dem Teig einfach 1 TL Backpulver beimengen.

Schupfnudeln mit Kartoffeln

Zutaten:
500 g mehlige Kartoffeln,
100–200 g Mehl,
Salz und Muskat,
1 Ei und 1 Eigelb,
40 g Butter oder Öl.

Zubereitung: Die Kartoffeln abkochen, durch eine Kartoffelpresse drücken und erkalten lassen, würzen, die zerlassene Butter bzw. das Öl, das Mehl und die Eier zugeben und alles gut vermengen.
Den Tisch bzw. das Nudelbrett mehlen und den Kartoffelteig zu zigarrendicken Strängen ausrollen und in ca. 5 cm lange Stücke schneiden. Nun werden die Portionen mit bemehlten Händen in fingerdicke 4–6 cm lange Nudeln „geschupft". Dabei wird das Teigstück in den Händen hin und hergerollt, bis sie an den Enden spitz zulaufen und in der Mitte gewölbt sind. Die Schupfnudeln ca. 20 Minuten ruhen lassen und im gesalzenen Wasser ca. 5 Minuten köcheln lassen.
In ein Sieb geben und mit kaltem Wasser abschrecken. Butterschmalz in der Pfanne erhitzen und die Schupfnudeln goldgelb anrösten.

Tip:
- Natürlich können Sie auch Kartoffeln vom Vortag verwenden.
- Zwiebel- und Speckwürfel andämpfen und unter die Masse mengen.
- Wer grüne Schupfnudeln liebt, gibt zerkleinerten Spinat bzw. feingehackte Kräuter unter die Masse.
- Für die Schupfnudeln mit Kartoffeln gibt es verschiedene Rezepte wie z.B.:
  1) 500 g mehlige Kartoffeln, 50 g Kartoffelmehl, 50 g Grieß, 2 Eigelb, Salz und Muskat.

2) 400 g mehlige Kartoffeln, 600 g Mehl, Salz und Muskat, 2 Eier.

– Die nackten Schupfnudeln, auch als „Nackede Mariele“ bekannt, werden in Butter geschwenkt und ganz nach Bedarf mit Zucker und Zimt, Apfelmus oder Dörrobst, serviert.

Volksmund:

Mei Schwiegermuader, des Schendluader
macht d' Krautnudla nemma guat,
wenn se schterba däd ond i erba däd,
wärad Krautnudla wieder guat.

Selber schupfa,
selber kocha,
selber essa,
des hoißt mr hausgmacht!

Lompaliadle:

Gschondne Nudla eß e gern,
i woiß scho wia se sen,
kloine Mädla danzat gern,
mit de große Buaba gschwend.

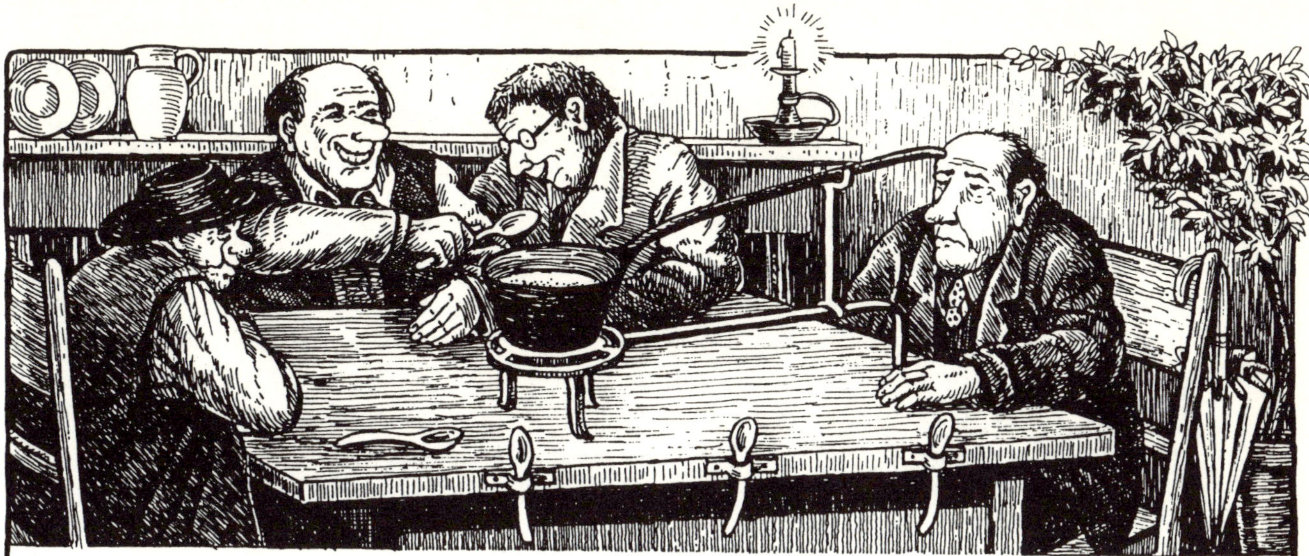

Mus

Das Mus, wir sagen heute Brei, zählte zu den ältesten Mehlspeisen überhaupt. Schon Hippokrates zog in einzelnen diätischen Fällen den Brei dem Brote vor. So ist überliefert, daß im antiken Griechenland und im alten Rom die einfache Bevölkerung von Getreidebrei und Gemüsebeilagen lebte.
Bei einer herrschaftlichen Hochzeit in Landshut anno 1475 wird neben den Hauptgerichten wie Hühner in weißer Brühe, gebratener Kalbskopf, Wildbret, Siedfleisch, heiße Krebse etc. auch weißes und braunes Mus als Beilage serviert.
Im 15. bis 16. Jahrhundert kam, bedingt durch die Bevölkerungsexplosion und die Privilegierung der Jagd durch den Adel und den Klerus immer weniger Fleisch auf den Tisch und die einfachere Bevölkerungsschicht mußte sich immer mehr auf Mehlspeisen beschränken.
So begann der Tag mit einem kräftigen Mus, das nach der Morgenmesse von der „Musglocke" eingeläutet wurde. Die erste Amtshandlung der Bäuerin war die Muskachel, das war meistens ein Kochtopf aus Messing mit Wasser zu füllen und sobald dasselbe kochte, das Musmehl einzurühren. Unter ständigem Rühren wurde ein dicker Brei, fest wie eine Grütze, gekocht. Auf der Alb und darüber hinaus wurde das Morgenessen aus gemahlenem, angeröstetem Dinkel bereitet. Er war als „Schwarzer Brei" oder „Brennt's Mus" bekannt. Dabei war er nicht

schwarz, sondern eher appetitlich braun. Und er wurde nicht nur zum Frühstück serviert, sondern auch als Beilage zum Fleisch. Also eine Art deutsche Polenta. Bevor sich das Brot als Vesper durchsetzte, nahmen die Bauern das Mus in „Saublodra“ verpackt mit zur Arbeit aufs Feld. Damit das Mus besser hinunterrutschte und mehr Energie für die schwere Arbeit lieferte, wurde es kurz vor dem Essen mit einer kräftigen Portion ausgelassenem Schweineschmalz abgeschmelzt. Nicht selten gab es dazu Sauerkraut, das meistens auf dem Herd dahinköchelte. Nicht umsonst hieß es auf der Alb: „*'s Mus isch erscht guat, wenn's richtig gschmalzat isch.*“ Nach dem Dreißigjährigen Krieg und den anschließenden Hungerjahren war man vielerorts froh, wenn wenigstens ein Saunabel über dem Tisch hing, um den Löffel einzufetten.

Bis in unser Jahrhundert hinein wurde die Muskachel auf den Tisch gestellt und gemeinsam das Mus verzehrt. Der lästige Abwasch war damals noch ein Fremdwort, denn den Löffel hängte jeder an einem Lederriemen an seinem Tischplatz auf.
Mit der Zeit entwickelten sich natürlich auch regional verschiedene Zubereitungsarten, wie z. B. Mus aus geröstetem Weizen- oder Hafermehl. So kommt aus der Heidenheimer Gegend der „Häberne Brei“. Das Wasser wurde teilweise durch Milch ersetzt. Das Mus wurde noch verfeinert, indem man Grieben oder Brotwürfel darüber streute. Für Kleinkinder wurde ein spezieller „weißer Brei“ aus feingeschrotetem Mehl gekocht.

Ein unverzichtbares Gerät beim Musessen war der „Pfannenknecht“, eine Art Untersetzer, auf dem die Muskachel auf den Tisch gestellt wurde. Nicht selten benutzte man ihn zum Aufwärmen der Speisen auf dem Felde.
Als das Mus im letzten Jahrhundert mehr und mehr vom Brot und dem neumodischen Kaffee abgelöst wurde, neckte man die armen Musesser gern als

Musbäuch, Musfresser, Kleiafresser oder Kleiabeitel. Um jemand zu ärgern, spottete man: *„Dir henses Muas au mit dr Schaufel gfuttert"*, was wohl auf ein breites Mundwerk hindeutete. Das nahrhafte Mus begleitete uns also durch die Jahrhunderte und galt noch im Mittelalter als die Nahrung schlechthin.
Noch Anfang unseres Jahrhunderts war es bei Handwerkern, Arbeitern und Bauern als Morgenspeise vielerorts geschätzt. War es doch so nahrhaft, daß es der arbeitenden Bevölkerung stundenlang genügend Energie für ihre Arbeit lieferte. Und viele unserer gestreßten Mitbürger haben den Getreidebrei wiederentdeckt und genießen ihr „Müsli" warm oder kalt in verschiedenen Ausführungen.

Kleiner Scherz am Ende:

Eine Biene im Vorwärtsflug macht sumsumsum,
und im Rückwärtsflug?
Natürlich musmusmus.

Brennt's Mus oder Schwarzer Brei

Zutaten:
200 g Musmehl,
1/2 l Wasser, 1 Liter Milch, 150 g Butter, 1 Prise Salz.

Zubereitung: 50 g Butter in einem Topf zergehen lassen, 1/2 l Wasser zugeben und unter ständigem Rühren das Mehl einstreuen und zum Kochen bringen. Danach langsam die Milch dazugeben, ca. 15–30 Minuten unter fleißigem Rühren fertig kochen. Vor dem Servieren die restliche Butter zergehen lassen und über das Mus verteilen.
Das Musmehl wurde für den „Schwarzen Brei", der mehr hellbraun aussieht, im Ofen, oder auch einfach vor dem Kochen in der Kasserolle mit Schmalz angeröstet.

Am besten schmeckt das Mus natürlich aus einer Kupferpfanne, die früher in jedem Haushalt zur Standardausrüstung gehörte.
Bei der Herstellung des „Schwarzen Breis" (Mus) sollte in der Pfanne eine hellbraune Kruste entstehen. Die „Schupet", wie sie auch hieß, war besonders bei den Kindern beliebt.
Da sich früher alle zusammen aus einer Pfanne stärkten, gab es auch immer wieder Streit. So wurde nicht selten der Brei genau nach Personenzahl eingeteilt.
Besonders um die Schmelze, also dem zerlassenen Schmalz oder der Butter, wurden regelrechte „Kleinkriege" veranstaltet, wie Erzählungen aus dem Volksmund berichten:
Ein Bauer nahm, wie es sich gehörte, den ersten Löffel aus der Kachel und zog dabei eine tiefe Rinne in das Mus und sprach:

„So zog Moses durch das Rote Meer." Und die zerlassene Butter folgte ihm.
Der Großknecht dachte, was du kannst, kann ich auch und zog eine halbrunde Furche durch den Brei zu sich her und sprach:
„Und es folgte ihm viel Volk nach."
Der Dritte nicht schlecht, zog eine Furche kreuz und quer durch das Mus und sprach:
„Und es gab ein großes Durcheinander."

- - - - - - - - - - - - - - - - - - - -

Ein ganz besonders geiziger Bauer zog eine Furche am Rand herum und sprach:
„So läuft die Sonne und so der Mond" und das ganze Fett lief zu ihm. Da platzte dem Großknecht der Kragen und er nahm die Pfanne am Stiel, schlug sie dem Bauern auf den Kopf und schrie:
„Und so schlägt der Blitz ein."

- - - - - - - - - - - - - - - - - - - -

Aber auch der Herr Pfarrer war von der Lust nach der köstlichen Butter nicht gefeit. Wie es sich gehört, sprach er vor dem Essen ein Gebet:
„Im Namen des Vaters, des Sohnes und des Heiligen Geistes …", und bei jedem Namen zog er eine Furche in seine Richtung.
Da war er bei seiner neuen Haushälterin aber an die falsche Adresse geraten. Denn sie stieß nun ihren Löffel in das Mus, formte eine große Mulde, um das restliche Fett für sich zu gewinnen und sprach:
„Und das ist für die anderen Heiligen, Amen!"

Musmehlmus

Zutaten:
$1\frac{1}{2}$ l Wasser, 200 g Mehl (ein aus Weizen, früher Dinkel, grobgemahlenes Mehl, bei dem nur ein Teil der Getreidehülse entfernt ist), 2 Scheiben in Würfel geschnittenes Schwarzbrot, ca. 50–70 g Butter oder Schmalz, 1 Prise Salz.

Zubereitung: Das Wasser aufkochen und langsam unter ständigem Rühren das Musmehl einstreuen.
15–30 Minuten unter ständigem Rühren köcheln lassen. Nach der Fertigstellung bekommt das Mus schnell eine Haut, worüber die zerlassene Butter gegossen wird.
In vielen Gegenden werden dann noch die Brotwürfel dazugegeben.

Grießmus

Zutaten:
80–100 g Grieß, 1 l Milch, 50 g Butter, Zucker, Salz, 1 Eigelb.

Zubereitung: In die kochende Milch den Grieß einstreuen und ca. 5–10 Minuten unter ständigem Rühren köcheln lassen. Vor dem Servieren den Zucker und die Prise Salz zugeben, die Butter sowie das Eigelb unterziehen. Schön sieht es aus, wenn man den Zucker auf das fertige Mus streut und mit einem glühenden Eisenstab Figuren einbrennt.

Apfelmus

Zutaten:
500 g Äpfel,
1 EL Mehl und
Semmelbrösel,
50 g Butter, Zucker.

Zubereitung: Die Äpfel in Scheiben schneiden und dünsten, das angerührte Mehl mit der Hälfte der Semmelbrösel dazugeben und zusammen kurz aufkochen. Die restlichen Semmelbrösel in Butter bräunen und das Mus kurz vor dem Servieren abschmelzen.

Käsmus

Zutaten:
4 große EL Mehl, 1 Ei,
Salz, 100 g geriebenen
Käse, 1/2 l Milch-
Wasser-Gemisch,
1 Zwiebel,
2 EL Schmalz.

Zubereitung: Aus Mehl, Ei und Salz „Riebele“ herstellen. (Die genannten Zutaten in einer Schüssel zu einem festen Teig vermengen und auf einem Rettichhobel abreiben.)
Die Milch aufkochen und die Riebele und den Käse darunterziehen. Die feingeschnittene Zwiebel in Schmalz anbräunen und das Mus abschmelzen.

Holundermus I

Zutaten:
500 g Holunderbeeren,
Zucker nach Bedarf,
Salz, 1/8 l Milch,
ca. 50 g Butter,
1 EL Mehl.

Zubereitung: Die Beeren werden in der Milch, Salz, Zucker und Butter leicht angedünstet. Das Mehl mit etwas Flüssigkeit angerührt dazugeben und nochmals kurz aufkochen. Teilweise wurden früher dazu frisch gekochte Kartoffeln gegessen. Mancherorts gab man nur angeröstete Brotwürfel darüber.

Reibmus

Zutaten:
150 g Semmelbrösel,
$^3/_4$ l Milch,
100 g Rosinen,
50 g Butter,
Salz und Zucker.

Zubereitung: Die Milch aufkochen, nach und nach die Semmelbrösel dazugeben und ca. 15 Minuten sämig kochen. Die Rosinen dazugeben, nochmals kurz aufkochen, mit Salz und Zucker abschmecken und die zerlassene Butter darübergeben.

Holundermus II

Zutaten:
ca. 3–4 Holunderblüten, $^1/_2$ l Milch,
120 g Grieß, 1–2 EL Schmalz oder Butter,
Salz.

Zubereitung: Die Milch mit den gewaschenen Holunderblüten aufkochen und danach durch ein Tuch seihen. Nun die Holundermilch mit Grieß und Salz zu einem guten Mus kochen.
Vor dem Servieren das Schmalz bzw. die Butter unterziehen. Feinschmecker geben eine Messerspitze Safran in die Milch.

Dampfnudeln

Wenn es früher bei uns Dampfnudeln gab, war das für uns Kinder immer ein besonderer Freudentag. Und jedesmal gab es Streit wegen der Kruste, denn das war für uns Kinder das Beste. Mir läuft heute noch das Wasser im Munde zusammen. Dazu kochte unsere Mutter immer Vanillesoße, wobei sie geschlagenen Eischnee unter die Soße mischte, natürlich immer zu wenig.

Leider werden die Dampfnudeln in unserer schnellebigen Zeit immer mehr zum Stiefkind unserer Küche. Aber das läßt sich ja ändern. Ihr Sohn oder Töchterlein wird es Ihnen bestimmt danken.

Wichtig bei der Dampfnudelzubereitung ist die Kachel oder Kasserolle.

Am besten geeignet sind Kacheln aus Eisen. Früher hatten viele Küchen spezielle „Dampfnudelkacheln“ zur Verfügung. Wichtig dabei ist, sie gut auszufetten.

Der Deckel darf während der Garzeit nicht abgenommen werden, sonst fallen Ihnen die Dampfnudeln zusammen.

„*No hangad se dren wia Wettschtoi*“, sagt der Volksmund.

Schließt der Deckel nicht sauber ab, muß er mit einem feuchten Tuch abgedichtet werden. Das Ende der Garzeit ist genau festzustellen, wenn Sie das Ohr nahe der Kachel halten. Hören Sie ein leichtes Krachen, dann ist die Milch verdampft, die Kruste fertig und Zeit, die Kachel vom Herd zu nehmen.

Da man auf der Alb früher hauptsächlich von Mehlspeisen lebte, haben sich dort

auch besondere Dampfnudelrezepte entwickelt, denn die Not ist der beste Koch. So waren dort die bei uns kaum noch bekannten Dampfnudeln in der „Schleifersbrüh“ sehr beliebt. Man setzte dabei die Nudeln auf Kartoffeln, Kraut oder – wenn man sie süß wollte – auf Obst. Leider gab es dabei keine Kruste.
Als Süßspeise waren die Dampfnudeln besonders geschätzt, denn Süßigkeiten waren rar. Beliebt waren auch die Rohrnudeln, die sich besonders gut zum „eibrocka“ in den Kaffee eigneten. Eine heimliche Leidenschaft der Älbler.

Dampfnudellied:

Dampfnudla hand m'r geschtern ghet, Dampfnudla hand m'r heit,
Dampfnudla mögat m'r älle Dag, wenn's oine geit.
Dampfnudla en dr Zwetschgabrüah oder mit Sauerkraut,
des glaub, isch a rare Koscht, do wird nei g'haut.
Je größer dia Dampfnudl isch, je größer isch d' Fraid,
weil halt a große Dampfnudl besser ausgeit.
Wenn i an mei Muatter denk, wia se am Herd schtoht,
wia se dia Dampfnudla macht, wia dr Doig goht,
wia' ra i oft zuagucket hau als kloiner Bua,
kriag i, wenn i Dampfnudla seah, gar nemme gnua.

Dampfnudeln

Zutaten:
25–30 g Hefe,
$\frac{1}{8}$–$\frac{1}{4}$ l Milch,
3 EL Zucker,
500 g Mehl,
60 g Butter oder Margarine,
2–3 Eier,
1 Prise Salz.

Zubereitung: Die Hefe mit etwas lauwarmer Milch und 1 TL Zucker auflösen und 10 Minuten ruhen lassen. Danach das Mehl mit der flüssigen Butter, den Eiern, der restlichen Milch, Zucker und der angemachten Hefe gut vermengen und den Teig schlagen, bis er Blasen wirft und sich von der Schüssel löst.

Den Hefeteig mit einem Tuch zugedeckt an einem warmen Platz gehen lassen. Danach den Teig 1,5 cm dick auswellen und mit einem Glas semmelgroße Nudeln ausstechen und nochmals gehen lassen. Eine Kasserolle gut ausfetten, 1–2 Tassen Milch oder Wasser zugießen, mit 1 Prise Salz zum Kochen bringen und die Nudeln einsetzen. Die Kasserolle zudecken und bei schwacher Hitze die Nudeln aufziehen. Die Garzeit beträgt 15–20 Minuten Ist das Wasser bzw. die Milch verdampft, wird der Deckel rasch entfernt, so daß keine Wassertropfen auf die fertigen Dampfnudeln fallen.

Sie sollten sofort mit ihrer herrlichen Kruste serviert werden.

Dazu reicht man Vanillesoße oder Kompott.

Dampfnudeln in der Schleifersbrühe

Zutaten:
Hefeteig siehe Grundrezept,
70 g Butter,
ca. 500 g Kartoffel,
Salz, 2–3 Tassen Milch.

Zubereitung: Die Kasserolle gut ausfetten und daumendick mit rohen Kartoffelscheiben bzw. -würfeln auslegen. Salzen, mit 2–3 Tassen Milch oder Wasser auffüllen, aufkochen, die Nudeln einsetzen und ca. 25 Minuten auf kleiner Flamme ziehen lassen.
Da die Schleifersbrühe in den Kartoffeln meistens nicht ausreicht, wurde – solange die Dampfnudeln garen – aus 1/4 l Wasser, Salz und einem guten Löffel Schmalz und Mehl eine Brühe zubereitet, damit die Schleifersbrühe noch gestreckt werden konnte.
Beliebt war, die Kartoffeln in der Schleifersbrühe mit angebräunten Zwiebeln und Speck abzuschmelzen.
Statt Kartoffeln wurde auch gerne Kraut mitgekocht.

Mei Bäure isch a hausigs Weib,
hot Doig am Schuz, daß Nudla geit.

Dampfnudeln mit Äpfeln

Zutaten:
Dampfnudeln siehe Grundrezept.
500 g Äpfel,
50 g Rosinen,
2 EL geriebene Haselnüsse,
3–4 EL Zucker.

Zubereitung: Den Teig ausrollen und die Nudeln ausstechen. Die geschälten Äpfel in kleine Stückchen schneiden, die gewaschenen und abgetrockneten Rosinen mit den Haselnüssen und dem Zucker vermischen.
Die Nudeln damit füllen, zugedeckt nochmals gehen lassen und wie bei den Dampfnudeln fertiggaren.
Anstelle der Äpfel können auch entsteinte Zwetschgen oder Kirschen verwendet werden.
Die Nudeln kann man auch im Ofen bei 200 Grad ca. 40 Minuten backen.

Dampfnudeln in Zuckersoße

Zutaten:
Hefeteig, 70 g Butter,
70 g Zucker,
2–3 Tassen heißes Wasser.

Zubereitung: Den Teig wie im Grundrezept zubereiten, ausstechen und gehen lassen. Mittlerweile werden in die Kasserolle ca. 70 g Butter und die gleiche Menge Zucker braun geschmelzt, 2–3 Tassen heißes Wasser zugegeben, kurz aufgekocht und die Nudeln eingesetzt. Man läßt sie ca. 20 Minuten garen, allerdings nicht bis zur Kruste einkochen lassen.
Die Dampfnudeln mit Zuckersoße übergießen und mit Kompott servieren.

Pfannkuchen

Es ist immer wieder erstaunlich, wie sich manche Rezepte über Jahrtausende erhalten und sich dabei wenig verändern.
Schon der frühgriechische Dichter Hipponax lobte die Pfannenkuchen, die mit Sesam verfeinert wurden. Die Schlemmer der attischen Komödie schwärmten einst vom feinen Dunst der „schon zur taufrischen Morgenstunde von warmen Pfannenkuchen aufsteigt" und von angewärmtem Honig, den man darüberträufelt. Im alten Athen war es Sitte, Pfannenkuchen aus tragbaren Pfannen zu verkaufen. Eine Art Schnellimbiß in vorchristlicher Zeit.
Und an Eiern durfte man noch nie sparen.
Wie sagte doch Hochwürden: *„Oi isch Oi" ond hot 's Gasoi gnomma.*
Bei uns im Schwäbischen sind die flachen Zungenschmeichler als „Flädla" bekannt. Sie dienen fein in Streifen geschnitten als Suppeneinlage, mit Marmelade bestrichen und eingerollt erfreuen sie die Kinderherzen oder sie werden mit Hackfleisch gefüllt, eingerollt und überbacken.
Die Pfannenkuchenfamilie ist über die ganze Welt verbreitet. In England sind sie als pancakes, in Schweden als Plättor, in Holland als Flensjes oder Pannekoecken, in Frankreich als Crêpes und in der Schweiz als Omlett bekannt. In Spanien gibt es die Tortillas und in Österreich machte er als Palatschinken Karriere. Dann gibt es noch die Blins aus Rußland und Tacos aus Mexiko.

Aus Reismehl zubereitet kennen wir noch die Frühlingsrollen aus Asien. Die Zubereitungsart ist von Land zu Land verschieden.

Ein schnelles und nahrhaftes Essen ist auch der Eierhaber, Kratzade, Duranand oder wie in Bayern und Österreich auch Schmarrn genannt. Dabei wird der Pfannenkuchen mit einer Backschaufel zerkleinert und möglichst braun angebraten. Am besten schmeckt er mit reichlich Schweineschmalz gebraten.

Der Teig sollte mit Eischnee aufgelockert sein. Im Notfall können Sie auch etwas Hefe oder Backpulver unter den Teig mischen. Anstelle von Milch kann der Teig auch mit Bier, Buttermilch oder halb Milch, halb Mineralwasser angerührt werden. Der Eierhaber wird heute meistens mit Rosinen zubereitet. Vor noch gar nicht langer Zeit ersetzte er am Mittagstisch nicht selten die Nudeln und wurde als Beilage zusammen mit Gemüse verzehrt.

Was waren das noch Zeiten, als auf den Hütten der Eierhaber in der Kachel auf den Tisch kam und gemeinsam verzehrt wurde.

Legen Sie doch mal einen Hüttenabend zu Hause ein. Der „Hüttenwirtin“ ist ein kräftiges „Holdrijodihi“ sicher.

Dazu gibt es heißen Most oder Beerenwein und eine „Mordsgaudi“ ist nicht mehr zu vermeiden.

Ond obends geit's en Oierhaber,
vom Pfannakuachadoig,
des isch em Schwobaland so Sitt':
Do druff en guada Abbedit.

Erwin Haas

Pfannkuchen mit Pilzfüllung

Zutaten:
200 g Mehl, 3 Eier, 1/4 l Milch, 1 Prise Salz, 250 g Champignons oder andere Pilze, 4 EL Sahne, 1 Bund Petersilie, 4 EL Weißwein.

Zubereitung: Den Pfannkuchenteig zubereiten und 1 Stunde ruhen lassen. Die Champignons in Scheiben schneiden und in einen gebutterten Topf geben, kurz andünsten, mit Mehl bestäuben und mit der Sahne oder dem Wein ablöschen. Kurz aufkochen lassen, abschmekken und den feingehackten Peterling beigeben. Pfannkuchen zubereiten und die Füllung darauf verteilen. Zusammenfalten und mit frischem Salat servieren.

Eierhaber

Zutaten:
150 g Mehl, 5 Eier, 1/4 l Milch, 1 Prise Salz, Öl oder Butter zum Braten.

Zubereitung: Die Eier trennen. Mit dem Mehl, dem Eigelb, Milch und Salz einen Teig zubereiten. Das Eiweiß zu steifem Schnee schlagen und unter den Teig ziehen. In einer Eisenpfanne mit feuerfestem Griff das Fett erhitzen. Den Teig hineingießen und kurz die Unterseite anbraten. Dann die Pfanne in den mit 225° erhitzten Ofen schieben und 10 Minuten aufgehen lassen. Herausnehmen und wenden, kurz anbraten und mit zwei Gabeln in kleine Stücke reißen und nochmals alles zusammen anbraten.

Tip:

- Den Eierhaber können Sie auf Wunsch auch noch mit geriebenem Käse, Speckwürfeln oder Pilzen verfeinern.
- Ansonsten eignet sich der Eierhaber gut als Beilage zu süßen und gesalzenen Speisen. Wenn Sie es eilig haben, können Sie auch auf den Eischnee verzichten.

– Nach Belieben können unter den Teig eingeweichte, zerpflückte Semmeln gemischt werden.
– Bei uns wird Eierhaber auch gern zu Gemüse gegessen. Ganz toll schmeckt er auch zu frischem Spargel.

Spinatpfannkuchen mit Speck

Zutaten:
200 g Mehl, 3 Eier, 1/4 l Milch, 1/2 TL Salz, Muskat, ca. 300 g feingehackten, gebrühten Spinat (am besten Spinat aus der Tiefkühltruhe), 200 g Speck, Butter oder Öl zum Braten.

Zubereitung: Zusammen mit dem Spinat einen Pfannkuchenteig zubereiten und 1 Stunde ruhen lassen. Den Speck in Streifen schneiden und goldgelb anbraten, etwas abkühlen lassen und dem Teig beimengen. Danach in Butter oder Öl auf beiden Seiten goldgelb anbraten.

Pfannkuchen mit Geflügelleber

Zutaten:
200 g Mehl, 3 Eier, 1/4 l Milch, 1 Prise Salz, 2 Zwiebeln, 2 EL Sahne, 400 g Geflügelleber, Pfeffer, 2–3 EL Öl.

Zubereitung: Zunächst den Pfannkuchenteig zubereiten und 1 Stunde ruhen lassen. Die feingeschnittenen Zwiebeln glasig anbraten, die geputzte und geschnittene Geflügelleber mit Mehl bestäuben, dazugeben und braten, bis kein blutiger Saft mehr austritt. Mit Rotwein oder Sahne ablöschen und gut würzen.
Die Pfannkuchen braten und die Füllung darauf verteilen. Zusammenrollen und auf eine heiße Platte legen, eventuell im Grill warmhalten.

Apfelpfannkuchen

Zutaten:
200 g Mehl, 3 Eier, 1/4 l Milch, 1 Prise Salz, 4 große reife Äpfel, Zitronensaft, Zucker und Zimt, Butter zum Braten.

Zubereitung: Den Pfannkuchenteig zubereiten und 1 Stunde ruhen lassen. Die Äpfel schälen, vierteln, das Kernhaus entfernen und dünne Scheiben schneiden. Mit Zitronensaft beträufeln. Nun können Sie die zerkleinerten Äpfel direkt in den Teig geben und herausbacken, das hat den Vorteil, daß die Pfannkuchen auf beiden Seiten angebraten werden können. Oder aber Sie geben zuerst den Teig in die Pfanne und legen darauf die Äpfel und verfahren wie bei den Zwetschgenpfannkuchen. Der fertige Apfelpfannkuchen kann noch mit Calvados beträufelt werden. Auf jeden Fall mit Zucker und Zimt bestreuen.

Speckpfannkuchen

Zutaten:
200 g Mehl, 3 Eier, 1/4 l Milch, 100 g geräucherten Bauchspeck, Butter zum Braten.

Zubereitung: Einen Pfannkuchenteig herstellen und 1 Stunde ruhen lassen. Bei diesem Teig so gut wie kein Salz verwenden, da der Speck genug Salz enthält. Die Speckscheiben in der Pfanne kurz anbraten, den Teig darüber gießen und auf beiden Seiten goldgelb anbraten. Sie können den Speck auch in Streifen schneiden und unter den Teig mischen.

Apfeleierhaber

Zutaten:
250 g Mehl, 4 Eier,
1 Prise Salz,
20 g Zucker,
1/2 l Milch,
6 große Äpfel,
ca. 70 g Butter oder Schmalz, Zucker und Zimt, nach Belieben Vanillezucker.

Zubereitung: Aus dem Mehl, dem Eigelb, Salz, Zucker und der Milch einen Pfannenkuchenteig anrühren und ca. 30 Minuten ruhen lassen. Die Äpfel schälen, entkernen, zerkleinern und unter den Teig mengen. Zuletzt vorsichtig den Eischnee unterheben.
In einer Kasserolle die Butter zergehen lassen, den Teig zugeben, zudecken und bei kleiner Hitze den Teig steigen lassen. Nach ungefähr 10–15 Minuten das Gebackene mit zwei Gabeln in Stücke reißen und knusprig braten.
Mit Zucker und Zimt bestreuen.
Tip:
- Damit's schön knusprig wird, am Schluß, nach dem Zerteilen, nochmals Butter zugeben.
  Rosinen unter den Teig mischen.
- Die Apfelstücke anbraten und auf den Teig geben.
- Den Teig ohne Eischnee zubereiten. Als Treibmittel kann auch Hefe verwendet werden.

Flädle mit Bratwurst

Zutaten:
150 g Mehl, 2–3 Eier, je nach Größe, 1 Prise Salz, 1/4 l Milch,
4 nackte Bratwürste,
Butter zum Braten.

Zubereitung: Einen Flädlesteig herstellen und 1/2 Stunde ruhen lassen. Die Bratwürste knusprig braten. Flädle backen und die gebratenen Würstchen darin einrollen. Wer will, kann die Würstchen auch noch vorher mit Senf oder einer Gewürzsoße bestreichen.

Flädle

Zutaten:
150 g Mehl, 2–3 Eier, 1/4 l Milch, 1 Prise Salz, Butter zum Braten.

Zubereitung: Das Mehl und das Salz in eine Schüssel geben, nach und nach die Milch und die Eier einrühren. Den Teig etwas flüssiger halten als den normalen Pfannkuchenteig. Unter Umständen noch etwas Milch oder Wasser zugeben. Sie können den Teig mit dem Schneebesen oder mit einem Elektroquirl anrühren.
Vor dem Braten sollte der Teig 1/2–1 Stunde ruhen.
In der Pfanne bei mittlerer Hitze etwas Butter zergehen lassen oder einfach die Pfanne mit einem Butterpinsel einfetten. Den Teig in die schräg gehaltene Pfanne gießen, so daß der Boden gerade bedeckt ist. Sobald der Teig auf der Unterseite leicht braune Flecken zeigt, das Flädle umdrehen und fertig braten.
Zum Abkühlen am besten auf einen umgedrehten Suppenteller legen. Danach rollen und in feine Streifen schneiden und fertig ist die Einlage für die Flädlesuppe.

Käse-Schinkenpfannkuchen

Zutaten:
200 g Mehl, 3 Eier, 1/4 l Milch, Salz, 150 g geriebenen Emmentaler, 100 g gekochten Schinken.

Zubereitung: Den Pfannkuchenteig zubereiten und 1 Stunde ruhen lassen. Dünne Pfannkuchen zubereiten, umdrehen und mit geriebenem Käse bestreuen, 2 Scheiben Schinken darauflegen. Den Pfannkuchen zur Hälfte zusammenlegen und bei kleiner Flamme knusprig braten. Saftiger wird er noch, wenn Sie ein frisches Ei zur Füllung geben. Dazu gibt es frischen Salat mit Kräutern.

Allgäuer Käseküchlein

Zutaten:
Einen festen Pfannkuchenteig zubereiten, Käsestückchen (Bergkäse, Emmentaler), Fett.

Zubereitung: Den Käse in mundgerechte Scheiben schneiden, durch den Pfannkuchenteig ziehen und in reichlich Fett goldgelb herausbacken.
Variante: Den Käse reiben und unter den Teig mengen. Mit einem Löffel in das Fett geben.
Beilage: frische Salate.

Pfannen-Dünnett

Zutaten:
Flädlesteig bereiten, siehe Grundrezept, Kräuterkäse, Schnittlauch, Butter.

Zubereitung: In einer Pfanne ein wenig Butter zerlassen und den Flädlesteig zugeben. Danach wenden, Kräuterkäse darauf reiben, mit Schnittlauch bestreuen, Butterflocken darauf verteilen und fertig backen. Danach rollen und heiß servieren.

Zwiebelpfannkuchen

Zutaten:
200 g Mehl, 3 Eier, 1/4 l Milch, Salz und Pfeffer, 3 Zwiebeln, Butter zum Braten.

Zubereitung: Einen Pfannkuchenteig herstellen und 1 Stunde ruhen lassen.
Die Zwiebeln schälen, in feine Scheiben schneiden, glasig anbraten, abkühlen lassen und in den Teig geben, der etwas dickflüssiger als sonst sein sollte. Die Pfannkuchen auf beiden Seiten goldgelb anbraten, aufrollen und vor dem Servieren mit Schnittlauch bestreuen.
Tip: In den Teig Zwiebelröhrle oder gehackte Kräuter untermengen.

Schmalzgebäck

Die „Kiachla“ oder „Krapfa“ lassen sich in den einzelnen Regionen kaum auseinanderhalten. Auf jeden Fall verbindet sie ihr appetitliches braunes Aussehen, das sie sich im heißen Fettbad zugelegt haben. Ihre Form reicht von oval, dreieckig, quadratisch, rechteckig, glatt, gezackt bis wellig, gewölbt und aufgebläht.
Ihre Namen sind so vielfältig wie die Ortschaften, in denen sie gebacken werden. Die Rezepte zeigen eine große Ähnlichkeit auf. Die Krapfen sind meistens mit Früchten oder Marmelade gefüllt. Als Brauchtumsgebäck wurden die Krapfen und Küchlein zu verschiedenen Festtagen des Jahres, wie Weihnachten, Neujahr, Martini, Dreikönig und natürlich zur Kirchweih und Fastnacht gebacken.
Bis in die heutige Zeit hat sich die Tradition des „Kiachlabackens“ zu Fastnacht erhalten. Ob sie nun Fasnetskiachla, Schneeballen, Salbei- oder Hefekiachla, Auszogane oder Fenschterkiachla heißen, sie schmecken einfach köstlich. Die Krapfen wurden aber nicht nur süß serviert. Als klösterliche Fastenspeise kamen sie früher auch mit Spinat oder Fisch gefüllt im Frühjahr auf den Tisch.

- Natürlich ist auch eine Menge Aberglauben mit den Krapfa und Kiachla verbunden. So müssen sie auf jeden Fall in ungerader Zahl gebacken werden, sonst kommt Unglück ins Haus.
- Am Donnerstag vor Fastnacht, dem „glombiga Dooschdig“, darf der Schmalzkübel beim Backen nicht leer werden, sonst bleibt er das ganze Jahr über leer.

- Wer keine Kiachla backt, ist im ganzen Jahr ohne Freude.
- Dem Fasnetskiachlaschmalz wurden alle möglichen guten Eigenschaften zugeschrieben, so z. B. sei es heilkräftig und gut für Sympathiezauber aller Art. Bänder und Schnüre, die damit eingeschmiert wurden, sollten nicht reißen usw. Und weil Schmalz in früheren Zeiten sehr kostbar war, wurden die Kiachla nach dem Backen immer auf alte Brotschnitten zum Abtropfen gelegt. Davon wurde dann wiederum eine nahrhafte Brotsuppe gekocht.

Volksmund:
Luschdig isch dui Fasenacht, wenn mei Muader Kiachla bacht,
wenn se abr koine bacht, no pfeif' e auf dui Fasenacht.

Mei Muader bacht Kiachla,
send älle schee brau,
se schperrt se en 's Käschtle
ond will mr's ed lau.

„Wenn e meine Kiachla en deim Fett bacha darf, kasch du drfir dein Schpeck em meim Kraut mitkocha."

Bettelvers an Fastnacht:
I ben a alter Schweizer, ond bitte om an Kreizer.
I ben a alter Boier, ond bitte om an Zwoier.
I ben Prinzessin Mai, ond bitte om a Oi.
Fliagt a Vögale übers Feld, gib mr au a Fasnetsgeld!

Fensterküchle

Zutaten:
500 g Mehl, 1 Prise Salz, 40 g Hefe, 80 g Zucker, 60 g Butter, 1/8–1/4 l lauwarme Milch, 2 Eier, Fett.

Zubereitung: Das Mehl in eine Schüssel sieben und in der Mitte eine kleine Mulde für den Vorteig formen. Danach die angewärmte Milch, Zucker und die zerbröselte Hefe in die Mulde geben, mit etwas Mehl einen Vorteig anrühren und ca. 30 Minuten gehen lassen. Nun die flüssige Butter, Salz und die Eier zugeben und einen Teig kneten bis er Blasen wirft. Mit einem Tuch abdecken und an einem warmen Platz 1 Stunde ruhen lassen.
Sie können nun mit einem Eßlöffel hühnereigroße Teigstücke abstechen oder den Teig in längliche Rollen formen und portionsweise abtrennen. Auf den gemehlten Tisch oder das Brett setzen und nochmals 20 Minuten gehen lassen.
Nun werden die Teigstücke mit viel Gefühl unter ständigem Drehen von der Mitte nach außen gezogen, so daß sich außen ein Wulst, innen dagegen ein runder, papierdünner Kreis bildet. Die so geformten Küchle werden nun im heißen Fett herausgebacken, bis der Rand schön braun und die Mitte goldgelb gebacken ist. Vor dem Verzehr noch mit Zucker und Zimt bestreuen.

Die Fensterküchle sind regional auch als „Auszogene“ bekannt. Nach alter Väter Sitte wurden die „Auszogene Küchla“, die es bei uns immer zur „Fasnet“ gab, früher einfach übers Knie gezogen. In einem alten Kochbuch

fand ich den Hinweis, man möge doch ein Tuch über das Knie legen. Denn mit der Hygiene nahm man es früher nicht immer so genau. Was folgende Anekdote beweist.
Als der Sohn im Frühjahr seiner Mutter seine Angebetete vorstellte, wurde diese gleich zum „Fasnatsküchle“ ausziehen eingeteilt. Als sie aber die Knie der jungen „Dame“ erblickte, rief sie entrüstet: „A Hex bisch zwar koine, abr a rechta Wutz!“
Zur Erläuterung: Frauen mit spitzen Knien galten im Mittelalter als „Hexen“.
Die „Auszogene Küchla“ gehören seit altersher zu den Liebeszauberbroten. Denn um die Männer liebestoll zu machen, sollen früher die Teigfladen von den Frauen über den „Allerwertesten“ gezogen worden sein.

Strauben

Zutaten:
125 g Mehl,
20 g Zucker,
1/4 l Milch, 3–4 Eier, je nach Größe,
30 g flüssige Butter,
1 Prise Salz.
Einen Brandteig herstellen, siehe Grundrezept Nonnenfürzle.

Zubereitung: Von dem Teig füllt man ca. 2–3 EL in einen Trichter oder Spritzbeutel und formt in das heiße Fett einen großen Kreis, der immer kleiner wird, so daß er am Schluß eine Schnecke bildet. Backt sie auf beiden Seiten goldgelb und legt sie zum Abtropfen auf eine Brotscheibe oder Wargelholz, denn dann bekommen sie eine schöne runde Form. Noch heiß mit Zucker und Zimt bestreuen.

Die dünn gespritzten Strauben, im Mittelalter auch als „Strübli“ bezeichnet, galten als Festtagsgebäck erster

Ordnung. Sie waren auch als Straubet, Straubeze, Sträubezle, Struben und Strubete, bekannt. Die Abtissin des Klosters Säckingen gab 1439 ihren „lüten und Amtlüten und Klost'frowen uff den ostertat nach der frümeß zum „gesegnetz" (Gesegnetes) struben und küchlein".
Regional verschieden bekamen Wöchnerinnen als erste Mahlzeit „Straubeze mit Zwetschgenmus".
In Pfäffingen gab es dazu eine Weinsoße. Beliebt war die Straubeze auch nach der Sichel- bzw. Flegelhenke wie z.B. in Calw und Böblingen.
Eine Bäuerin aus Ehingen, die nicht wußte, was sie kochen sollte, bekam vom Bauern folgenden Rat: „Bach' Straubeze durchs Loch, no hosch de ganz Woch."

Fasnachtsküchlein

Zutaten:
Hefeteig zubereiten wie bei den Fensterküchlein, aber nur 20 g Hefe verwenden.

Zubereitung: Nachdem der Teig 1 Stunde geruht hat, wird er zu einem ca. 1 cm dicken Fladen ausgerollt. Daraus werden längliche, verschobene Vierecke ausgestochen oder gerädelt, die man nochmals ca. 20 Minuten gehen läßt.
Vor dem Backen in heißem Fett werden die Küchlein mehrmals mit einer Gabel eingestochen.
Variante: Auf ein Küchlein wird eine feste Marmelade gestrichen, ein zweites darauf gelegt und nochmals ausgerädelt. Am besten wird die Füllung vor der letzten Ruhezeit zugegeben. Nach dem Backen mit Zucker und Zimt bestreuen.

Am besten schmeckt dazu natürlich ein hausgemachtes „Breschtlingsgsälz“. Auf hochdeutsch übersetzt: Erdbeerkonfitüre.
Dazu fällt mir doch glatt ein netter Witz ein:
Ein Breitmaulfrosch geht zum Fotografen, um ein Paßfoto machen zu lassen.
Der Fotograf: „Bitte lächeln, wenn ich es sage.“
Der Frosch: „Ich kann auf Kommando nicht lachen.“
Der Fotograf: „Sagen Sie einfach Marmelade.“
Als der Fotograf soweit war, hatte der Breitmaulfrosch das Wort vergessen.
Der Fotograf: „Fertig.“
Der Frosch: Ihm war es wieder eingefallen und er sagte: „Konfitüre.“
Das war die Geburtsstunde der „Kleinmaulfrösche“.

Gebackene Kirschen und Zwetschgen

Zutaten:
500 g Kirschen oder Zwetschgen, einen festen Pfannkuchenteig herstellen.
Siehe Apfelküchlein.

Zubereitung: Kirschen mit Stielen bzw. Zwetschgen gut waschen, in einen festen Pfannkuchenteig tauchen und in schwimmendem Fett herausbacken. Die Zwetschgen entsteinen und mit einer Mandel füllen. Beide Früchte noch heiß mit Zucker und Zimt bestreuen.

Versoffene Jungfern

Zutaten:
150 g Mehl,
150 g Zucker,
3 Eier, 3 EL heißes Wasser, 2 TL Backpulver, 1/2 Päckchen Vanillezucker.

Zubereitung: Zucker und Eier schaumig rühren, dann abwechselnd Mehl und Wasser sowie die anderen Zutaten zugeben und schnell verrühren. Mit einem Kaffeelöffel kleine Knödel ausstechen und in schwimmendem Fett herausbacken. Die fertigen Stücke mit aufgekochtem Most oder Wein übergießen und mit Zucker und Zimt bestreuen.

Holderküchlein

Zutaten:
Holunderblüten, einen festen Pfannkuchenteig herstellen, siehe Apfelküchlein.

Zubereitung: Die Holunderblüten gut waschen und in den Pfannkuchen- bzw. Bierteig tauchen. Gut abtropfen lassen und in einer Pfanne mit Fett goldgelb herausbacken. Der Stiel ist nur zum Halten. Man ißt sie mit Zucker und Zimt.

Der Aberglaube sagt, daß, wer am Johannistag die Holunderdolden ißt, im folgenden Jahr kein Fieber bekommt.
Der Holunderbusch, der im Juni blüht, ist nach altem Volksglauben heilig. Er ist Sitz guter Geister, die das Haus beschützen. Nicht umsonst stand bei jedem Bauernhaus ein Holunderbusch. Zudem soll er viele Krankheiten heilen.

Nonnenfürzle

Zutaten:
125 g Mehl,
50 g Butter,
1/4 l Milch, Salz,
3 Eier, 1 EL Zucker,
1/4 TL Backpulver
(Brandteig).

Zubereitung: Die Milch mit Salz und Butter aufkochen. Das Mehl schnell einrühren und so lange rühren, bis der Teig sich vom Topf löst. Den Topf vom Herd nehmen. Nun rührt man einzeln die Eier unter den Teig und gibt zum Schluß den Zucker und das Backpulver dazu. Mit dem Kaffeelöffel kleine Knödel formen und im Fett goldgelb backen.

Die zarten Nonnenfürzlein waren schon im 14. Jahrhundert bekannt, als ein Pfund Zucker noch soviel wie ein Spanferkel kostete. Die „Nonnenfärzgen“, die in den Klosterküchen ihre Heimat hatten, waren früher mit Honig und Marmelade aber auch mit Fleisch, Fisch und Quark gefüllte Krapfen. Der heutige Name „Nonnenfürzlein“ leitet sich von o.g. „Nonnenfärzlein“ ab und der sagte nichts anderes aus, als im Nonnenkloster gebackene und gefüllte Krapfen.
So weit, so gut. Wenn da nicht folgende Anekdote überliefert wäre. Denn der etwas anrüchige Name soll einer Überlieferung zufolge wie folgt entstanden sein:
Eine junge Novizin aus der Abtei „Beaume-les-Dames“ war beauftragt, die besagten Krapfen herzustellen. Der Teig war aber etwas zu feucht geraten, denn als man sie ins heiße Fett legte, gaben sie ein uns all bekanntes Zischen von sich. Der Bischof, der zufällig Zeuge wurde, bemerkte launisch: „Aha, gibt's heute „Nonnenfürzlein“ zum Nachtisch.“

Apfelküchle für Feinschmecker

Zutaten:
4 – 5 Äpfel, Zucker, Kirschwasser, Fett, Pfannkuchenteig. Siehe Apfelküchlein.

Zubereitung: Die Äpfel schälen und entkernen, 8 mm dicke Scheiben schneiden und in eine Schüssel legen. Mit Zucker bestreuen, mit Kirschwasser oder Rum begießen und ca. 1–2 Stunden darin ziehen lassen. Gut abtropfen lassen, in den Teig tauchen und in schwimmendem Fett herausbacken. Anstatt mit Milch kann der Teig auch mit Bier angemacht werden. Hierbei werden die Eier getrennt und das geschlagene Eiweiß unter den Teig gezogen.

Geriebene Apfelküchle

Zutaten:
100 g Mehl, 1 Ei, etwas Milch und Zucker, 1 Prise Salz, 3 – 4 mittelgroße Äpfel, hier lassen sich auch gut beschädigte Äpfel verwenden.

Zubereitung: Einen festen Pfannkuchenteig herstellen. Die geriebenen Äpfel, die mit Rosinen vermischt werden können, mit dem Teig vermischen. In einer Pfanne reichlich Fett erhitzen und löffelgroße Häufchen einsetzen, die etwas auseinanderfließen. Auf beiden Seiten goldgelb backen und mit Zucker und Zimt bestreuen.

Apfelküchle

Zutaten:
200 g Mehl, 3 Eier, je nach Eigröße,
$^{1}/_{8}$–$^{1}/_{4}$ l Milch,
1 Prise Salz,
4 – 5 mittelgroße Äpfel,
1 – 2 EL Zucker,
Zitronensaft.

Zubereitung: Die Äpfel schälen, mit einem speziellen Ausstecher entkernen, in 8 mm dicke Scheiben schneiden und mit Zitronensaft beträufeln.
Aus Mehl, Eiern, Milch, Salz, 1 EL Zucker einen etwas festeren Pfannkuchenteig anrühren. Die Apfelscheiben kurz eintauchen und im schwimmenden Fett ausbacken.
Mit Zucker und Zimt bestreuen.

Pfaffenkäpple

Zutaten:
Einen Pfannkuchenteig herstellen, siehe Apfelküchlein, Fett.

Zubereitung: In heißem Fett einen runden Löffel oder Suppenschöpfer erhitzen, mit der unteren Seite in den Teig halten, so daß nichts darüberläuft. Ist das Küchlein halb gebacken, abschütteln und goldgelb backen.
Es eignet sich gut zum Füllen mit Früchten und Gemüse.

Maultaschen

Die beliebten Teigtaschen haben sich neben den Spätzle im Magenfahrplan der Schwaben nach ganz oben zur Nummer eins durchgekämpft. Für diese ehemalige Fastenspeise und früheren Resteverwerter eine erstaunliche Karriere!
Wo unsere so heißgeliebten Maultaschen das Licht der Welt erblickten, ist genauso ungewiß, wie die Entstehung ihres Namens. Urschwaben behaupten zwar steif und fest, sie seien eine reine schwäbische Erfindung. Dagegen spricht jedoch die große Verwandtschaft der Tascherln, Schlutz- und Schlickkrapfen in Österreich, der Ravioli, Tortellini, Canneloni in Italien, der Empanadas in Spanien, der Powidltatschkerl in Böhmen, der Manty aus der Türkei, der Piroggen und Warenyky aus Rußland sowie der ungezählten Teigtaschen aus China, dem vermutlichen Geburtsland der Maultaschenfamilie.
Wie dem auch sei, mit Sicherheit gibt es kein Land auf der Welt, das mit so viel Erfindergeist und Liebe seine Teigtaschen, pardon Maultaschen, kultiviert und sie so ins Herz geschlossen hat, wie wir Schwaben.
Was nun den heutigen Namen dieser Spezialität betrifft, so gibt es auch hier Widersprüchliches zu berichten, denn nicht überall im Ländle läuft sie unter derselben Bezeichnung. So finden wir im Illertal, also südlich von Ulm, und bei Ehingen noch die Bezeichnung „grüne Krapfen“, und in der Nähe von Tübingen, z. B. in Nehren und Kusterdingen, werden sie „gefüllte Nudeln“ genannt.

In alten Kochbüchern stoßen wir auf Namen wie „grüne Nudeln, Ravioln oder Ravirlen“, was auf die italienische Küche hinweist, so im Augsburger Kochbuch von 1844, wo sie ausführlich beschrieben sind. Außergewöhnliche Füllungen wie Kalbslunge, Kalbsgekröse, Krebse, eingemachte Zwetschgen und Äpfel zeugen von der Vielfalt der damaligen Küche.

Die ersten Aufzeichnungen über Maultaschen finden wir im Kochbuch von Philippine Welser aus dem Jahre 1550, wo sie unter dem Namen „Affenmund“ geführt werden.

Saged's bloß ned weiter!

Es ist einfach erstaunlich, was für Entdeckungen man beim Stöbern macht. So fand ich „Maultaschen“ in einem alten Kochbuch unter der Überschrift „Teiggemüse“. Im „Schwäbischen Wörterbuch“ von Hermann Fischer aus dem Jahre 1914 steht unter dem Stichwort – Maultaschen – „kleine Täschchen aus Teig“.

Im Volksmund bekannt sind sie auch als „Herrgottsbscheißerla“. Denn wo konnte man in der Fastenzeit unter den Augen des Herrn so „a bißle Floisch“ besser verbergen, als in dieser so unschuldigen Teighülle!

Nach einem Gerücht, das sich bis heute weder bestätigen noch widerlegen ließ, wird als Namensgeberin der Maultaschen die Gräfin von Tirol, Margarete von Maultasch, genannt.

Ist Ihnen eigentlich bekannt, daß die ersten Maultaschen süß waren? Nein? Nun, um ganz ehrlich zu sein, auch ich war mehr als überrascht über diese Entdeckung. Ich glaube, niemand wußte es so richtig, daß unsere Lieblingsspeise süße Vorfahren hatte. Den ersten Hinweis gab mir das „Oekonomische Handbuch für Frauenzimmer“, das mit herzoglichem gnädigsten Privilegium 1795 in Stuttgart veröffentlicht wurde, wo Maultaschen in Mürbeteig mit Mandelfüllung angepriesen werden.

Aber lang, lang ist's her. Heute werden die Maultaschen mit Spinat, Hackfleisch, Eiern und Brot gefüllt und als Suppeneinlage, angeröstet mit Ei oder mit Zwiebeln abgeschmelzt serviert. Um die Maultaschen aufzumöbeln, füllt sie heute mancher Starkoch mit exotischen Zutaten. Die Nouvelle cuisine schreckt vor nichts zurück, altes Kulturgut wird mißbraucht, nur um sich zu profilieren. „Viele Köche verderben den Brei, manche au d' Mauldasche.“

Maultasche

Hackfloisch, Zwiebel, Peitsche'schtecke,
wassergwoichte Doppelwecke,
Peterling, Schpinat ond Bräd,
älles durch de Floischwolf dreht,
Oier drüber, Salz ond Pfeffer,
geit e Toigle, geit en Treffer,
grad für d' Nudelböde gricht,
ond schao' kriagt dui Sach e Gsicht!
Drufgschmiart, zuadeckt, toilt ond gschnitte,
net lang gfacklet maih ond ditte,
'nei en d' Brüah ond ufkocht gschwend!
Selber schuld wers Maul verbrennt!

Heinz-Eugen Schramm

Maultaschen

Zutaten:
ca. 500 g Nudelteig zubereiten, siehe unter Nudeln.
Füllung:
2 alte Wecken, 3 Eier, 200 g Hackfleisch, bei Zugabe von Fleischresten dementsprechend weniger, 100 g Rauchfleisch, 2 Zwiebeln, 1 Bund Peterling, 300 g Spinat (Gefrierspinat), Salz, Pfeffer und Muskat.

Zubereitung: Die Weckschnitten in lauwarmer Milch oder Wasser einweichen, eine Weile ziehen lassen, ausdrücken und fein zerdrücken. Die feingeschnittenen Zwiebeln, Peterling und Speckwürfel kurz anbraten, erkalten lassen und zusammen mit dem Hackfleisch, Eiern, Salz und Muskat und dem aufgetauten, abgetropften Spinat zu einer Farce vermischen.
Den Nudelteig auf dem bemehlten Tisch ausrollen und in zwei Teile trennen. Die Füllung häufchenweise darauf verteilen, den zweiten Nudelteig darüberlegen, festdrücken und ausrädeln. Ränder mit Wasser oder Eiweiß bestreichen.
Eine schnellere Methode Maultaschen zu füllen ist, den Nudelteig auf dem gemehlten Tisch auslegen, die Fülle dünn aufstreichen, den äußeren Teigrand mit Eiweiß bestreichen, den Nudelteig mit Fülle ca. 5 – 6 cm breit zusammenklappen. Mit einem Kochlöffel die Maultasche abdrücken, durchschneiden, in leicht kochendes Salzwasser geben und ca. 10 Minuten ziehen lassen.

Tip:
Damit der Teig nicht reißt, bestreichen Sie die Innenseite mit verkleppertem Ei.

Maultaschen in der Brühe

Zutaten:
Man nehme – so man habe –, ist in alten Kochbüchern zu lesen, 2–3 l Wasser, Salz, Muskat, Schnittlauch, 6 zerkleinerte Rinderknochen, 2–3 Markknochen, eine gelbe Rübe, 1 Stück Lauch und Sellerie und eine ungeschälte, halbierte, auf dem Herd oder in einer Pfanne angeröstete Zwiebel. Diese bringt eine goldgelbe Farbe in die Brühe.

Zubereitung: Das Wasser zugeben, aufkochen und abschütten. Erneut aufsetzen und aufkochen, den Schaum abschöpfen, sonst wird die Brühe trüb. Auf leichter Flamme kochen lassen und nach ca. 2–3 Stunden noch mit Salz und Muskat würzen. Fein schmeckt es, wenn Sie etwas Liebstöckel mitkochen. Die Maultaschen in der Kraftbrühe ca. 10 Minuten ziehen lassen und servieren.

Viele Schwaben lieben es, wenn die Maultaschen mit in Butter gebräunten Zwiebeln und Speck abgeschmelzt werden. Danach kräftig mit Schnittlauch bestreuen. Dazu gibt es Kartoffelsalat.

Und den tun ganz „Räse" mit in die Brühe. Was bei Ortsfremden immer wieder Erstaunen hervorruft.

Wenn mir ned so an guata Appetit hättet,
wär onser Doktor scho längst vrhongert.

Maultaschen mit Tomaten und Schinken

Zutaten:
Maultaschen, siehe Grundrezept,
500 g Tomaten,
1 Zwiebel,
150 g Schinken, Salz und Pfeffer,
80 g Butter,
geriebenen Käse.

Zubereitung: Die Maultaschen in der Brühe 10 Minuten ziehen lassen. Tomaten kreuzweise einritzen, kurz ins kochende Wasser legen und die Haut abziehen. In einer Kasserolle die feingeschnittene Zwiebel und Schinkenstreifen kurz anbraten, die in Würfel geschnittenen Tomaten dazugeben und mit Salz und Pfeffer würzen. Einige Minuten dünsten. Die Maultaschen in eine feuerfeste Form geben und mit den Tomaten und Schinken übergießen. Wer will, kann noch etwas geriebenen Käse darüberstreuen und das Ganze überbacken.
Dazu wird ein gemischter Salat serviert.

Grüne Maultaschen

Zutaten:
500 g Nudelteig vorbereiten, siehe Nudeln.
400 g Blattspinat und Kräuter. Sie können auch halb Mangold und Spinat mischen. 1 Zwiebel, Semmelbrösel, Schmalz, Salz, Muskat, Pfeffer. (Im Frühjahr Brennessel und Sauerampfer beimengen.)

Zubereitung: Das Gemüse zusammen mit den Kräutern und Zwiebeln fein hacken und im Fett dünsten. Ist die Mischung zu naß, etwas Semmelbrösel dazugeben. Gut würzen. Auf 10–15 cm große Nudelstücke verteilen, die Ränder mit Eiweiß bestreichen und zusammendrücken, ca. 15 Minuten im Salzwasser ziehen lassen.
Ist es nicht als Fastenspeise oder als vegetarisches Gericht gedacht, können Sie noch ca. 150 g in Würfel geschnittenen und kurz angebratenen Speck in die Füllung geben.

Krautkrapfen

Zutaten:
Aus 300 g Mehl einen Nudelteig zubereiten, siehe Grundrezept bei Nudeln, ca. 1 kg Sauerkraut, ca. 80 g Butterschmalz, 150 g Speck, 1–2 Tassen Wasser oder Brühe, 1–2 Zwiebeln.

Zubereitung: Das Sauerkraut kurz durchhacken.
In einer heißen Pfanne Zwiebel- und Speckwürfel anbraten, das Kraut dazugeben und zusammen ein paar Minuten dünsten.
Den Nudelteig ausrollen, das abgekühlte Kraut darauf verteilen, zusammenrollen und in ca. 5 cm lange Stücke schneiden. Mit den Schnittstellen nach unten in eine gut gefettete Kasserolle setzen und anbraten. Danach ca. 3 cm hoch mit Brühe begießen, abdecken und in den auf 180 Grad vorgeheizten Ofen schieben und ca. 30 Minuten schmoren lassen. Kurz vor dem Garende den Deckel abnehmen, damit sie oben auch bräunen.
Die Krautkrapfen müssen unten schön rösch sein (ähnlich den Dampfnudeln). Das Wasser muß gänzlich eingekocht sein.
Vor dem Servieren die Krapfen mit reichlich angedämpften Zwiebeln abschmelzen.
So richtig zünftig schmecken die Krautkrapfen, wenn sie in der Kasserolle auf den Tisch kommen.
Variante: Unsere Freundin Lore aus „Stoinakirch“ hat dazu ein interessantes Rezept beigesteuert.
Man bereite einen Schweinebraten mit viel Soße.
Schneide den Braten in Würfel und mische sie unter die Krautfüllung. Die Krapfen werden nun in der Soße geschmort.
Lore meint: An diesem Tag ist sie sicher, daß ihr Arthur pünktlich zum Mittagstisch erscheint.

Grüne Krapfen

Zutaten:
Nudelteig zubereiten nach Bedarf, siehe Grundrezept bei Nudeln, Spinat, Zwiebeln, im Frühjahr allerlei Küchenkräuter, alte Wecken nach Belieben, Bauchspeck, Eier, Butter, Salz, Pfeffer, Muskat, Brühe.

Zubereitung: Den Spinat kurz blanchieren und etwas hacken. Die Zwiebel- und Speckwürfel in Butter kurz anschwitzen, den Spinat und die gehackten Kräuter dazugeben und mitdünsten. Die Eier in die Pfanne schlagen und die Masse stocken lassen. Die Wecken in feine Würfel schneiden, in Butter anrösten und unter die Masse mengen.
Den Nudelteig ausrollen und in 20 x 20 cm große Fladen schneiden. Und jetzt kommt der Clou des Ganzen. Mit einem Löffel die erkaltete und mit den Brotwürfeln angemachte Masse auf ein Nudeleck setzen und aufrollen wie ein Nußhörnchen. Das Teigende mit Wasser oder Eiweiß bestreichen. Die Außenränder mit der Hand zusammendrücken. Die so gefertigten Krapfen werden in der Brühe ca. 10–15 Minuten gegart. So kocht man sie bei Simone in Ulm.
Aber Sie können auch die gleiche Zubereitungsart wählen wie bei den Krautkrapfen angegeben.

Variante: Statt Spinat einfach Zwiebelröhrle verwenden. Die Eier mit Sahne verkleppern, über die Brotwürfel geben und durchziehen lassen. Den gewürfelten Speck kurz anrösten und die feingeschnittenen Zwiebelröhrle mit andünsten. Abkühlen lassen und mit den Brotwürfeln locker vermengen. So liebt man sie im Illertal.

Kartoffeln

Anno 1516 berichtet Petrus Martyr, der eine Bestandsaufnahme über die Entdeckung Amerikas erstellte, daß die Inkas eine Wurzel essen, die sie „Batates" nennen. 1533 wird sie in den Niederlanden erstmals wissenschaftlich beschrieben und staunend herumgereicht. Besonders die Blüten fanden bei den vornehmen Damen großen Gefallen und wurden als Schmuck getragen.
1585 kam die Kartoffel durch Sir Walter Raleigh (1552–1618), aber auch durch den Seeräuber Francis Drake (1540–1596) nach England. 1586 wurde diese Wunderknolle der Königin vorgestellt. Sie versuchte die oberirdischen Samenfrüchte, die natürlich scheußlich schmeckten und die Kartoffel fiel für längere Zeit in Ungnade. Um 1596 entdeckte Johann Bauhin das Nachtschattengewächs im Schloßgarten des Grafen Helfenstein in Wiesensteig auf der Schwäbischen Alb. Was offenbar die erste Nachricht über Kartoffeln in Württemberg darstellte. Die eigentliche Bedeutung blieb auch hier im verborgenen. Der Graf trug, wie schon beschrieben, die Blüten als neueste Mode aus Amerika im Knopfloch, und die Bauern waren der Meinung, die Beeren der Pflanze sei ein giftiges Teufelskraut, um sie zu vergiften. Es sollten noch Jahrhunderte vergehen, bis diese Wunderknolle bei uns zum Volksnahrungsmittel wurde.
Um 1600 kam sie auch nach Italien und 1616 wird sie als Delikatesse am königlichen Hof von Ludwig XIV. serviert. Ihre Ähnlichkeit mit Erdtrüffeln verschaffte

ihr in Italien den Namen „Tartufoli“. Später wurde daraus Dortuffel, Dortoffel und als Kartoffel hat sie dann den Siegeszug durch unsere Küchen angetreten. Bei uns hieß sie noch bis ins 19. Jahrhundert hinein Erdbirne bzw. -apfel. Im Dialekt kennen wir sie als Aibira bzw. Aidäpfel, aber auch als Krombira. Aber die Kartoffel hatte einen schwierigen Stand bei der einheimischen Bevölkerung. Jahrhundertelang an Mehlspeisen gewöhnt, stand sie allem Neuen mißtrauisch gegenüber.

Nach dem Motto: „*Was dr Baur ned kennt, des frißt ’r net*“ wurden die Kartoffeln zuerst mal den Hunden vorgeworfen. Die ließen sie ebenfalls liegen. Friedrich der Große, dessen Bemühungen um die Kartoffel allgemein bekannt sind, ließ z. B. Kartoffeln an Gartenbesitzer kostenlos verteilen. Als die Anwesenden allerdings in die rohen Kartoffeln bissen, war es aus mit dem Interesse an dem königlichen Geschenk. Erst als er selbst Kartoffeläcker anlegte und sie von seinen Soldaten bewachen ließ, erwachte das Interesse an der neuen Knolle. Lange Zeit blockierten auch die Grundherren den Anbau, da die Kartoffeln nicht in die Abgabenverordnung eingebaut war und somit keinen Zehnten abwarf. Sie blieb vorerst eine seltene Feldfrucht und wurde hauptsächlich von Tagelöhnern und armen Kleinbauern angebaut. Nicht umsonst wurde sie als Armeleuteessen angesehen und regional gerade noch als Schweinefutter akzeptiert.

„*A Kartoffel isch erscht guat, wenn se dr Sau durch da Maga gloffa isch*“ – hieß es lange Zeit noch im Ländle.

Von England und den Niederlanden kamen die entscheidenden Anstöße zur Verbreitung der Kartoffel.

1710 brachte ein Waldenser Kolonist, also ein französischer Glaubensflüchtling, die Knollen erstmals nach Württemberg, wobei die „englischen Potatoes“ nicht auf große Gegenliebe stießen. Noch 1728 waren „Kartoffeln mit Rindfleisch“ in Stuttgarter Gaststuben ein großes Luxusgericht. Erst die Hungersnöte 1771/72 verhalfen der Kartoffel zum Durchbruch und auch bei uns zum feldmäßigen Anbau.

Die Armen beteten vielzählig umsonst: „Unser täglich Brot gib uns heute.“ Denn die Kartoffel, nur die Kartoffel und nichts als die Kartoffel füllte nun die leeren Mägen. Sie drängte in solchen Mengen und dazu preiswert auf den Markt, daß sie die früheren Nutzpflanzen wie Rüben, Hirse, Buchweizen und Hafer aus dem Speiseplan der ärmeren Bevölkerung verdrängte. Der große Bevölkerungszuwachs hätte allein mit Getreidespeisen nicht mehr ernährt werden können. Obwohl die Kartoffel bei uns noch eine junge Speisefrucht ist, gab es 1889 bereits 230 Sorten zur Auswahl. Wie wir sehen, hatte man dann doch relativ schnell ihre Vorzüge erkannt.

- Denn die Kartoffel konnte sofort nach der Ernte als warme Mahlzeit verwendet werden. Getreide dagegen mußte zuerst gedroschen und gemahlen werden.
- Kartoffeln konnten leicht zu Kartoffelschnaps und Brennspiritus verarbeitet werden. Die anfallende „Schlempe“ war wiederum ein willkommenes Schweinefutter.
- Die Kartoffel-Literatur brachte Rezepte zur Herstellung von Stärkemehl, Leim, Seife, Knödel etc. auf den Markt.
- Die Kartoffelfrucht konnte man leicht aus der Erde buddeln und war in Kriegszeiten vor Verwüstung geschützt.
- Die neue Wunderknolle war außerordentlich produktiv, lieferte sie doch bei gleicher Anbaufläche die doppelte Menge Kohlenhydrate und fast soviel Eiweiß und enthält das wichtige Vitamin C.

Trotz aller Vorzüge kam sie in Süddeutschland erst im Laufe des 19. Jahrhunderts so richtig in Mode. Denn man hatte auch erkannt, daß, wenn nur Kartoffeln auf den Tisch kamen, eine Verschlechterung des Ernährungszustandes eintrat. Darum haben die Schwaben auch den Kartoffelsalat kreiert, der zusammen mit Spätzle und natürlich viel Soß erst die richtige Mischung ergab.
„Des gibt dann Kerle wia Bemschtämm, hot sell Bäura gsait.“

Der Höhepunkt des Kartoffelverbrauchs liegt aber schon lange hinter uns. Der Verzehr lag pro Kopf und Jahr um 1900 bei 217 kg – im Jahre 1971 dagegen gerade noch 101 kg – mit fallender Tendenz. 1996 waren es gerade noch 73 kg. Der Verzehr von Brat-, Salz- und Kartoffeln in der Schale ist wohl fallend, dafür steigt der Verbrauch von Fertigprodukten wie Chips, Fertigknödel und -brei, der fast ein Drittel ausmacht.

Tips:

- Unreif geerntete Kartoffeln sind gesundheitsschädlich. Gute Kartoffeln müssen ausgereift sein.
- Die Kartoffeln in luftigen, trockenen und dunklen Kellern lagern. In feuchten Kellern faulen sie.
- Werden sie dem Tageslicht oder der Neonbeleuchtung ausgesetzt, verfärben sie sich grün. Es bildet sich dabei die Substanz Solanin, die zu Übelkeit, Erbrechen und Durchfall führen kann. Also grüne Knollen wegwerfen und grüne Stellen ausschneiden.
- Geben Sie beim Kauf ungewaschenen Kartoffeln den Vorzug – gewaschene Kartoffeln neigen zum Faulen.
- In gekochtem Zustand sind Kartoffeln am besten verdaulich. In Fett gebackene liegen einem länger im Magen.
- Beim Kochen gehen Vitamine und Mineralstoffe verloren. Deshalb die Kartoffeln am besten dämpfen. Die rohen Knollen nur kurz ins Wasser legen und wenig zerkleinern – am besten in der Schale kochen.
- Beim Schälen roher Kartoffeln liegt der Verlust bei ca. 20%, bei gekochten Kartoffeln in der Schale nur bei 4–6%.
- Kartoffeln nach Möglichkeit nicht in Folienbeuteln verpacken. Denn sie schwitzen darin – werden feucht und können schimmeln.
- Bei der Zubereitung von Kartoffelpuffern und -knödeln die rohen Kartoffeln in ein sauberes Tuch reiben, das in einer Schüssel liegt. Das Geriebene anschlie-

ßend ausdrücken. Die Kartoffelbrühe setzen lassen, Wasser abgießen und die abgesetzte Stärke der Masse wieder zugeben.

- Den Kartoffelbrei statt mit Milch mit dem Kochwasser anrühren. Verfeinert das Aroma und die Inhaltsstoffe werden nicht weggeschüttet. Ein besonders nahrhafter Kartoffelbrei entsteht, wenn Sie Leberwurst und angedämpfte Zwiebeln untermengen.
- Gekochte Kartoffeln können Sie verschlossen im Kühlschrank etwa 2 Tage aufbewahren – in der Schale einen weiteren Tag.
- Insgesamt sind derzeit 166 Kartoffelsorten zugelassen.
  Wir unterscheiden dabei: Festkochende, bekannt auch als Salatkartoffeln. Sie haben ein festes Fruchtfleisch und springen beim Kochen nicht auf.
  Empfehlenswert für: Kartoffelsalat, Salz-, Brat- und Pellkartoffeln.
  Bekannte Sorten sind: Sieglinde, Hansa, Selma, Linda und Nicola.
- Mehlige Kartoffeln springen beim Kochen auf und sind zum Abbinden bestens geeignet, da sie viel Stärke enthalten. Ideal für Kartoffelbrei, Puffer, Knödel und Suppen.
  Bekannte Sorten sind: Bintje, Irmgard, Adretta und Aula.
- Vorwiegend festkochende Kartoffeln springen dagegen beim Kochen nur wenig auf. Vielseitig einsetzbar für Salate, Salz-, Pell- und Bratkartoffeln.
  Sorten: Desiree (rote Schale), Grata, Roxy, Granola, Agria und Quarta.
- Zum Einlagern als Wintervorrat eignen sich am besten die späten Sorten ab Mitte Oktober.

Auf am Markt:

I hätt' gern zwoi Pfond Kartoffel.
Des hoißt jetzt Kilo!
Was – nemme Kartoffel?

Salzkartoffeln

Zutaten:
1 kg Kartoffeln,
Salz, Wasser.

Zubereitung: Die großen, rohen Kartoffeln dünn schälen, in gleich große Schnitze schneiden und ins kalte Wasser legen, damit sie sich nicht blaugrau einfärben. In einen Topf geben, mit Wasser auffüllen, daß sie gerade bedeckt sind, salzen, aufkochen, Temperatur zurückschalten und ca. 20 – 25 Minuten köcheln lassen. Nach dem Kochen das Wasser sofort abschütten. Am besten schmecken sie, wenn die Kartoffeln in einem Dämpfer gegart wurden.

Tip:

- Nach der Fertigstellung das Kochwasser abschütten und die Kartoffeln auf dem Ofen noch abdämpfen und im geschlossenen Topf kurz durchschütteln, damit sie schön mehlig werden. Das Kochwasser als Suppenfond aufbewahren.
- Salzkartoffeln vor dem Servieren mit angeschwitztem Weckmehl oder Zwiebelringen abschmelzen und mit frischen Gartenkräutern bestreuen.
- Butter in einer Pfanne zergehen lassen und die Salzkartoffeln mit dem feingehackten Peterling darin durchschwenken.

Kartoffelbrei

Zutaten:
1 kg mehlige Kartoffeln,
ca. 1/4 l Milch,
30–50 g Butter,
Salz und Muskat.

Zubereitung: Die Kartoffeln schälen, in Schnitze schneiden und dämpfen. Durch die Kartoffelpresse drücken, würzen, die Butterflocken und die heiße Milch zugeben und mit dem Schneebesen vorsichtig verrühren.
Am besten mit dem Kochlöffel aufbereiten.
Tip:
- Nehmen Sie niemals ein elektrisches Rührgerät. Der Kartoffelbrei wird gummiartig pappig.
- Feinschmecker ziehen dem Püree kurz vor dem Servieren, ganz nach Gusto, etwas Schlagrahm unter.
- Den Kartoffelbrei erst kurz vor dem Servieren zubereiten.
- Um den Kindern eine Freude zu bereiten, das Püree mit Tomatenketchup, Eidotter oder mit frischen Kräutern zubereiten.
- Sehr gut schmeckt es, wenn Sie dem Püree angedämpfte Zwiebelwürfel oder geriebene Haselnüsse unterziehen.
- Dem Püree in der Schüssel oder auf dem Teller mit einem Löffel oder Messer Muster eindrücken.
- Das Püree in einen Spritzbeutel füllen, auf die Teller spritzen und nach Belieben im Ofen kurz anbräunen lassen.
- Noch gerne erinnere ich mich an meine Kindheit, als meine Mutter mit dem Soßenschöpfer in meinen Püreeberg eine Mulde drückte und ihn mit Soße auffüllte. Was für ein Spaß beim Essen, wenn der Soßendamm brach und nicht mehr geflickt werden konnte.

Stampfkartoffeln

Zutaten:
1 kg mehlige Kartoffeln,
80 g Butter,
Salz und Muskat.

Zubereitung: Die Kartoffeln waschen, abkochen und schälen. Nach Belieben die Kartoffeln als Salzkartoffeln dämpfen. Die gekochten Kartoffeln mit dem Stampfer zerdrücken. Würzen, die zerlassene Butter zugeben und so vermengen, daß immer noch Kartoffelstücke sichtbar sind.
Variante I: Den Kartoffeln etwas Rahm oder heiße Milch sowie feingehackten Peterling zugeben.
Mit angerösteten Zwiebeln abschmelzen.
Variante II: Die Salzkartoffeln durch die Kartoffelpresse drücken. 1/4 l Rahm beigeben, würzen, angedämpfte Zwiebelwürfel zugeben, alles gut vermengen und fest in eine Schüssel drücken. Die Schüssel stürzen und kräftige Kartoffelscheiben abtrennen.
Mit grünem Salat serviert ein preiswertes Abendessen.

Kartoffeln in der Schal

Zutaten:
1 kg festkochende Kartoffeln, Salz,
Kümmel, Wasser.

Zubereitung: Die gewaschenen Kartoffeln in einen Topf geben, mit Wasser auffüllen, daß sie gut bedeckt sind, und mit Salz und Kümmel würzen. Nach 20–30 Minuten das Wasser abschütten und warm schälen.
Tip:
– Frühkartoffeln mit der Schale essen. Die kleinen neuen Kartoffeln schälen und in Butter schwenken. Schmeckt gut zu Spargel.

- Kartoffeln in der Schal gilt als Armeleutessen, aber nur von denen, die noch nie dieselben mit Quark und Romadur gegessen haben.
- Wenn sie allerdings in der Brotsuppe serviert werden, wie es früher üblich war, darf der Spruch „dr Honger treibt's nei“ niemand verwundern.

Bratkartoffeln

Zutaten:
500 g festkochende Kartoffeln, Salz, Butterschmalz.

Zubereitung: Die Kartoffeln waschen, kochen und warm schälen. Danach, ganz nach Belieben, in Scheiben schneiden. In einer Pfanne das Fett, Schweineschmalz wäre hier ganz besonders geeignet, erhitzen und die Kartoffelscheiben darin goldgelb anbraten.

Tip:
- Schneiden Sie die Kartoffeln einmal in Würfel und braten Sie sie goldgelb an. Ganz toll schmeckt es, wenn Sie große Zwiebelwürfel mitbraten.
- Besonders knusprig werden die Bratkartoffel, wenn sie ganz dünn geschnitten bzw. durch die Kartoffelharfe gedrückt werden.
- Beim Braten mit dem Fett nicht sparen.
- Küchenkräuter wie Majoran oder Thymian unter die Kartoffeln geben.
- Speck- und Zwiebelwürfel mitbraten und verklepperte Eier darübergeben, und fertig ist der Bauernschmaus.

Lauchkartoffeln

Zutaten:
750 g Kartoffeln,
2 Stangen Lauch,
50 g Fett, Salz und Pfeffer, etwas Brühe oder Wasser.

Zubereitung: Die rohen Kartoffeln schälen und in mittelgroße Stücke schneiden.
Die Lauchstangen längsseits aufschneiden, gut auswaschen und in 1–2 cm dicke Scheiben schneiden.
In einer Kasserolle das Fett erhitzen, den Lauch anschwitzen, die Kartoffelwürfel dazugeben, würzen und mit der Brühe knapp auffüllen, ca. 20–25 Minuten dünsten lassen.
Tip:
Statt Lauch feingehackten Majoran verwenden. Vor dem Servieren kräftig mit Peterling bestreuen. Schmeckt gut zu gekochtem Ochsenfleisch und Fisch.

Ofenkartoffeln

Zutaten:
750 g neue, wenn möglich mehlige Kartoffeln, Öl, Kümmel.

Zubereitung: Den Backofen auf 200 Grad vorheizen.
Die Kartoffeln waschen, eventuell abbürsten. Nicht schälen. Bei jungen Kartoffeln können Sie die Schale gut mitessen.
Ein Backblech mit Öl einpinseln und mit Kümmel bestreuen. Die halbierten Kartoffeln mit der Schnittfläche nach unten auf das Blech leben. Ganz nach Gusto an der Oberfläche einölen und mit Kümmel bestreuen.
Backzeit: ca. 30–40 Minuten
Dazu mundet Quark mit feingeschnittenem Schnittlauch.

Kartoffelstopfer

Zutaten:
300 g Mehl, 3 Eier, ca. 1/4 l Milch, Salz, 4–5 gekochte Kartoffeln, Butterschmalz.

Zubereitung: Aus Mehl, Milch, Eiern und Salz einen dickeren Pfannkuchenteig anrühren.
Die geschälten und gekochten Kartoffeln in den Teig reiben und vermengen. In einer Pfanne das Fett zergehen lassen und kleine Fladen backen. Man kann den Teig auch auf einmal backen und mit einer Backschaufel zerkleinern, wie beim Eierhaber.
Beilage: Kompott, Zucker und Zimt oder Salat.

Variante: Die gekochten Kartoffeln in die gefettete Pfanne reiben, Speckwürfel darüberstreuen und den Pfannkuchenteig darauf verteilen. Auf beiden Seiten goldbraun backen. Mancherorts nennt sich dieses Gericht „Leineweber".

Kartoffelkuchen

Zutaten:
750 g Kartoffeln, 2 EL Mehl, 50–60 g Butter, 2 Eier, 1 Becher saurer Rahm, Salz, Muskat, Speck.

Zubereitung: Die Kartoffeln kochen, schälen und abkühlen lassen. Danach in eine Schüssel reiben und mit dem Mehl, der zerlassenen Butter, den Eiern, dem Rahm und Gewürzen vermengen.
Den Teig auf ein gefettetes Blech geben, mit Speckwürfel bestreuen und im Ofen bei 180 Grad herausbacken.
Den Kartoffelkuchen warm essen.

Bruckhölzer

Zutaten:
2/3 Kartoffeln,
1/3 Mehl, nach Belieben 1–2 Eier, Salz und Muskat.

Zubereitung: Die Kartoffeln schälen, kochen und durchdrücken. Eventuell Kartoffeln vom Vortag reiben. Mit dem Mehl, Gewürzen und den Eiern gut vermengen. Daumendicke Stränge ausrollen. Eine Kasserolle gut ausfetten. Die ausgerollten Kartoffelstränge über Kreuz einsetzen und mit Schmalz bestreichen.
Mit Sauerrahm übergießen und im Ofen goldgelb herausbacken.
Beilage: Salate

Griebenschnecken

Zutaten:
500 g mehlige Kartoffeln, 500 g Mehl, 2–3 Eier, Salz, Muskat, Grieben und Schweineschmalz.

Zubereitung: Die Kartoffeln schälen, kochen und warm durchdrücken. Abkühlen lassen, mit dem Mehl, Eiern und Gewürzen gut vermengen und kräftig schlagen, bis der Teig sich gut von der Schüssel löst. Den Teig ca. 10 Minuten ruhen lassen.
Danach den Teig auf dem bemehlten Tuch 1/2 cm dick ausrollen, mit dem erhitzten Schmalz bestreichen, mit warmen Grieben bestreuen und leicht salzen. Dann rollen wie eine Biskuitrolle und 4–5 cm dicke Scheiben abschneiden. Diese hochkant in eine gefettete Kasserolle oder hohe Pfanne setzen und mit kalter Milch aufgießen, daß sie gerade bedeckt sind. Gut rütteln, daß die Milch gut verteilt wird. Im Ofen bei 200 Grad backen, bis die Milch verdampft ist und sich eine Kruste gebildet hat. Dazu reicht man Sauerkraut.

Saure Kartoffelblättle

Zutaten:
750 g festkochende Kartoffeln, Brennsoße, siehe bei Soßen, 1 Salatgurke, 400 g Fleischwurst, 1 Becher Sauerrahm nach Wunsch.

Zubereitung: Die Kartoffeln kochen, schälen und in dickere Scheiben schneiden.
Eine Brennsoße zubereiten, die Kartoffelblättle unterziehen und kurz aufkochen.
Nun die Fleischwurstscheibchen und die Gurkenrädchen oder Streifen untermengen.
Nochmals kurze Zeit köcheln lassen, nachwürzen und eventuell mit saurem Rahm verfeinern.
Mancherorts werden dazu Spätzle serviert.

Kartoffeltaschen

Zutaten:
750 g Kartoffeln, 80 g Mehl, 2 Eier, Salz und Muskat.
Fülle:
Leberwurst bzw. Spinat, Kraut oder Fleisch.

Zubereitung: Die Kartoffeln kochen, schälen, durchdrücken und abkühlen lassen. Mit dem Mehl, den Eiern und den Gewürzen einen Kartoffelteig bereiten. Auf dem bemehlten Tisch den Teig 1/2 cm dick ausrollen. Mit einem Glas runde Scheiben ausstechen, mit der Füllung belegen und halbmondförmig zusammenklappen. Die Ränder vorher mit verkleppertem Ei bestreichen.
Nun die Kartoffeltaschen im leicht köchelnden gesalzenen Wasser ca. 5–7 Minuten ziehen lassen. Auf einer heißen Platte anrichten und mit hellbraun angeröstetem Weckmehl abschmelzen.
Tip:
Um den Teig etwas geschmeidiger zu machen, etwas Rahm untermengen.

Rahmkartoffeln

Zutaten:
1 kg festkochende Kartoffeln,
50 g Butterschmalz,
40–50 g Mehl,
$^{1}/_{4}$ l Milch, $^{1}/_{8}$ l Rahm,
Salz und Muskat.

Zubereitung: Die Kartoffeln kochen, schälen und in nicht zu dünne Scheiben schneiden oder würfeln.
Das Butterschmalz im Topf zergehen lassen und mit dem Mehl eine helle Brenne bereiten. Mit Milch und Rahm aufgießen und aufkochen lassen, würzen und ca. 15 Minuten köcheln lassen. Die Kartoffelscheiben unterziehen, aufkochen und nachwürzen. Mit Peterling bestreuen.
Variante: Die Kartoffelmasse in eine gefettete Kasserolle geben, mit geriebenem Käse bestreuen und im Ofen bei 180 Grad 45 Minuten überbacken.

Kartoffelpuffer

Zutaten:
750 g Kartoffeln,
ca. $^{1}/_{8}$ l Milch,
ca. 30 g Mehl,
1 Ei, Salz,
Fett zum Braten.

Zubereitung: Die rohen Kartoffeln schälen und in eine Schüssel mit Wasser reiben. Den Kartoffelbrei in ein Sieb gießen und gut abtropfen lassen. Mit den o. g. Zutaten vermengen, so daß es einen noch dickflüssigen Teig ergibt. In einer Pfanne das Butterschmalz erhitzen und kleine dünne Kartoffelpuffer backen.
Dazu reicht man Apfelmus oder aber Kopfsalat.
Tip:
- Den Teig mit $^{1}/_{3}$ gekochten und $^{2}/_{3}$ rohen Kartoffeln variieren.
- Unter den Teig geriebene Zwiebel – gehacktes Sauerkraut mit Speckwürfel – Eischnee und eingeweichte Wecken oder etwas Rahm und Majoran untermengen.

Gemüse

Im volkstümlichen Sinn ist Gemüse ein Sammelbegriff für alle eßbaren einjährigen Pflanzen, ausgenommen Spargel und Meerrettich. Kohl und Rüben waren im Mittelalter die am meisten gegessenen Gemüsepflanzen, besonders bei den mittellosen Bevölkerungsschichten waren sie an der Tagesordnung. In den Klostergärten wurden aber auch Lauch, Rettich, gelbe Rüben, Zwiebeln, Kürbisse, Gurken, verschiedene Salate wie etwa Rapunzel, Erbsen und Linsen sowie dicke Bohnen kultiviert. Die weißen und grünen Bohnen sowie die Tomaten und Kartoffeln kamen erst später, nach der Entdeckung von Amerika, auf unseren Tisch. Das sogenannte Grobgemüse wie Hülsenfrüchte und Rüben wurde schon frühzeitig auf den Feldern angebaut.

Natürlich gibt es auch beim Gemüseanbau regionale Unterschiede. So wurden dicke Bohnen (Saubohnen) vor allem in Württemberg angebaut. Die Bayern bevorzugten mehr das Sauerkraut sowie Weiß- und Stoppelrüben. Im nördlichen Deutschland schätzte und schätzt man dagegen den Grünkohl. Dem Spinat begegnete man mehr oder weniger mit Abneigung. Dagegen wurde das Sauerkraut auf dem deutschen Speisezettel zum Liebling unserer Küchen. Es wurde vom Ausland aus als deutsche Nationalspeise angesehen, was uns im englischen Sprachgebrauch den Spitznamen „The krauts" einbrachte.

Der feldmäßige Gemüseanbau im großen Stil begann erst in der zweiten Hälfte

des 19. Jahrhunderts. Durch die Verstädterung nahm die häusliche Eigenproduktion immer mehr ab. Trotzdem hielten die Industriearbeiter an ihren Schrebergärten soweit wie möglich fest. Noch heute verfügt ca. die Hälfte der deutschen Bevölkerung über einen eigenen oder gepachteten Garten und verbringt dort auch ihre Freizeit.
Das Gemüse dient hauptsächlich als Beilage zu Fleischspeisen.
Wir unterscheiden hier in Wurzel- und Knollengemüse. Dazu zählen z. B. die Kartoffeln, Schwarzwurzeln, Steckrüben, gelbe und rote Rüben, der Rettich, der Meerrettich und der Sellerie.
Zu den Blattgemüsen zählen fast alle Kohl- und alle Spinatarten. Unter Sprossengemüse verstehen wir Spargel und Hopfen. Bei den Blütengemüsen unterscheiden wir zwischen dem Blumenkohl und Broccoli.
Unter Fruchtgemüse verstehen wir grüne Bohnen und Erbsen, Gurken und Kürbisse sowie Tomaten. Das Gemüse hat einen hohen Wasseranteil, der bis auf 93% steigt, es hat wenig Kalorien und ist daher wenig sättigend. Frisches Gemüse steht uns heute das ganze Jahr zur Verfügung. Für bestimmte Vitamine und Mineralstoffe sind Gemüse die wichtigsten Quellen. Nicht vergessen dürfen wir die wichtigen Ballaststoffe. Die Zeiten, als Gemüse in Mieten bzw. Erdgruben für den Winter eingelagert wurden, gehören der Vergangenheit an. Das Gemüse wird heute tiefgefroren frei Haus angeliefert.
Trotzdem lassen es sich eingefleischte Hausgärtner nicht nehmen, auch heute noch ihr Sauerkraut selbst einzuschneiden, ihre Zwiebeln in Zöpfe geflochten an der Hauswand zu trocknen oder ihre gelbe Rüben bzw. schwarze Rettiche in Sand eingeschlagen im Keller einzulagern.

Gärtnerlatein:
Isch 's Gmüas guat grota, no hoißt's: Älles onser oigens Gwächs.
Isch abr vrgrota, no hoißt's: So hot's dr Herrgott wachsa lau.

Tip:

- Das zum Dämpfen vorgesehene Gemüse sollten Sie in gleichgroße Stücke schneiden.
- Gemüse gründlich waschen, da sich die Schadstoffe überwiegend auf der Oberfläche angesammelt haben. Nicht ins Wasser legen, sonst laugt das Gemüse aus.
- Gemüse aus der Freilanderzeugung hat mehr Geschmack, mehr Inhaltsstoffe und ist meistens auch noch billiger.
- Gemüse mit wenig Wasser dünsten. Es sollte auf jeden Fall noch bißfest sein. Wer mal vegetarisch essen will, darf ausnahmsweise auch mal „a Sößle“ dazu machen, damit die Kartoffeln besser rutschen.
- In Kühlschränken gelagertes Gemüse trocknet schnell aus. Am besten in Folie packen.
- Wer Gemüse aus seinem Garten einfrieren will, sollte es zuvor 2–3 Minuten blanchieren und danach kalt abschrecken.
- Die Blätter des Kohlrabi können Sie zubereiten wie Spinat.
- Wenn Sie Kohl kochen, immer etwas Kümmel beigeben. Das vermindert die blähende Wirkung.
- Lauch ist reich an Kalzium und Vitaminen. Er fördert den Aufbau und die Regulierung der Galle, regt die Verdauungsdrüsen an und bekämpft noch die gefährlichen Darmbakterien.
- Gelbe Rüben bekämpfen Wurmbefall im Darm, Blutarmut, Durchfall und Wachstumsstörungen.
- Blumenkohl ist leicht verdaulich und wirkt harntreibend.
- Zwiebeln enthalten ein natürliches Antibiotikum. Wer eine halbe Zwiebel am Tag ißt, erkrankt seltener an Krebs.
- Die Bundesforschungsanstalt hat ermittelt, daß, wer regelmäßig Gemüse ißt, senkt die Anfälligkeit von Krebserkrankung um 50%.

Gelbe Rüben (Karotten)

Zutaten:
750 g gelbe Rüben,
ca. $^{1}/_{2}$ l Wasser, Salz und Zucker,
40 g Butter,
Rahm nach Bedarf,
$^{1}/_{4}$ l Buttersoße.

Zubereitung: Die gelben Rüben leicht schälen. Butter in einer Kasserolle zergehen lassen, die in dicke Scheiben bzw. Stifte geschnittenen gelben Rüben zugeben, Wasser zuschütten, würzen und ca. 35 Minuten köcheln lassen. Aus dem Gemüsefond, Butter und Mehl eine Buttersoße bereiten und die gelben Rüben unterziehen und nochmals einige Minuten köcheln lassen. Abschmecken und mit Rahm verfeinern.
Vor dem Servieren mit Peterling bestreuen.
Variante: Junge gelbe Rüben nicht schälen, nur abbürsten. Das Kraut und die Wurzelfasern abtrennen. Butter im Topf zergehen lassen, gelbe Rüben und $^{1}/_{2}$ Tasse Wasser zugeben und gar dünsten. Mit 1 Prise Zucker und etwas Salz abschmecken.
Tip:
Der ideale Partner für das Gelbe Rüben-Gemüse sind Erbsen. Beide lieben es, mit etwas Zucker gewürzt zu werden.

Die gelben Rüben zählen heute weltweit zu den beliebtesten Gemüsearten. Pro Kopf essen wir in Deutschland fast 10 Pfd. Bekannt sind sie auch unter dem Namen Möhren, Mohrrüben, Wurzeln, Rübli, Goldrüben und Gelbwurzel.
Ab Mitte Mai gibt es aus deutschen Landen die jungen zarten Rübchen, die so gut auch aus der Hand zu essen sind.

Ende des 18. Jahrhunderts wurde das Rübenkraut nach einigen Mißernten bei der ärmeren Bevölkerung ähnlich wie Spinat zubereitet.
Die erste Beschreibung über Möhren findet sich bei Albertus Magnus im 13. Jahrhundert, Hieronymus Bock (1546) bezeichnete sie als gelbe Rübe, wie sie bei uns heute noch heißen.
Unsere heutigen orangefarbenen stark carotinhaltigen Möhren sind Ende des 17. Jahrhunderts erstmals in den Niederlanden aufgetaucht. Aber auch die alten Griechen (4. Jahrhundert v. Chr.) kannten schon den Anbau dieser geschätzten Wurzel.

Erbsen

Zutaten:
2 kg Erbsenschoten,
ca. 2 l Wasser, Salz,
1 TL Zucker,
60–70 g Butter,
Peterling.

Zubereitung: Die Erbsen aus den Hülsen lösen. Das gesalzene Wasser aufkochen und die Erbsen zugeben. Sie werden je nach Größe und Qualität ca. 20 Minuten gekocht.
In einem Topf die Butter zergehen lassen, die Erbsen zugeben, mit Salz und Zucker würzen, etwas gehackten Peterling zugeben, gut durchschwenken und sofort servieren.
Tip:
- Frische Erbsen sind eine Selten- und Köstlichkeit, da die Erntezeit recht kurz ist. Schmecken gut in Verbindung mit gelben Rüben.

- Gut schmeckt auch, wenn Sie statt Peterling in Streifen geschnittenen Kopfsalat kurz mitdünsten und eventuell mit feinen Schinkenstreifen bestreuen.
- Erbsen gibt es in Dosen oder Gläsern eingemacht das ganze Jahr über. Trockenerbsen eignen sich gut für Suppen, Eintöpfe oder Erbsenbrei.
- Trockenerbsen nicht zu lange lagern, sie werden beim Kochen sonst sehr weich.
- Erbsenbrei: Trockenerbsen über Nacht einweichen und im Einweichwasser mit einer Speckschwarte ca. $1-1\frac{1}{2}$ Std. weichkochen. Die Erbsen durch ein Sieb streichen oder mit dem Mixer pürieren. Mit einer hellbraunen Mehlschwitze abbinden und kurz aufkochen.

Es schmeckt gut zu Schlachtplatte, aber auch zu Schinken- und Rauchfleischgerichten.
Durch das Pürieren der Erbsen verlieren sie ihre lästigen Bläheigenschaften.

Alte Klosterregel:
Die Erbsen mit den Schalen
machen dem Darme Qualen!
Wenn man sie aber schälen tut,
so sind sie ziemlich gut!

Erbsen zählten mit zu den Grundnahrungsmitteln schon bei den ältesten Ackerbauern in Mitteleuropa. Die ältesten Funde stammen aus dem Vorderen Orient und dem östlichen Griechenland (7800 u. 5300 v. Chr.).

Durch den italienischen Kardinal Mazarin und sein Gefolge kamen die Erbsen im 17. Jahrhundert zum französischen Hof. Ludwig XIV. der Sonnenkönig, war ganz verliebt in die grünen „Broggala“, wie die Erbsen bei uns heißen, so daß er einen Teil des Louvre-Parks in einen Erbsengarten umfunktionierte. Und bald waren die „petit pois“, wie sie in Frankreich heißen, in ganz Europa der große Hit.
Und sie munden nicht nur gut, sondern sind auch noch reich an Eiweiß, Stärke, Vitaminen, Mineral- und Ballaststoffen.
Angeboten werden gelbe und grüne Erbsensorten mit unterschiedlichen Kocheigenschaften.
Die Erbsen werden geschliffen, poliert und glasiert vermarktet. Die halben oder gebrochenen Erbsen werden als Splittererbsen bei gleichem Nährwert preiswerter angeboten. Durch den o.g. Vorgang sind sie leichter verdaulich, werden schneller weich, haben aber den Großteil der Ballaststoffe eingebüßt.

Aus dem Volksmund:
Kender betet,
dr Vattr got zom Schtehla.
Und gestohlen wurde von der armen Bevölkerung was der liebe Gott grad so wachsen ließ.
Den Kindern wurde eingetrichtert:
Guck do nom,
guck det nom,

bis dr Bauer en d' Schefa (Erbsen) kommt.
Wenn 'r kommt,
hau ab, hau ab!
Wenn 'r net kommt,
so brock, brock, brock!

- *Ond Erbsa hots huier gä, mai wia Doraschlaia.*
- *Bevor 'e des dua, freß e liabr Erbsa mit Haberschtroh.*
- *Em Sommer Schneeschaufla ond em Wenter Erbsabeiga, isch a leichta Arbet.*

Sauerkraut

Zutaten:
1 kg Sauerkraut,
ca. 60 g Schmalz oder Butterfett, 1 Zwiebel,
1–2 Kartoffeln,
1 Apfel, Wachholderbeeren nach Belieben,
Pfeffer, Kümmel, einen guten Schuß Weißwein oder Most.

Zubereitung: Die geschnittene Zwiebel im Fett andämpfen, das aufgelockerte Sauerkraut dazugeben und mit Wasser auffüllen, so daß das Kraut bedeckt ist. Gewürze, den geviertelten Apfel zugeben und $1^{1}/_{2}$–2 Std. kochen lassen. Die Kartoffeln schälen, reiben und dem Kraut zur Bindung untermengen.

Tip:

- Besonders gut schmeckt das Sauerkraut, wenn Sie ein Stück Kesselfleisch (Schweinebauch) mitkochen.
- Kenner der Materie behaupten, das Kraut schmeckt erst gut, wenn es mindestens dreimal aufgewärmt wurde.
- Zum Abbinden des Krauts statt geriebener roher Kartoffel einfach in einer Pfanne aus Fett und Mehl eine Mehlschwitze fertigen und unter das Kraut mischen.

– Schmeckt besser, wenn sie einen Löffel Honig mitkochen.

Das Kraut zählt seit Jahrhunderten zu den Grundnahrungsmitteln der ärmeren Bevölkerung.
Bei den besseren Herrschaften kam es höchstens als „Champagnerkraut“ auf den Tisch. Denn „Le petit Differenz“ als der kleine Unterschied, sollte schon gewahrt bleiben.
Aber wie es nun auch gewesen sein mag, Ludwig Uhland lobte es in seinem Metzelsuppenlied über den „Schellenkönig“.

Auch unser edles Sauerkraut,
Wir sollen's nicht vergessen;
Ein Deutscher hat's zuerst gebaut,
Drum ist's ein deutsches Essen.
Wenn solch ein Fleischchen weiß und mild
Im Kraute liegt, das ist ein Bild
Wie Venus in den Rosen.

Und damit jeder Bürger sein tägliches Kraut abbekam, richteten Städte und Gemeinden am Ortsrand „Krautgärten“ ein.

Besonders geschätzt wird im Ländle das Spitzkraut von den Fildern. Infolge der Abhängigkeit von der Krautindustrie verschwindet es immer mehr vom Markt, da die Industrie Rundkraut bevorzugt.
Man schätzt, daß nur noch 10% des so schmackhaften, zarteren und weißen Filderkrautes angebaut wird. Was waren das noch Zeiten, als ganze Kolonnen von Pferdefuhrwerken über die Alb bis nach Ulm zogen und dort das hochgeschätzte Filderkraut zum Verkauf anboten.

Filderkraut, Filderkraut!
Leit, kaufat Filderkraut!
's Geschäft, des wird jo äll Dag mender,
ond's isch doch ganz gwiß
nix gsender als des Kraut,
des ghert ens Haus, des butzt eich aus.
Glei de Kender sott mers gä,
henner scho de onsre gsäh?
Dia send anderscht, dicke Wergel,
koine so wia eire Dergel!
Deshalb dent, was i eich sag,
essat dreimol Kraut am Dag.

Eine Großfamilie machte früher für den Winter bis zu 100 Krautköpfe ein. So zogen im Herbst sogenannte „Krautweiber“, bewaffnet mit einem großen Krauthobel, von Hof zu Hof und von Haus zu Haus, um das Kraut einzuhobeln.

Und das Kraut schmeckt nicht nur gut, sondern ist dazu auch noch sehr gesund.
Schon die alten Griechen setzten den Krautsamen als Heilmittel ein. So fördert das Kraut die Reinigung des Körpers von innen. Als Pflaster aufgelegt, hilft es gegen Wunden, Gliederschmerzen und Geschwüre.
Auf der Alb wird es vereinzelt in der Volksmedizin heute noch eingesetzt.
James Cook (1728–1779) nahm schon Sauerkraut mit auf seine Reisen, um sich und seine Leute vor Skorbut zu schützen.

Volksmund: 's Kraut isch heit guat, hot sell Magd gsait ond da Schpeck gessa.

Blaukraut

Zutaten:
Ein mittelgroßer Kopf Blaukraut,
ca. 80–100 g Schmalz bzw. Butterfett,
1 Zwiebel, 1–2 Äpfel,
Salz und Pfeffer,
Zucker und Essig,
Lorbeer und Nelken,
Johannisbeergelee,
Rotwein.

Zubereitung: Dem Blaukraut die äußeren Blätter entfernen. Den Kopf vierteln und den Strunk herausschneiden. Danach fein einhobeln und mit den Gewürzen marinieren.
In einer Kasserolle das Fett auslassen und die feinen Zwiebeln darin anschwenken. Vom Herd nehmen und das Kraut einlegen. Wasser zugeben, so daß das Kraut bedeckt ist. Die geviertelten Äpfel zugeben, das Kraut aufkochen und ca. 1½–2 Std. köcheln lassen.

Zum Schluß mit dem Johannisbeergelee und einem Schuß Rotwein abschmecken. Nach Belieben mit Kartoffelmehl abbinden.
Als Beilage zu Ente und Gans, aber auch zu Schmorbraten und Wild reichen.

Tip:
Ganz zum Schluß eine Prise Zimt zugeben.

Unser Blaukraut heißt im Norden Rotkohl, wobei sich über die Farbwahl wohl streiten ließe.
Die Blaukrautköpfe sind meistens kleiner und fester als die Weißkrautköpfe, wie z. B. von den Fildern.
Blaukraut hat sich bei uns als einziges süß ausgerichtetes Gemüse behauptet. So darf bei der Zubereitung nie ein Apfel, Johannisbeergelee und ein Schuß Rotwein fehlen.
Das Kraut gehört zu den Gemüsepflanzen mit weltwirtschaftlicher Bedeutung und steht mit 34–35 Mill. Tonnen jährlich an erster Stelle. Davon fällt fast die Hälfte auf Asien. In den Alpen wachsen Blattkohlarten bis 2000 m Höhe und mehr. Die erste Nennung von Kohl stammt aus dem klassischen Altertum des Mittelmeergebietes. Cato (235 v. Chr.) bezeichnet den Kohl als das allerbeste Gemüse. Der Kohl spielte bei den Römern eine sehr wichtige Rolle. In Deutschland wird es erstmals im Mittelalter zwischen dem 9. und 15. Jahrhundert erwähnt und fehlte bald in keinem Gemüsegarten.

Wirsing

Zutaten:
ca. 1 kg Wirsing,
Wasser nach Bedarf,
Salz und Muskat,
1 Zwiebel,
100 g Bauchspeck,
1 EL Butterfett,
1–2 EL Mehl.

Zubereitung: Dem Wirsingkopf die äußeren harten Blätter entfernen, vierteln und den Strunk herausschneiden. Danach gut waschen. Im Salzwasser garkochen und durch den Wolf drehen. In einem Topf das Fett erhitzen, die Zwiebel- und Speckwürfel anschwitzen und das Mehl unterrühren.
Den Wirsing dazugeben, aufkochen lassen und würzig abschmecken. Nach Bedarf etwas Gemüsefond zugeben.

Variante: Den Wirsing kochen, grob schneiden und in Butterfett andämpfen. Eventuell mit angerösteten Zwiebel- und Speckwürfeln abschmelzen.

Schon in der keltischen Sprache gab es drei Wortstämme für Kohl: kol oder kal, bresic und kap. Für Griechenland ist der Anbau von zwei Kulturformen des Kohls sowie die Nutzung des dort vorkommenden Wildkohls durch die Beschreibung des Theophrastos für das 4. Jahrhundert v. Chr. belegt.

Rosenkohl

Zutaten:
750 g Rosenkohl, Wasser, Salz und Muskat, 50 g Butterfett, 1–2 EL Mehl.

Zubereitung: Den Rosenkohl putzen, am Strunk leicht kreuzweise einschneiden und in Salzwasser ca. 20–25 Minuten garen. Obwohl er im Wasser gekocht schöner aussieht, verliert er in Dampf gegart nicht so viele Nährstoffe. Der Rosenkohl sollte bißfest gegart werden.
Aus dem Butterfett, Mehl und dem Gemüsefond eine Buttersoße herstellen und die Röschen untermengen.
Variante: Den Rosenkohl im Dämpfer garen und in Speck- und Zwiebelwürfeln andämpfen.

In schlechten Zeiten wurde der Strunk auch mitverwendet. Dabei wurde die harte Schale abgeschält, der Strunk in Stifte geschnitten und mit den Röschen gekocht.
Der Rosenkohl ist ein winterhartes Gemüse, das man im Garten stehen läßt und nach Bedarf verbraucht. Der Frost verfeinert sogar seinen Geschmack, da sich die Stärke in Zucker umwandelt.
Der Rosenkohl steht in der großen Kohlfamilie im Verbrauch nach dem Grünkohl an letzter Stelle.
Zudem ist er auch der jüngste Sproß im Kohl-Clan.
Er erschien erstmals im Jahre 1785 in Belgien unter der Bezeichnung „Brüsseler Kohl“ und „Brussels sprouts“ heißt er heute noch in der englischen Küche.
Der wilde Kohl hat sein Hauptverbreitungsgebiet im Mittelmeerraum, er findet sich aber auch an den Küsten des Atlantischen Ozeans bis in den Kanal und Helgoland.

Blumenkohl

Zutaten:
1 kg Blumenkohl, ca. 3 l Wasser, Salz, 1/2 Zitrone, Mehl und Butter für die Buttersoße, etwas Rahm.

Zubereitung: Dem Blumenkohl die Blätter abtrennen und ca. 10 Minuten in Salz- oder Essigwasser legen, damit ja keine Raupe darin bleibt. Den Blumenkohl danach ins kochende Wasser geben, salzen und mit der halben Zitrone ca. 10 Minuten leicht köcheln lassen. Danach am Herdrand nachziehen lassen.
Aus dem Mehl, Butterfett und dem Gemüsefond eine weiße Buttersoße bereiten und mit Rahm verfeinern.
Beilage: Salzkartoffeln und Kalbsschnitzel.

Tip:

- Dem Blumenkohl gleich vor dem Kochen die Röschen abtrennen und ohne Strunk kochen.
- Die Blumenkohlröschen nach Möglichkeit nicht länger als 5–7 Minuten kochen, denn danach entwickelt sich der ungeliebte Kohlgeruch, haben Wissenschaftler in den USA herausgefunden.
- Der Blumenkohl zählt neben dem Spargel mit zu den edlen Gemüsen in unserer Küche, ist er doch von den Kohlsorten der verträglichste und geschmacklich feinste.
- Gartenfreunde: Der Blumenkohl bleibt besonders schön weiß, wenn man die Köpfe einige Zeit vor der Ernte oben zusammenbindet. Wobei die Farbe, sei er nun mehr gelblich, keine Auswirkung auf Geschmack und Qualität hat.

Variante: Die gekochten Röschen in Pfannkuchenteig tauchen und im Fett herausbacken.

– Die gekochten Röschen in Butter vorsichtig anschwenken und mit angebräunten Semmelbröseln abschmelzen.
– Den Blumenkohl in eine gefettete Kasserolle setzen, mit der Buttersoße übergießen, mit geriebenem Käse und Semmelbrösel bestreuen und im Ofen überbacken.

Der Blumenkohl stammt vermutlich aus Südgriechenland. Die Genuesen waren die ersten, die ihn um 1490 nach Italien brachten. Von dort gelangte er nach Frankreich, Belgien (früher Flandern) und dann zum Schluß um 1580 nach Deutschland, wo er besonders in Ulm kultiviert wurde.
In der Zwischenzeit hat er die ganze Welt erobert.

Kohlrabi

Zutaten:
ca. 500 g Kohlrabi,
30–40 g Butterfett,
ca. 40–50 g Mehl,
1/2 l Gemüsebrühe,
Rahm nach Belieben,
Salz.

Zubereitung: Die Kohlrabi schälen, in Scheiben oder Stifte schneiden. Im Salzwasser ca. 20–25 Minuten knackig garen. Aus dem Fett, Mehl und dem Gemüsefond eine weiße Soße bereiten und die Kohlrabischeiben unterziehen. Abschmecken und mit Rahm verfeinern.

Tip:
– Die Herzblätter der Kohlrabi in Streifen schneiden, kurz mitgaren und unter das Gemüse mengen.

– Am Stück kochen und dann in Scheiben schneiden. Schmeckt besser und Sie finden die holzigen Stellen besser.
– Am besten nur die jungen Kohlrabi verwenden, da sie noch nicht holzig sind. Sie können auch roh als Zwischenmahlzeit gegessen werden.

Variante: Die zerkleinerten Kohlrabi in etwas Butter und Brühe weich dämpfen. Vor dem Servieren noch mit Rahm verfeinern und mit Peterling bestreuen.

Im Ulmer Gemüsegärtner wurden schon 1856 der „Ulmer blaue und weiße Kohlrabi" aufgeführt.
Beim Kohlrabi ist die Auslese durch den Menschen in Richtung auf eine Verdickung des Stengels erfolgt.
In diesen stark geschwollenen Zellen werden die Nährstoffe gespeichert.
In den Verzeichnissen von Karl d. Großen um 800, der hl. Hildegard (1098–1179) und Albertus Magnus (1200–1280) wurde der Kohl u.a. caulis und kappus genannt. Das bedeutet beblätterter Stengelkohl, Kohlrabi und Kopfkohl.
Schon Plinius berichtete von den Verdickungen des Kohlstammes zwischen den Blättern beim Pompejaner Kohl. Seit dem 16. Jahrhundert ist Kohlrabi auch bei uns in mehreren Kräuterbüchern abgebildet.
Kohlrabi wird fast nur im deutschen Sprachraum angebaut und gegessen.

Schwarzwurzeln

Zutaten:
1 kg Schwarzwurzeln,
3 – 4 l Wasser, Salz,
ca. 50 g Butterfett,
ca. 60 g Mehl,
Gemüsefond, 1 Eigelb,
2 EL Rahm.

Zubereitung: Die Schwarzwurzeln mit dem Sparschäler schälen und in Essigwasser legen, damit sie nicht dunkel einfärben. In ca. 5 cm lange Stücke schneiden und in Salzwasser ca. 35 – 40 Minuten köcheln lassen. Aus dem Gemüsefond, dem Fett und dem Mehl eine helle Buttersoße bereiten und das Gemüse beigeben.
Vor dem Servieren mit Eigelb und dem Rahm legieren.
Beilage: Salzkartoffeln, und weil heute Spartag ist, gibt's kein Fleisch dazu.

Variante: Die gekochten Schwarzwurzelstücke in Pfannkuchen- bzw. Bierteig tauchen und im Fett herausbacken.
Beilage: Salate

Tip:
- Beim Schwarzwurzelschälen Handschuhe anziehen, damit die Hände sich nicht dunkel färben.
- Die Wurzeln statt in Essigwasser in Buttermilch legen.
- Einjährige Wurzeln sind feiner im Geschmack, dafür aber nicht so ergiebig.
- Statt die Wurzeln zu schälen, in Essigwasser ca. 20 – 25 Minuten gar kochen. Danach können Sie die Haut bequem abziehen.

Die Schwarzwurzeln heißen im Volksmund auch Winter- oder Armeleutespargel, sind aber kräftiger im Geschmack und nährstoffreicher als dieselben. Ihren Namen hat diese unter Kennern geschätzte „Schwarzwurzel“ von ihrem schwarz gefärbten Äußeren. Dafür ist sie innen weiß und enthält einen weißen milchigen Saft, der sich, kommt er an die Finger, sofort dunkel färbt. Im Boden werden die Wurzeln bis zu 30 cm lang und 3–4 cm dick.
Im Herbst werden sie geerntet, und da sie frosthart sind, können sie bequem für den Winter eingelagert werden. Durch die aufwendige Zubereitung ist sie „fast“ von unserem Küchenzettel verschwunden.
Die erste Aufzeichnung dieser so schwarzen Küchenwurz stammt von Pietro Andrea Mattioli aus Sienna (1500–1577).
Die wildwachsende Schwarzwurzel wurde im Mittelalter gegen Schlangenbiß, Herzkrankheiten und Schwindelanfälle eingesetzt. Ab 1770 war sie dann auch bei uns in ganz Deutschland bekannt. Ein also noch recht junges Gemüse.
Die heutigen Anbaugebiete liegen in Süd- und Südosteuropa.

Gurkengemüse

Zutaten:
1–2 Gurken je nach Bedarf, Brennsoße (siehe bei Soßen), 2 EL Sauerrahm.

Zubereitung: Die Gurke schälen, längs halbieren, das Kerngehäuse entfernen und in Scheiben, Würfel oder Stifte schneiden.
In die Brennsoße geben und weich kochen, so daß sie noch Biß haben. Das Gurkengemüse eignet sich bestens in der Kombination zu Spätzle oder Kartoffelschnitzen.
Variante: Man kann die zerkleinerten Gurken auch in Butter zusammen mit Speck- und Zwiebelwürfel und gehacktem Peterling andämpfen. Dann 1 EL Mehl, 2 EL Wasser, 2 EL Rahm anrühren und dem Gemüse beigeben und etwas köcheln lassen, mit Salz, Pfeffer und nach Belieben mit einem Schuß Essig abschmecken. Regional verschieden wird statt Rahm, Buttermilch verwendet. Weitere Informationen siehe bei Gurkensalat.

Spinat

Zutaten:
1 kg Spinat, Wasser, 30–40 g Butter, 1–2 EL Mehl, Milch nach Bedarf, 1 Zwiebel, Salz und Muskat.

Zubereitung: Den verlesenen, gut gewaschenen Spinat ins Wasser geben und kurz kochen lassen. Abschütten, etwas ausdrücken und fein hacken oder durch den Wolf drehen. Die feinen Zwiebelwürfel in Butter andämpfen, das Mehl zugeben, mit Milch oder Gemüsefond ablöschen und aufkochen. Den Spinat unterrühren, würzen und abschmecken.
Beilage: Salzkartoffeln und Spiegeleier.

Variante: Die rohen Spinatblätter können auch in Butter und etwas Brühe weichgedünstet werden.

Die früheste Nennung von Spinat als spinchia findet sich bei Albertus Magnus (1200–1280), dem Dominikanermönch und bedeutenden Pflanzenkenner des Mittelalters.
Adam Lonicerus bezeichnet den Spinat in seiner Naturalia Historia (Frankfurt 1551) als „Arabibus Hispanach et Hispancum olus" (arabisch-spanisches Gemüse). Daraus läßt sich schließen, daß der Spinat im 16. Jahrhundert in Deutschland allgemein als Gemüsepflanze angebaut wurde und durch die Araber nach Spanien und später zu uns kam. Allerdings gab es auch Hinweise, daß der Spinat zwischen dem 7. und 10. Jahrhundert von China auf dem Weg über Persien und den Mauren nach Spanien fand.
Wo's no emmer herkommt, des Zuigs. Als Kend han 'e oft denkt, gang au na, wo dr Pfeffer wächst, wenn's wiedr Spinat gäba hot. Ond aus där Ecke kommt 'r jo au. Aber weil er eisenhaltig ist, und davon hat er doppelt so viel wie z. B. andere eisenhaltige Gemüse, wie Schwarzwurzel, Mangold und Ackersalat, wurde er zum Pflichtprogramm für alle Kinder.

Mangoldgemüse

Zutaten:
750 g Mangold,
Wasser, ca. 40 g Butter,
ca. 1 EL Mehl, etwas
Rahm, Salz und
Muskat.

Zubereitung: Den Mangold gründlich waschen, Stiele und Blätter trennen. Das Blattgrün in feine Streifen, die Stengel in 3–4 cm lange Stücke schneiden.
Die Butter in einem Topf erhitzen, die Stengel dazugeben, mit Mehl bestäuben, etwas Brühe dazugeben und ca. 5 Minuten dünsten. Dann erst die Blattstreifen zugeben und noch ca. 3 Minuten mitgaren. Abschmecken, mit Rahm verfeinern und servieren.

Variante I: Knackig gekochte Mangoldstiele auf eine feuerfeste Platte legen, mit Butter übergießen, mit Käse bestreuen und sofort servieren oder kurz im Ofen überbacken.
Das Blattgrün aufbereiten wie Blattspinat.

Variante II: Die Stiele in Stücke schneiden, in einer Kasserolle Butter zergehen lassen, Speck- und Zwiebelwürfel andämpfen, die Stiele zugeben, Tomatenwürfel untermengen und mitdünsten. Zum Schluß die Blattstreifen zugeben und ca. 3 Minuten mitgaren.
Nach Belieben etwas Knoblauch und einen Schuß Wein zugeben. Ein herrliches Gemüse zu Salzkartoffeln, aber auch zu Teigwaren.

Mangold wird im Ulmer Gemüsegärtner von 1865 auch unter Beißkohl, Rippenmangold, Silberbote und Brasilianische Bete geführt. Früher wurde er auch noch wie Spargel geschält, zubereitet und als Gemüse und Salat serviert. Heute werden noch drei Sorten angeboten, sei er nun grün- oder gelbblättrig. Mangold ist gegen Kälte unempfindlich und kann unter einer Schneedecke im Freien überwintern. Aufzeichnungen vom „Weißen Mangold und Rotrüben" stammen von 1543. Daraus geht hervor, daß Mangold jedenfalls im 16. Jahrhundert für Blatt- und Rippennutzung sehr gebräuchlich war.
Als jedoch der Spinat in Mode kam, ein naher Verwandter übrigens, wurde der Mangold immer mehr in den Hintergrund gedrängt, bis er zu Beginn unseres Jahrhunderts ganz in Vergessenheit geriet.
Nicht so in Italien und Frankreich, wo dieses unkomplizierte Gemüse wohl geschätzt wird und von dort den Weg zurück in unsere Gemüsetöpfe fand.
Die zweijährige Gemüsepflanze gehört, wie die rote Rübe, zur selben Familie. Und gesund soll er sein.
Der Mangold ersetzt eine halbe Apotheke sagt man in Italien.
In der Volksmedizin gilt er als sanftes Mittel gegen Magenbeschwerden und gegen Nervosität.
Da kann man nur noch sagen: Probieren geht über studieren.

Braunes Bohnengemüse

Zutaten:
500 g Schnittbohnen, Wasser, Salz, Bohnenkraut, 50 g Fett, 2 EL Mehl, Brühe oder Wasser nach Bedarf, 1 gespickte Zwiebel, Pfeffer, Essig und 1 Prise Zucker.

Zubereitung: Die in längliche Streifen geschnittenen Bohnen in Salzwasser bißfest kochen, abschütten und mit kaltem Wasser abbrausen. Das Fett in einer Kasserolle auslassen, das Mehl zugeben und braun anschwitzen. Mit Gemüsebrühe oder Wasser auffüllen, die Zwiebel zugeben und ca. 20 Minuten köcheln lassen. Mit Essig, Pfeffer und Salz und 1 Prise Zucker würzen und kräftig abschmecken. Mit den abgekochten Bohnen vermengen und noch einige Minuten mitköcheln.
Beilage: Dampfnudeln, Hefeknöpf, Spätzle.
Zählt neben den Linsen mit zu den Lieblingsgerichten im Ländle. Do hoißt's dann au: „*Wenn no mei Buckl au no a Bauch wär.*"
Variante I: Die knackig gegarten Bohnen in Butter und feinen Zwiebeln andämpfen. Ein Muß zu Lammbraten.
Variante II: Oder über Nacht weiße Bohnenkerne einweichen. In Salzwasser garen. In die Brennsoße geben, säuerlich abschmecken und mit angerösteten Speckwürfeln abschmelzen.
Tip:
- Bohnen nur gekocht essen.
- Grüne Bohnen sofort nach der Ernte oder Einkauf verwenden, da sie schnell verderben.
- Beim Kochen mit Salz nicht sparen.
- Die Bohnen nicht brechen, sondern längsseits halbieren. Besonders dicke Bohnen eventuell in mehrere lange Streifen schneiden.

- Die Bohnen ca. 10–15 Minuten in Salzwasser knackig kochen. Weiche Bohnen schmecken grausig.
- Je dunkler die Bohne, um so herzhafter ist ihr Geschmack.

Die Bohnen waren früher auch unter dem Namen Fitzebohnen oder Fisolen bekannt.
Am meisten angebaut werden bei uns die Stangenbohnen mit 39 und Buschbohnen mit 57 Sorten. Noch vor 1940 mußten fast alle Bohnen noch entfädelt werden. Heute sind sie nahezu fadenfrei, bis auf wenige Sorten der Feuerbohne. Dafür haben die alten Sorten bessere Geschmacksqualitäten.
Die Feuerbohnen lassen sich nur im jungen Zustand als grüne Schnitt- oder Schnippelbohnen verwenden. Später wird ihre Innenschicht pergamentartig hart. Gezogen wird die Feuerbohne bei uns und in Amerka, ihrem Ursprungsland, nur in privaten Gärten.
Nach Martens (1860) findet sich die erste Erwähnung der Feuerbohne aus dem Jahre 1635 als Neuigkeit aus Amerika. In Paris flochten die Damen aus den roten Blüten Kränze und Blumensträuße. Also wie bei den Tomaten beeindruckte zuerst mal die Blütenpracht die Menschen in Europa.
Nachdem sie aber den Weg in unsere Kochtöpfe gefunden hatte, erkannte man schnell ihren Wert, und bald spielte sie bei der Ernährung in der Marine und im Heer eine Hauptrolle.

Leider ist die Nahrhaftigkeit mit einem Grad Schwerverdaulichkeit verbunden.
So blieb sie lange Zeit den ärmeren Schichten vorbehalten.
Ein Franzose nannte die große Bohne spaßeshalber „le piano du pauvre“ (Das Klavier der Armen).
Sie wissen ja: Jedes Böhnchen gibt ein Tönchen.

Linsen

Zutaten:
250 g Linsen,
1 l Wasser bzw. Brühe,
2 kleine Zwiebeln,
Salz, Pfeffer, Lorbeerblatt und Nelke, 1 TL Tomatenmark, Essig, Rotwein nach Belieben, Butterfett,
100 g Speckwürfel,
1 EL Mehl.

Zubereitung: Die abgebrausten Linsen mit der angegebenen Flüssigkeit zusetzen. Würzen, eine mit Lorbeerblatt und Nelke gespickte Zwiebel beigeben und das Tomatenmark unterrühren und aufkochen.
In einer Pfanne die Speck- und Zwiebelwürfel andämpfen, das Mehl dazugeben, hellgelb anbräunen und abkühlen lassen.
Die Linsen je nach Größe und Alter ca. 30–50 Minuten köcheln lassen. Erst zum Schluß Essig und Rotwein zugeben. Eine Prise Zucker sollte nicht fehlen.
Mit der Mehlschwitze abbinden und nochmals würzig abschmecken. Beilage: Spätzle und Saitenwürstle.
An besonderen Festtagen können Sie auch einen geräuchten Schweinebauch mitkochen.
Im Dialekt heißen die Linsen „Leisa“, und weil bekanntlich nach dem Essen öfters Blähungen auftreten, sagt der Volksmund: *Leis eini, laut ausi.*

Tip:
- Kochen Sie kleine Linsen, denn wegen ihres höheren Schalenanteils sind sie herzhafter im Geschmack, denn in den Schalen sitzt das Aroma.
- Linsen brauchen Sie nicht einzuweichen. Wenn doch, versuchen Sie es doch mal mit Wein.

Volksmund: A großer Bauch kommt net alloi von kloine Lensa.
Aberglaube: Wer am Karfreitag Linsen ißt, dem geht das ganze Jahr das Geld nicht aus.
Oder: Wer am Karfreitag keine Linsen ißt, bekommt Geschwüre, und wer's glaubt, wird selig.
Linsen gelten als typische Berglandpflanzen. So gedieh sie besonders gut auf der Alb und im Schwarzwald, wo sie teilweise zusammen mit Gerste gemischt ausgesät, gedroschen und gemahlen wurde. Man sprach dann von „Linsengerst". Aus dem Mehl gewannen unsere Altvorderen ein schmackhaftes, etwas rauhes und schweres Brot. Sie diente aber auch beim Dinkel als Unterfrucht.
Der Linsenanbau ist in Deutschland inzwischen erloschen. Die heute angebotene Ware kommt aus dem Ausland. Und da gibt es ja die verschiedensten Sorten von braun, grün bis hin zu schwarz und rot. Die größte Auswahl fand ich in einem indischen Tante-Emma-Laden in Ulm.

Insgesamt gibt es 4 Größensortierungen: Riesen-, Teller-, Mittel- und Zuckerlinsen (kleine Sorte). Gelbe Linsen sind geschält, kochen breiig und erzeugen wegen der fehlenden Samenschale weniger Blähungen. Die roten Linsen kommen bevorzugt aus Indien und der Türkei, sind ebenfalls geschält und eignen sich gut für Pürees und cremige Suppen.

Und gesund sind sie auch, die „Magenschmeichler" der Schwaben. Ernährungsphysiologisch bedeutsam ist der hohe Ballaststoffgehalt, der besonders für unsere Darmtätigkeit sehr wichtig ist. Die Darmflöte weiß davon ein Lied zu singen.

Von den pflanzlichen Lebensmitteln haben die Hülsenfrüchte den höchsten Eiweißgehalt. Dafür haben sie so gut wie keinen Fettgehalt. Es empfiehlt sich daher bei Linsen ein Stück gerauchten Schweinebauch bzw. eine Rauchfleischschwarte mitzukochen.

Woher kommen aber die unangenehmen Blähungen? Nun, die Linsen, bei anderen Hülsenfrüchten ebenso, haben mit ihrer harten Schale hohe unverdauliche bzw. unerschließbare Anteile, die im Dickdarm vermehrt Gasentwicklung erzeugen. Nun wissen sie also, warum der Wind weht.

Die ältesten Linsenfunde stammen übrigens aus dem östlichen Mittelmeer, aus Ägypten und dem Orient, wo sie seit altersher eine große Rolle in der Ernährung spielten.

Salate

Noch bis zur Jahrhundertwende gehörte fast in jeden Haushalt ein Essigfaß, um selbst den Essig anzusetzen. Der Essig, sei er nun aus Wein oder Most hergestellt, war ein unverzichtbarer Bestandteil in der Küche unserer Urgroßmütter.
In Ermangelung von Kühlmöglichkeiten war er ein wichtiger Bestandteil der Beizen, um das Fleisch zu konservieren, aber auch für die vielen sauren Soßen und natürlich um den Salat zu würzen.
In Ermangelung von Öl wurde der grüne Salat früher nicht selten mit ausgelassenen Speckwürfeln angemacht.
Die Auswahl an Salaten war nicht besonders groß. Auf den Tisch kam, was die Jahreszeit und der Garten gerade zu bieten hatte. Weit verbreitet waren Kresse, Schnitt- und Kopfsalat, Endivie, Gurken und Rettiche. Der Rote-Rüben-Salat wurde bevorzugt zum Siedfleisch serviert.
Auf dem Lande wurde von den Kindern auch Salat auf Wiesen, Äckern und an Bächen gesammelt wie z.B. Löwenzahnblätter, Ackersalat, Sauerampfer oder Brunnenkresse
Salat heißt wörtlich übersetzt „Gesalzenes“ und ist im wesentlichen ein Gericht aus rohen oder gekochten Pflanzenteilen, das mit Salz, Essig und Öl angemacht ist. Die Erfindung geht wahrscheinlich bis ins 7. Jahrhundert v. Chr. zurück. Die Römer nannten eine Schüssel mit grünem Inhalt „Salgama“. Die späteren Italiener dann „Insalata“ oder „Salata“.

Im 16. Jahrhundert kam dieses knackige Gericht nach Frankreich, wo es seine große Karriere startete. Im Europa des 17.–18. Jahrhunderts waren allerdings noch relativ wenig Salatrezepte bekannt.
Ein Franzose, respektvoll „Comte de Salade“ genannt, entwickelte Ende des 18. Jahrhunderts phantasievolle Salatkompositionen. Der besagte Monsieur „Gaudet“ war auch Gast in Londons ersten Häusern und verblüffte den britischen Adel mit bis dahin völlig unbekannten Salatrezepturen. Das Ansehen dieses Salatdesigners, würde man heute sagen, zahlte sich in klingender Münze aus, so daß er mit Kutsche und Diener von Diner zu Diner zog.
Aber auch in Frankreich selbst waren die Salatmischer hochgeschätzt und bekamen am französischen Hofe den Rang von Hofbeamten. Besonders gut gelungene Salatmischungen wurden sogar mit Orden belohnt.
Heute im Zeitalter des Fortschritts kauft die gestreßte Hausfrau, manchmal auch der Herr des Hauses, fertige Rohkostmischungen im Plastikbeutel, um sie dann eisgekühlt vom Kühlschrank mit einer Industriesoße anzumachen. Diese Kombination ist der Anfang vom Ende einer Eßkultur.
Schlimmer noch sind die fertigen Salate aus der Dose oder im Glas wie Sellerie oder gelbe Rüben. Also bitte keine Salatmischungen und Dosen mehr. Jeder Salat hat seinen Eigengeschmack und der sollte auch erhalten werden.
Zum Glück erfreut sich der Salat heute immer größerer Beliebtheit und wird in einer zunehmenden Vielfalt angeboten. Die rohen Salate haben einen erfrischenden Geschmack, sind gut verträglich, verdauungsfördernd und bedingt durch ihren geringen Kaloriengehalt zum Abnehmen bestens geeignet.
Ein altes Sprichwort sagt: Um Salat anzumachen, benötigt man vier Personen.

Einen Verschwender fürs Öl –
einen Geizhals für den Essig –
einen Weisen fürs Salz –
und einen Verrückten zum Anmachen.

Ein Grundrezept für eine Salatsoße besteht aus 1/2 TL Salz, 1 Prise Zucker, Pfeffer aus der Pfeffermühle, 1 TL Senf, 1 EL Essig und 3 EL Öl. – Salz, Pfeffer, Senf und Essig in die Salatschüssel geben und gut verrühren. Zum Schluß das Öl dazugeben.

Tip:

- Zarte Salate wie Kopfsalat oder Kresse erst kurz vor dem Servieren anmachen. Salate mit festen Blättern wie Löwenzahn und Ackersalat können früher angemacht werden, damit sie noch etwas durchziehen.
- Grüne Salate nie eiskalt aus dem Kühlschrank verwenden.
- Die Salatsoßen können natürlich individuell verschieden angemacht werden. Gerade bei den Salatsoßen zeigt sich wer einen besonders guten Gaumen hat. Neben dem Essig können Sie z.B. etwas Wein oder Zitronensaft beigeben.
- Neben dem Salz sollte eine Prise Zucker nie fehlen.
- Sie können Ihre Salatsoße auch mit einem Eigelb oder saurem Rahm anrühren.
- Verpönt ist bei den Küchenprofis die Flüssigwürze. Wer aber keinen Liebstöckel, auch Maggikraut genannt, im Garten stehen hat, darf ruhig einen Schuß zum Salat geben.
- Nicht vergessen sollte man die unzähligen Salatkräuter und die feingehackte Zwiebel, die den Salat verzaubert und ihn zu einem echten Gaumenschmeichler macht.
- Wer seinen Salat dann noch mit Olivenöl anmacht und seine Salatschüssel mit einer Knoblauchzehe ausreibt, am Wochenende darf man sie auch mal hineindrücken, ist auf dem besten Weg zum Salatgourmet des Jahres!

So jetzt hent 'r da Salat,
hot soll Bäure gsait,
wia se d' Socka
aus am Kraut rauszoga hot.

Schwäbischer Kartoffelsalat

Zutaten:
1 kg Salatkartoffeln, 1–2 Zwiebeln – schön sehen hier auch rote bzw. bläuliche Zwiebeln aus – ca. 1/4 l Brühe, Salz, Pfeffer, 4–5 EL Öl, 4 EL Essig, 1 Prise Zucker, 1 Schuß Flüssigwürze.

Zubereitung: Die Salatkartoffeln mit etwas Salz und Kümmel kochen, kurz mit kaltem Wasser abschrecken und schälen. Unbedingt noch warm rädeln und gleich anmachen. Mit Öl nicht sparen, da der Salat schön glänzen sollte und ihm das Öl auch die richtige „Schmiere“ verleiht.
Wer Öl nicht verträgt oder essen darf, sollte einfach Kartoffelmehl mit Wasser aufkochen und statt Öl dazugeben.
Manche Hausfrau bzw. -mann nimmt statt dessen auch ihr „Spätzleswasser“ zum Anmachen.
Die Zwiebeln fein schneiden und mit der heißen Brühe dazugeben. Den Salat gut vermengen.
Noch ca. 20 Minuten ziehen lassen. Eventuell vor dem Servieren noch nachwürzen und Brühe zugeben.
Ein Kartoffelsalat sollte grundsätzlich lauwarm serviert werden.

Die Kartoffeln, bei uns auch unter den Namen „Aibira“ sowie „Krombira“ bekannt, stammen ursprünglich aus Peru, wo sie die Inkas schon vor 2000 Jahren kultiviert haben. Es war um das Jahr 1565, als die Spanier sie mit nach Europa brachten. Aber es dauerte noch Jahrhunderte, bis sie sich als Kulturpflanze bei uns durchsetzte. Die Bevölkerung konnte mit der neuen Pflanze nicht viel anfangen. Die Bauern standen ihr lange Zeit

äußerst mißtrauisch gegenüber und verfütterten sie lieber an ihre Schweine.
Um sie den Menschen näherzubringen, wurden auf Marktplätzen öffentliche Kartoffelessen veranstaltet. Friedrich der Große ließ verkünden, die Kartoffel sei ausschließlich für die Tafel des Königs bestimmt und ließ Kartoffelfelder von Soldaten bewachen. Da erst wurden die Bauern neugierig, plünderten die Felder und bauten sie selbst an. Allerdings dauerte dem „Alten Fritz" das viel zu lange und so erteilte er 1756 den sogenannten „Kartoffelbefehl", also den generellen Anbau der so wertvollen Knollen.
Aber besonders im Schwabenländle stand man diesem „neumodischen Gewächs" noch lange Zeit skeptisch gegenüber.
Jahrhundertelang an Mehlspeisen gewöhnt, fand die Kartoffel nur langsam Zugang zu unseren Küchen. Heute dagegen ist der Kartoffelsalat neben den Spätzle, alles mit reichlich Soße serviert, eine der Säulen der schwäbischen Küche.

Endiviensalat

Zutaten:
1 Kopf Endivien,
100 g Bauchspeck,
Essig, Öl, Salz und
Pfeffer, 1 Prise Zucker,
1 kleine Zwiebel.

Zubereitung: Die grünen, äußeren Blätter der Endivien entfernen, längs halbieren, den Strunk ausschneiden, die Blätter in feine Streifen schneiden und gut wässern. Die Zwiebel fein schneiden. Die Speckwürfel in der Pfanne anbraten. Nun alles zusammen vermengen und würzig abschmecken.

Tip:

- Wenn der Endivie zu bitter ist, einfach einige Zeit in lauwarmes Wasser legen, wobei der Bittergeschmack der Endivie von Feinschmeckern besonders geschätzt wird.
- Gut schmeckt er auch, wenn Sie etwas Apfel dazureiben.
- Besonders delikat schmeckt es, wenn Sie den geschnittenen Endivie unter den Kartoffelsalat mischen.

Die Endivie ist ein typischer Herbst-Winter-Salat. Die ersten Nachtfröste lassen sie völlig kalt. Die glatte, breitblättrige Endivie wird im Herbst zusammengerollt, damit die Blätter innen schön gelb werden. Meine Großmutter erntete sie bevor die große Kälte kam, und hängte sie im Keller auf. Sie war damit weit über Weihnachten hin mit Salat versorgt. Die krausblättrige Endivie eignet sich mehr für den sofortigen Bedarf. Nach der Beschreibung von Plinius dem Älteren wurde die Endivie im alten Rom in Krügen mit Salz und Essig eingelegt, um ihn später zu kochen.

Kopfsalat

Zutaten:
1 Kopfsalat
Salatsoße: Salz und Pfeffer, Essig und Öl, 1 Prise Zucker, Gartenkräuter nach Belieben.

Zubereitung: Den Kopfsalat zerkleinern und waschen. Mit der o. g. Salatsoße anmachen und mit Kräutern bestreuen.

Tip:

- Bei allen Sorten ist es zu empfehlen, die äußeren Blätter zu entfernen (wegen der Spritzmittel, besonders im Winter).
- Bei verwelktem Kopfsalat den Strunk abschneiden, so daß der Salatkopf auseinanderfällt. Legen Sie den Salat mit den Schnittstellen nach unten für ca. 20 Minuten in ein Zuckerwasser. Er wird wieder schnell frisch. Sollte dann aber gleich verwertet werden.

Im Jahre 1850 wird der Salat auch als Lattich oder einfach als gemeiner Salat bezeichnet. Geschossener Salat fand als Viehfutter Verwendung. Regional verschieden wurde er auch als Gemüse zubereitet.
Vom 16. bis 18. Jahrhundert waren in Deutschland nur drei Salatformen bekannt, und zwar zwei Sorten Schnittsalat und ein Kopfsalat.
Der große Aufschwung des Salates erfolgte erst in den letzten ca. 150 Jahren in fast ganz Europa.

Ackersalat

Zutaten:
ca. 150 g Ackersalat,
1 kleine Zwiebel, Salz,
Pfeffer, Essig und Öl,
1 Prise Zucker.

Zubereitung: Den Ackersalat gründlich putzen und waschen. Die Zwiebel fein schneiden und zum Salat geben. Mit den o.g. Zutaten würzen und gut vermengen.

Variante I: Halb Ackersalat und halb Kresse vermengen und abschmecken wie oben.

Variante II: 4 Scheiben Speck und 1 Zwiebel fein schneiden und kurz andünsten. Mit den o. g. Salatgewürzen vermengen und abschmecken.
Ein gekochtes Ei fein hacken und vor dem Servieren damit bestreuen.

Der Ackersalat ist auch als Sonnenwirbel, Ackerlattich, Feldsalat, Vogelsalat und Rapunzel bekannt. Zudem ist er ein naher Verwandter des Baldrian.
Der Ackersalat ist vollkommen winterhart und fehlt fast in keinem Hausgarten. Die ältesten Funde des Ackersalates stammen von Ausgrabungen bei den Pfahlbauten am Bodensee und stammen aus der Jungsteinzeit und Bronzezeit. Spärliche Angaben aus dem 16. Jahrhundert bekunden, daß er auf dem Feld grünt und als Wildsalat gesammelt wurde. Kultiviert wird er ab dem 17. Jahrhundert. Die bei uns wachsenden Wildarten sind meist als sogenannte Unkräuter in Wintergetreidefeldern, Brachen und in Weinbergen anzutreffen, sofern die Giftkeule sie nicht erledigt hat.

Noch lange nach dem Krieg haben wir auf brach liegenden Äckern körbeweise Ackersalat gesammelt. Nach dem Peterling enthält der Ackersalat von allen Pflanzen das meiste Eisen sowie Provitamin A und Vitamin C. Zudem enthalten seine Blätter ein ätherisches Öl – der Baldrian läßt grüßen –, das den Magen beruhigt.

Gurkensalat

Zutaten:
1 Salatgurke, Salz, Pfeffer, Essig und Öl, 1 Prise Zucker, 2 EL Rahm, gehackten Dill, ganz nach Belieben

Zubereitung: Die Gurke schälen, in Scheiben hobeln und mit den o.g. Zutaten anmachen und kurz ziehen lassen.

Tip:
- Gurken aus den Treibhäusern muß man schälen. Aus der Freilandzucht können Sie z. B. beim Schälen immer einen grünen Streifen stehen lassen.
- Nach Belieben können die Gurken auch mit Rettich gemischt werden.
- Gut schmeckt der Kartoffelsalat auch mit Gurkenscheiben vermischt.

Gurkenschalen nicht wegwerfen, sie dienen der Schönheitspflege. Die frischen Schalen auf das Gesicht legen, sie fördern nämlich die Durchblutung der Haut und erfrischen.

Der Gurkensalat mit Dill angemacht hat eine würzende und beruhigende Wirkung. Der Dill soll auch eine alt gepriesene Stimulanz sein: „Ich würze den Salat mit Dill und du mußt machen, was ich will“, sagt der Volksmund.
Zur Zeit werden bei uns bis zu 22 Sorten Gurken allein für das Freiland angeboten. Die Gurke besteht zu 96–97% aus Wasser – Nährwert gleich Null.
In Europa werden die Gurken meist sauer eingelegt oder als Salat gegessen. In Asien dagegen ißt man sie mehr gekocht. Das Heimatland der Gurken ist Indien. Sie gelangte dann über Arabien, Griechenland und dem Balkan zu uns.
Im Capitulare von Karl dem Großen (um etwa 800) wird die Gurke noch als Gucumeres, bei Albert Magnus (13. Jahrhundert) dann Cucumer genannt. Kukumer oder Kümmerling heißt sie auch noch 1865 im „Ulmer Gemüsegärtner“.

Ein alter Kindervers erzählt noch aus dieser Zeit:
„Hosch Durscht, no schlupfsch en a Wurscht, hoch Honger, no schlupfsch en a Gugomer.“

Die Gurken, die sich in Mitteleuropa erst im 17. Jahrhundert so richtig verbreiteten, waren im alten Rom große Mode. Kaiser Tiberius ließ sich z. B. täglich frische Gurken servieren.

Rettichsalat

Zutaten:
3–4 Rettiche – ganz nach Gusto – Essig, Öl, Salz und Pfeffer, 1 Prise Zucker.

Zubereitung: Den Rettich gut säubern, in Scheiben bzw. in Streifen hobeln, anmachen und würzig abschmecken.

Tip:

- Den Rettichsalat farblich aufwerten, indem Sie rote und weiße Rettiche mischen. Auch Rettich- und Tomatenscheiben angemacht gibt ein farbenfrohes Ambiente.
- Beliebt ist es auch, den Rettichsalat mit Kartoffeln anzumachen.

Das Rettichkabinett umfaßt an die 17 Sorten, angefangen beim Radieschen, bis hin zu den weißen, roten, schwarzen Sorten, und das alles in lang, halblang oder rund, scharf oder mild. Und sie erfreuen uns fast das ganze Jahr, sei es nun der mehr milde Eiszapfen im Frühjahr oder der mehr schärfere Kollege im Sommer als eingesalzener „Radi“ beim Vesper oder der schwarze Winterrettich als Salat.

Der mehr oder minder scharfe Geschmack rührt vom Gehalt an verschiedenen Senfölen her. Dem Rettich werden antibakterielle und harntreibende Wirkungen zugeordnet. Rettichsaft mit Honig vermischt gilt als wirksamer Hustensaft.

In Ägypten, schrieb Plinius der Ältere (23–79 nach Chr.), steht der Rettich wegen des vielen Öls, das sein Samen gibt, in großem Ansehen.

Im kalten Germanien gedeiht er so gut, daß dort Rettiche die Größe neugeborener Kinder erreichen.

Mit Salz zubereitet nimmt er die Bitterkeit. Gekocht wird er milder und kann wie Kohlrüben gegessen werden. Arme Leute kochten auch die Blätter.
Und als viel verzehrtes Gemüse wird er heute noch in Japan geschätzt, soll seine Urheimat doch China sein. In unseren Landen ist er erst ab dem 9. Jahrhundert bekannt. Besonders beliebt ist er im Süden Deutschlands, im Norden führt er ein mehr untergeordnetes Dasein.
Auszug aus dem Gedicht über seinen herzhaften Imbiß von Eduard Mörike (1804–1875):

Lief in den Garten hinterm Haus,
zog einen herzhaften Rettich aus,
fraß ihn auch auf bis auf den Schwanz,
da ward ich wieder frisch und genesen ganz.

Tomatensalat

Zutaten:
ca. 500–800 g Tomaten, 1 Zwiebel, Essig, Öl, Salz und Pfeffer, 1 Prise Zucker, Schnittlauch, Maggikraut (Liebstöckel) nach Belieben.

Zubereitung: Die Tomaten waschen, den Stielansatz ausschneiden, man kann ihn natürlich auch mitessen.
In der feinen Küche werden die Tomaten auch geschält, wie folgt: Kurz in kochendes Wasser halten, kalt abschrecken und die Haut abziehen.
Die Tomaten in nicht zu dünne Scheiben schneiden. Schuppenförmig in die Salatschüssel legen. Mit der vorher angerührten Salatsoße übergießen, mit der feingeschnittenen Zwiebel und dem Schnittlauch bestreuen. Nicht zu lange stehen lassen, sonst werden die Tomatenscheiben matschig.

Tip:
Eine Lauchstange in feine Ringe schneiden und mit den Tomatenscheiben bzw. -würfeln anmachen. Schmeckt echt toll und sieht auch noch gut aus.

Die ältesten Holzschnitte von Tomatenpflanzen in Europa stammen aus der Zeit von 1516 und 1553. Obwohl die verhältnismäßig neue Frucht früh in Europa bekannt wurde, dauerte es doch lange, bis sie sich dann in unserem Jahrhundert als Kulturpflanze durchsetzte. Die Kultivierung der Tomate verdanken wir allerdings den Indios in Süd- und Mittelamerika, der Heimat der Tomate, von der sie nach der Entdeckung dieses Erdteils zu uns kam. In Süddeutschland wurde sie im 16. Jahrhundert vereinzelt als Zierpflanze gepflegt. Aus der Zeit stammt auch ihre Bezeichnung – Gold- oder Liebesapfel. In Österreich kennt man sie als Paradiesapfel, im Volksmund als Paradeiser.

Rote-Rüben-Salat

Zutaten:
500–800 g rote Rüben, Essig, Öl, Salz und Pfeffer, 1 Prise Zucker, etwas Kümmel.

Zubereitung: Die Rüben gut säubern. In Salzwasser mit etwas Kümmel ca. 50 Minuten weich kochen und kalt abschrecken. Die Haut läßt sich dann bequem abstreifen. Man kann nun die rote Rübe in Scheiben oder in kleine Schnitze schneiden. Mit den o.g. Zutaten anmachen und ganz nach Gusto mehr süßlich abschmecken. Wer will, kann auch noch frischen Meerrettich dazu reiben.

Vor dem Servieren sollte er ein paar Stunden durchziehen.
Beilage: Gekochtes Ochsenfleisch.

Die roten Rüben gelten seit jeher als Wundermittel in der Naturmedizin. So ist sie z.B. reich an Mineralien wie Natrium, Phosphor, Kalzium und Eisen. Nicht umsonst empfehlen die Ärzte die rote Bete zur Blutbildung und -verbesserung. Zudem enthalten sie viel Vitamin A, C und Vitamine der B-Gruppe. Außerdem sind sie harntreibend und harnsäurelösend, regen Leber und Galle an und fördern die Verdauung.
Nach neuesten Forschungen soll sie auch die Abwehrkräfte bei Grippe stärken. Doch so neu kann das gar nicht sein, denn unsere Tante Luise brachte uns Kindern, als wir alle zusammen mit Grippe im Bett lagen, ein paar Gläser Rote-Rüben-Salat zur besseren Genesung. Und das ist nun auch schon 40 Jahre her.
Die rote Rübe, auch als rote Bete oder Salatrübe bekannt, ist ein naher Verwandter des Mangold und wird vorwiegend bei uns als Salat, selten als Gemüse verzehrt.
Mangold und rote Rüben waren schon im 16. Jahrhundert in den Küchen bekannt. Es wird vermutet, daß Reisende sie aus dem Mittelmeerraum zu uns brachten.

Löwenzahnsalat

Zutaten:
Eine Schüssel Löwenzahnblätter von einer ungespritzten Wiese, Essig, Öl, Salz und Pfeffer, 1 Prise Zucker, 100 g Bauchspeck, Brotwürfel.

Zubereitung: Die Löwenzahnblätter gut waschen. Mit den o.g. Zutaten vermischen und würzig abschmecken. Die Speck- und Brotwürfel anbraten und über den Salat verteilen.

Im zeitigen Frühjahr von März bis Mai finden Sie das erste Grün auf den Wiesen und am Waldrand. Man schneide die jungen, noch relativ zarten Blätter an den Pfahlwurzeln ab, die bis zu 30 cm im Boden reichen und verbrauche sie noch am selben Tag.
Der Löwenzahn hat trotz seines schlechten Rufes als Unkraut eine Menge Freunde, was seine vielen Namen bekunden. So kennen wir ihn als Milcherling, Kettenblume, Kuhblume, Pusteblume, Butterblume, Pfaffenröhrlein und Hummelbusch.
Nicht nur als Frühjahrssalat, sondern auch als Spielzeug meiner Schwestern, die ihn zu langen Ketten flochten, habe ich ihn noch gerne in Erinnerung.
Besonders beliebt ist er bei Kleinkindern, wenn sie die Samen durcheinanderpustend zum Fliegen bringen.

Kindervers aus dem Volksmund:
Paule, Paule, pupp, pupp,
koch mir au a Wassersupp,
abr net so dick,
daß e net verschtick.

Auch in der Naturheilkunde hat er eine lange Tradition. So soll er gegen folgende Leiden helfen, wie Rheuma, Arthrose, bei Erkrankungen an den Wirbelgelenken, Ekzemen und Stoffwechselkrankheiten. Zudem ist er harntreibend und entschlackend.
Die Heilkraft entfaltet er am besten in getrocknetem Zustand als Tee genossen. Außerdem ist er reich an Eisen, Kalium und Magnesium. Seine Bitterstoffe regen die Nieren- und Leberfunktionen an.
Unsere Altvorderen machten aus den Blüten noch Sirup und Sekt und aus den langen Pfahlwurzeln rösteten sie Kaffee-Ersatz. Aus den Blättern können Sie übrigens ein ausgezeichnetes Gemüse bereiten.
So ist es nicht verwunderlich, daß diese Wunderblume inzwischen erwerbsmäßig angebaut wird. Allerdings ist er größer als der „Wilde von der Wiese“. Und es gibt ihn grün oder bleich im Dunkeln gezogen wie Chicorée.

Schwäbischer Krautsalat

Zutaten:
1 kleiner Weißkrautkopf, 50 g Speckwürfel, Salz, Pfeffer, Kümmel, Essig und Öl, 1 Prise Zucker.

Zubereitung: Dem Krautkopf die äußeren Blätter entfernen, das Kraut vierteln und den Strunk herausschneiden. Die Krautviertel fein hobeln.
Nun mit kochendem Wasser übergießen, kurz ziehen und abtropfen lassen. In einer tiefen Pfanne die Speckwürfel anbraten und mit Essig ablöschen. Das gehobelte Kraut mit Pfeffer, Salz, Kümmel, 1 Prise Zucker und dem Essig abschmecken. Danach den Krautsalat einige Zeit ziehen lassen.

Variante: Das gehobelte Kraut mit dem Essig vermischen und 1–2 Std. durchziehen lassen.
Danach das Kraut, am besten in Schweineschmalz oder Öl, andämpfen; mit Essig, Salz und Pfeffer abschmecken.

Aus dem Volksmund:

Altes Hausmittel:
Rohes Kraut zum Frühstück essen, gilt als wurmtreibend.

Verse:

Simon und Jaud (28. Okt.),
dua 's Kraut aus dr Schtaud.

Där druckt drenei wia a Schtier ens Kraut.

Liabe Leit, betet au, daß Rüaba geit, betet au laut, no gibt's au Kraut.

Där isch so owert wie d' Rüaba em Kraut.

Do send d' Leit gern, wo ma 's Kraut vor lauter Floisch ned sieht.

Selleriesalat

Zutaten:
1–2 Knollen Sellerie,
Pfeffer und Salz,
1 Prise Zucker, Essig
und Öl.

Zubereitung: Die Sellerieknollen gut abbürsten und in reichlich Wasser gar kochen.
Aus den o. g. Zutaten eine Salatsoße bereiten.
Die gekochten Knollen schälen und in ca. 1/2 cm dicke Scheiben schneiden, in die Salatsoße legen und gut durchziehen lassen.
Tip: Wer es gerne knackiger und frischer liebt, der schält die Knollen und reibt sie in Streifen. Man kann sie auch mit dem Messer in Streifen schneiden.
Den rohen Selleriesalat anmachen wie oben und etwas Rahm untermengen.

Der wilde Sellerie wurde schon bei Homer genannt. Die kultivierte Pflanze wird erstmals im 4. Jahrhundert v. Chr. von Theophast aufgeführt. Gegenwärtig gehört der Sellerie mit zu den beliebtesten Küchengewächsen in Europa. Geben wir mehr der Knolle den Vorzug, so werden in England, den USA, Holland und Italien mehr die Blattstiele, also der Staudensellerie bevorzugt. Im „Ulmer Gemüsegärtner“ von 1856 lesen wir, daß der Sellerie früher nur als Zutat an Suppen und als Salat verwendet wurde, aber in neuerer Zeit auch als Gemüse geschätzt wird. Im Mittelalter und in der Renaissance, also bis zum 16. Jahrhundert, fand der Sellerie hauptsächlich als Arzneipflanze Verwendung. Im 17. Jahrhundert wurde er in Italien kultiviert und fand den Weg über Frankreich auch zu uns.

Vesper

Bedingt durch des Tages Müh ging man früher fünfmal zu Tisch. Denn ein Bauer arbeitete im Schnitt von 4–11 Uhr und von 12–19 Uhr. Ein Handwerker dagegen von 6–11 Uhr und von 12–18 Uhr. Bei diesen langen Arbeitszeiten erscheint das häufige Essen verständlich.
Das Frühstück bezeichnete man als Morgensupp, Morgenmus, Morgentrank oder Morgenessen. Das zweite Frühstück zwischen neun und zehn Uhr nannte man z'Neune, Brotessen oder Brotzeit. In heutiger Zeit ist damit das „Vesper" gemeint. Dann kam das Mittagessen und am Abend das Abendbrot, bei welchem der Schwabe auch wieder vespert, also kalt ißt. Gegen später, kurz vor dem Schlafengehen, die Stallarbeit hatte wieder hungrig gemacht, wurde noch „z'Nacht gessa".
Daß die Arbeit aber nicht zu sehr ausartete, dafür sorgten zeitweise bis zu 112 Feiertage im Jahr. Also Zeit genug, um sich wieder zu erholen.
Doch bleiben wir beim Vespern selbst. Den Schwaben wird gerne nachgesagt, sie hätten zwei Mägen, weil sie so oft und gründlich vespern. Vom „Schaffa" wird hier allerdings nichts erwähnt. Hier ist sicher der Spruch erlaubt: *„Wia isch doch 's Vespra schö, wia muaß erscht 's Schaffa sei."*

Aber dadurch hat sich hier im Ländle noch niemand stören lassen, denn richtig „Vespra“ ist die Lieblingsbeschäftigung der Schwaben, fast eine heilige Handlung – und da will er auch auf keinen Fall gestört werden.
Als Bub war ich regelmäßig auf einem großen Hof in Ferien und erinnere mich noch genau, wie meine Tante das große Bauernbrot an ihre Brust drückte und Scheibe um Scheibe freihändig abschnitt. Fast andächtig begannen die anderen in der Zwischenzeit ihre Wurst, Käse und was sonst noch aufgetischt war, mundgerecht aufzuschneiden, um es dann genußvoll mit einem Stück Brot in den Mund zu schieben.
War das Vesper beendet, wurde das restliche Brot in der großen Schublade, wo auch das Besteck seinen Platz hatte, verstaut. Das Messer, das man zum Vespern benutzte, wurde kurz an der Hose oder am Kittel gereinigt und sodann in die Lade gelegt.
Bevor die Kartoffel bei uns heimisch wurde, hatte der Bauer so gut wie keine Schweine, und daher war es auch mit der „Metzgade“ nicht weit her. Lange Zeit bestand das Essen, also auch das heute so geschätzte Vesper, in der Hauptsache aus Mus, auf der Alb als schwarzer Brei bekannt. Auch bei meiner Tante kam des öfteren noch die „Muskachel“ auf den Tisch, die dann gemeinsam ausgelöffelt wurde. Wer wollte, konnte noch einen Wisch Sauerkraut dazu essen. Zur Abwechslung gab es auch mal eine Schwarze Brotsupp, die mit Schmalz und Zwiebeln abgeschmelzt war oder eine Schüssel gestandene Milch mit Kartoffeln aus der Schale zum Vesper.
Wenn wir dagegen heute unseren Vespertisch anschauen, ist er im Vergleich zu früher das reine Schlaraffenland. Zur Auswahl stehen verschiedene Wurstsorten, angefangen beim Schwartenmagen, Blut- und Leberwurst, frische und geräuchte Schinkenwurst, allerlei Arten von Leberkäs, Salami, Schinken, roh oder gekocht,

in verschiedenen Ausführungen. Aber auch die von einem schwäbischen Vespertisch nicht wegzudenkende Schwarzwurst finden wir noch. Das gleiche unerschöpfliche Angebot finden wir auch beim Käse, wobei unser so herrlich duftender „Backstoikäs“ bis heute der Favorit geblieben ist. Unersetzlich sind Gurken und Rettiche als Beilage, wobei die Rettiche fünf Minuten vor dem Vesper ziehharmonikaähnlich aufgeschnitten und leicht gesalzt werden. Danach stellt man sie aufrecht auf eine Platte bis sie richtig Wasser gezogen haben. Besonders gut mundet so ein richtiges Rettichvesper im Sommer in einem Biergarten, wie wir ihn nur in Süddeutschland finden.
Doch zu einer richtigen „Brotzeit“, Entschuldigung „Vesper“, gehört natürlich auch das richtige Brot. Obwohl es in Deutschland in der Zwischenzeit an die 200 Brotsorten gibt, kommt dafür nur eines in Betracht, nämlich unser nach alter Väter Sitte gebackenes Bauernbrot, das heute wieder von einzelnen Bäckereien angeboten wird. Daß auch Brezeln, Seelen oder Wasserwecken dazugehören, ist selbstverständlich.
Geschätzt waren früher zum Vespern auch warme Kurzgerichte, das sogenannte Voressen, dazu gehörten saure Kutteln, Leber oder Nieren. Heute verzehrt man eher einen warmen Leberkäs mit einem „Ochsenaug“ darauf.
Und damit das Vesper besser rutschte, wurde auch gründlich und viel getrunken. So sollen die Mönche im 14. Jahrhundert täglich bis zu vier Liter Wein getrunken haben.
Aber auch den Knechten standen noch bis ins 19. Jahrhundert hinein täglich mindestens 5 Liter Most zu, der ja lange Zeit das Getränk der Landbevölkerung war, und heute noch bei vielen Bauern und Handwerkern geschätzt wird.

A guats Vesper schpirt ma da ganza Dag,
a gmezgada Sau ’s ganz Johr
ond a guata Heirat ’s ganz Leba.

Senf

Als Zutaten benötigen wir Weinessig, Senfkörner, Wasser, Salz und Zucker. Hier müssen wir uns nun gleich entscheiden, ob wir einen milden oder scharfen Senf wollen.
Bei mildem Senf bitte nur gelbe Senfkörner verwenden. Wir benötigen dazu folgende Mischung:
50 g gelbe Senfkörner, 5 g Salz, 10 g Zucker, 30 g Weinessig, 40 g Wasser.
Zum Abwiegen benützen Sie am besten eine Briefwaage.
Lieben Sie Ihren Senf etwas schärfer, so können Sie ohne weiteres ein paar Körner schwarzen Senf beimengen.
Das wichtigste beim Senfherstellen ist das richtige Mahlen der Senfkörner.
Beim Mahlgang die Körner zuerst grob mahlen, die Mühle kurz abstellen, damit das Mahlgut nicht warm wird, sonst verflüchtigen sich bereits wichtige Aromabestandteile. Beim Mahlen sich also Zeit lassen.
Wenn das Senfmehl fein gemahlen ist, mit Wasser und Essig, Salz und Zucker in ein Gefäß geben und kräftig mit einem Rührgerät vermischen. Der Brei ist zuerst noch flüssig, das Senfmehl beginnt aber schnell zu quellen und ergibt so schnell die richtige Konsistenz.
Der Senf läßt sich natürlich ganz nach Ihrem „Gusto“ herstellen.
So können Sie ohne weiteres den Senf z. B. mit pürier-

ten Zwiebeln, Knoblauch, grünem Pfeffer, Kräutern oder Peperoni ergänzen.
Wollen Sie z. B. nur scharfen Senf, dann nur schwarze Senfkörner, unter Zugabe von 25 g Zucker, verwenden.
Der Senf hat übrigens eine lange Geschichte.
Schon im alten Griechenland war der Senf bekannt. Allerdings nicht als Genuß-, sondern als Heilmittel. Das Senfpflaster wurde gegen Rheuma und Durchblutungsstörungen der Haut eingesetzt.
Die Römer waren es schließlich, die den Senf als Würzpflanze entdeckten und in unser Land brachten.
Schon Karl der Große erkannte die Kräfte der Senfpflanze und ordnete ihren Anbau in Kräutergärten an.
Zu Großmutters Zeiten war der Senfwickel an der Tagesordnung. Es wurden ihm fast magische Kräfte zugeschrieben. Er sollte auch die Liebeskräfte anregen. Gut ist er bei chronisch kalten Füßen und gestörtem Kreislauf.
Bekannt ist ebenso, daß der Senf, wie andere Gewürze auch, den Speichelfluß in Gang bringt und so die Verdauung fördert.
Zudem wurde festgestellt, daß Senf auch den Blutdruck reguliert und entzündungshemmend wirkt.
In Zukunft dürfen Sie also mit ruhigem Gewissen Ihren Senf dazugeben.

Meerrettich

Der Meerrettich hat große grüne Blätter, die sich im jungen Stadium auch gut zu Salat eignen. Doch der wichtigste Teil ist seine höllisch scharfe Wurzel. Frisch geriebener Meerrettich sollte schnell verbraucht werden, denn er verliert rasch seine Wirkung. Also der Meerrettichsoße erst zum Schluß die geriebene Wurzel zugeben und sofort servieren.
Man benutzt sie auch mit geriebenen Äpfeln vermischt als Beilage zu Fisch, mit Mayonnaise vermengt zu Geflügelsalat, Tomaten oder zu gekochten Eiern.
Er mundet auch gut zu kaltem Fleisch, Geflügel und geräuchertem Fisch.
Der Meerrettich, auch Kren genannt, ist botanisch ein naher Verwandter von Senf und Rettich. Sein Name „mer ratik“ stammt aus dem Althochdeutschen, was wohl größerer Rettich bedeutet.
Dieses beliebte Würzmittel gibt es heute in Tuben und Gläsern zu erwerben.
Frischer Meerrettich sollte nur in Maßen genossen werden, da seine Schärfe nicht ungefährlich ist.
Die zerschnittene Wurzel in Branntwein eingelegt ergibt ein beliebtes Mittel bei Gicht und Rheumatismus.
In Milch eingeweicht, bewirkt die geriebene Wurzel eine saubere glatte Haut.
Daß er auch noch verdauungsfördernd ist, sollte nicht vergessen werden.
Frische Meerrettichwurzeln gibt es auf dem Markt oder

in gut geführten Gemüseläden zu kaufen. Er kann im Kühlschrank 2–3 Wochen gelagert werden.
Sie können die Wurzel auch einfrieren, dann läßt sie sich besser reiben und sie müssen nicht so heulen.

Backstoikäs mit Kartoffeln aus der Schal

Zutaten:
3–4 Kartoffeln pro Person, Butter, Backstoikäs nach Bedarf.

Zubereitung: Die gewaschenen Kartoffeln mit etwas Kümmel gar kochen und mit der Schale servieren.
Bei jungen Kartoffeln die Schale mitessen. Sonst schält sich jeder seine Kartoffel selbst und schneidet sie in Scheiben.
Darauf gibt man etwas Salz und Butter, auch Quark ist dazu sehr beliebt und nicht zu vergessen den größten Stinker aller Käse, unseren Backstoikäs. Ganz „Räse" verspeisen dazu noch feingeschnittene Zwiebeln.
„Den riacht ma no femf Kilometer gega da Wend."

Backstoikäs mit Zwiebeln

Zutaten:
1 Laible Romadur, 2–3 Zwiebeln, Pfeffer und Salz, Essig und Öl, Brot oder Kartoffeln.

Zubereitung: Die Zwiebeln schälen, halbieren und in Scheiben schneiden.
Die Zwiebeln anmachen wie Salat. Einen Teller mit Salatblättern auslegen, in die Mitte den Zwiebelsalat geben, und die Käsescheiben im Kreis dazulegen.

Oder aber den Käs zuerst auf den Teller geben und mit den Zwiebeln zudecken und die geschälten Kartoffeln im Kreis dazulegen.
Ich bevorzuge dazu immer noch einen etwas festen Käs. Ganz „Räse“ nehmen dazu aber einen „Abgelagerten“, der schon läuft.

„Do hoißt's dann au wia bei sellam Maurer: ›Von mir aus kasch ruhig no a Ronde om da Bau macha, wenn de zom Vesper wieder do bisch‹.“

Kräuterkäs

Zutaten:
1 Rolle Kräuterkäs,
125 g Butter, 2 EL Most oder Bier,
Schnittlauch,
2–3 EL Quark.

Zubereitung: Den Kräuterkäs fein reiben.
Die weiche Butter und die Flüssigkeit in eine Schüssel geben und mit einer Gabel gut vermischen, danach den Kräuterkäs beigeben.
Zum Schluß den fein geschnittenen Schnittlauch dazugeben und ca. 30 Minuten durchziehen lassen.
Dieser Brotaufstrich eignet sich am besten für den Sommer, wo man im Freien vespern und gut lüften kann, denn das strenge „Gschmäckle“ ist nicht jedermanns Sache.

„A guater Kräuterkäs sott oim et wurscht sei.“

Agmachter

Zutaten:
250 g reifen Camembert, 75 g Butter, 1–2 Zwiebeln, 1 TL Paprika, 2 EL Bier, 1 Eigelb, wer will, kann nach Belieben etwas Quark oder ein Stück Backstoikäs untermengen.

Zubereitung: Die Zwiebeln in feine Würfel schneiden und alle Zutaten mit einer Gabel vermengen.
Zu einer Kugel formen und auf einem Salatblatt anrichten. Vor dem Servieren mit Salzletten und Radieschen garnieren.
Leicht mit Kümmel bestreuen.

Bei den verschiedenen Käsesorten unterscheiden wir unter Hartkäse, festem und halbfestem Schnittkäse, Sauermilchkäse, Frischkäse, Schmelzkäse und Weichkäse. Wie z. B. unser Romadur, bei uns bekannt als „Backstoikäs". Diesen Stangenkäse findet man am häufigsten auf schwäbischen Vesperbrettern. Sein rindenloses Äußeres ist von einer typischen Rotschmiere überzogen, die auf Behandlung mit Bacterium linens zurückzuführen ist. Die Rotschmiere wird nicht mitgegessen, sondern mit dem Messer abgeschabt. Der „Backstoikäs", mit seinem durchdringenden Geschmack, hat so viel Freunde wie Feinde. Der Käse selbst hat einen kräftig-würzigen Geschmack, aber lange nicht so stark, wie man ursprünglich beim ersten Geruchskontakt annehmen könnte. Am besten mundet er zu einem kühlen Bier. Manch einer liebt dazu einen roten Württemberger. Auf dem Lande wird dazu auch gerne Most getrunken.
Der Name Romadur, wird auf remoudre, erneut melken, zurückgeführt. Andere leiten seinen Namen von einem fetten, spanischen Schafskäse „Romadon" ab.

Romadur wird in länglichen Stangen von 80–180 g in den Handel gebracht. Seine in Süddeutschland übliche Bezeichnung „Backstoikäs" wird davon abgeleitet.
Käse sollte man vor dem Vesper mindestens so lange aus dem Kühlschrank nehmen, bis er Zimmertemperatur erreicht hat. Nur so entfaltet er seinen vollen Geschmack.

Bibbeles- oder Luckeleskäs

Zutaten:
250 g Quark,
250 g Hüttenkäse,
125 g Sauerrahm,
1 EL Kümmel,
1–2 feingeschnittene Zwiebeln, Salz und Pfeffer, feingeschnittener Schnittlauch.

Zubereitung: Die Zutaten vermengen und würzig abschmecken. Wer will, kann auch etwas Knoblauch untermengen.
Dazu gibt es nach alter Väter Sitte frisch abgekochte Kartoffeln aus der Schale und weil wir heute so gesund essen, gibt es zur Abrundung noch ein Glas Milch.

Bibberle sind kleine Hühner und Gänse, die von den Kindern mit bibibi gelockt werden.
Luckel war auch die Bezeichnung für Henne, Luckele werden dann die kleinen Hühner genannt, die teilweise auch mit Quark gefüttert wurden, also dem Bibberles- oder Luckeleskäs.
Die Sersheimer, die ein Huhn auf dem Kirchturm haben, wurden mit dem Vers geneckt:
„Dia Sersheimer Luckele sind ja so gscheit, sie haltat ihr Kirchweih, wenn's Aibira geit."

Gestandene Milch

Erhitzen Sie $^{1}/_{2}$ l Milch, bis sich Blasen bilden, aber nicht kochen lassen.
Den Topf in einer Schüssel mit kaltem Wasser abkühlen lassen.
Je 50 ccm Rahm und saure Sahne hineinrühren.
Die Milch in dementsprechend viele Teller verteilen und wieder mit einem Teller zudecken. Bei Zimmertemperatur stehen lassen, bis sie fest wird.
Einfacher geht es natürlich, wenn Sie Ihre Milch direkt beim Bauern, wer Glück hat, sogar bei einem Demeter-Hof, holen können.
In die „gschdandne Milch“ wurde bei uns immer Schwarzbrot eingebrockt. Sie können aber auch Zucker und Zimt darübergeben oder 1 EL „Breschtlingsgsälz“ bzw. frische Beeren unterrühren.

„Besser a Schlottermill als gar nix, hot dr Deifel gsait ond se mit samt dr Hoigabel gfressa.“

Lompasupp

Zutaten:
200 g Schwarzwurst,
200 g Schinkenwurst,
150 g Schweizer Käse,
Salz und Pfeffer, Essig,
Öl, 1 Prise Zucker,
2 Zwiebeln.

Zubereitung: Wurst und Käse in Streifen schneiden. Aus Essig, Öl, Salz, Pfeffer und einem Schuß Wasser eine Marinade herstellen.
Die feingeschnittenen Zwiebeln mit den Wurst- und Käsestreifen in die Marinade geben und etwa 20 Minuten ziehen lassen.
Selbstverständlich lassen sich dazu auch sonstige Wurstreste verwenden. Dazu gibt es Schwarzbrot, auch Brezeln oder Seelen werden gerne dazu gegessen.
„Do schnauft heit aber oiner ned schlecht durchs Fidla."

Saurer Schwartenmagen

Zutaten:
120–150 g Schwartenmagen (für 1 Person gerechnet), 1 Zwiebel, Essig, Öl, Salz und Pfeffer.

Zubereitung: Den Schwartenmagen in Streifen oder Scheibchen schneiden.
Appetitlich sieht es aus, wenn Sie roten und weißen Schwartenmagen mischen. Aus Essig, Öl, Salz und Pfeffer, den feingeschnittenen Zwiebeln, etwas Wasser eine Marinade bereiten und über den Schwartenmagen verteilen. Mit Zwiebeln nicht geizen.
Besser schmeckt's, wenn Sie das Ganze noch etwas ziehen lassen.
Dazu gehört unbedingt ein Bauernbrot.

„Wenn de Reicha wißdet, wia gsond Zwiebla send, hättad de Arme koine me."

Leberkäs mit Zwiebeln

Zutaten:
4 Leberkässcheiben mit je 130–150 g, Butter, 2 Zwiebel.

Zubereitung: In einer separaten Pfanne dicke Zwiebelscheiben goldgelb anbraten und auf den heißen Leberkäs geben.
Der Schwabe braucht dazu unbedingt etwas braune Soße, damit es besser „rutscht“. Nicht fehlen darf hierbei ein Stück Schwarzbrot, um die restliche Soße auszutunken. Ganz nach dem Motto: *„Jo nix verkomma lau.“*

„Nach am Vesper ka mr guat saga, s'het au ohne Floisch gschmeckt.“

Kaminfeger

Zutaten:
500 g Kartoffeln, Pfeffer, Salz, 1–2 Zwiebeln, 2 Blutwürste.

Zubereitung: Kartoffeln abkochen, schälen und in Scheiben schneiden. Abkühlen lassen. Zwiebeln in Würfel schneiden mit Fett anbraten.
Die Kartoffelscheiben und die Blutwurst dazugeben und alles zusammen anbraten.
Dazu reicht man Sauerkraut oder grünen Salat.
Manche „Reigschmeckte“ haben, wenn sie das fertige Gericht sehen, auf einmal keinen Hunger mehr.

Zu diesem Rezept trifft aber auch der Spruch zu:
„Dr Honger treibt's nei“, oder im anderen Fall:
„Dem bleibts Maul sauber.“

Katzagschroi

Zutaten:
500 g gekochtes Rindfleisch, 4 Eier, 1 EL Schmalz oder Butter, 1 große Zwiebel, Salz, Pfeffer.

Zubereitung: Die Schwaben, bekannt als „Naßesser", schätzen vor dem Essen eine Suppe, möglichst eine klare Brühe, die dann mit den verschiedensten Beilagen serviert wird.
So mangelt es nie an Suppenfleisch. Dieses wird nun in Scheiben geschnitten und zu den bereits goldgelb angebratenen Zwiebeln gegeben. Darüber gießt man die verklepperten Eier, läßt alles zusammen stocken, richtet es auf einer Platte an und bestreut das Ganze kräftig mit feingehacktem Peterling.
Dazu reicht man grünen Salat.

Das schwäbische Resteessen „Katzagschroi" war früher mehr als „Ga(n)sgschroi" bekannt und bedeutet auf dem Küchenzettel soviel wie kleingeschnittenes, gekochtes Fleisch.
Als Fastenspeise bestand es dann aus Heringstückchen und gerösteten Kartoffeln.
Nach dem Motto: „Kochad hane wia e ka, was d' Sau ned frißt, des frißt dr Ma."

Ochsaauga

Zutaten:
2–3 Eier,
100 g Rauchfleisch,
1 kleine Zwiebel, Salz,
Pfeffer, etwas Butter.

Zubereitung: Die Zwiebel und den Speck in feine Würfel schneiden und in Butter anschwitzen. Die Eier darüber schlagen und 1–2 Minuten stocken lassen. Zum Schluß mit Salz und Pfeffer würzen und auf einem heißen Teller servieren.
Dazu reicht man weiches Brot, damit man zum Schluß das Ei auftunken kann.
Wer die Eier lieber fest, also nicht so schlapprig mag, mache es wie der Amerikaner, der seine Eier bevorzugt „sunny-side-up“, also auf beiden Seiten anbrät.

Um die Eier haltbar zu machen, legten die Bauersfrauen früher die Eier in einen mit Spreuer (vom Dinkel) gefüllten Korb. Sie sollen von August bis Weihnachten gehalten haben.
Ansonsten legte man die Eier in gelöschten Kalk und später in ein Wasserglas, das man in der Apotheke oder im Laden kaufen konnte.

Sulzherstellung

Die ersten Sulzen wurden sicher schon im Mittelalter hergestellt. Sie eigneten sich hervorragend zum Konservieren von Fisch und Fleisch, konnte doch so im Keller Fleisch für ein paar Tage gelagert werden, ohne daß es gleich schlecht wurde. Doch was sind und wie entstehen Sulzen?
Das Festwerden oder das Versulzen der Brühe entsteht dadurch, daß beim Kochen die in den Knochen und Schwarten enthaltenen Leimstoffe sich lösen und beim Erkalten wieder fest werden, also versulzen. Sulzen selbst sind übrigens leicht verdaulich.
Zum Herstellen von Sulzen eignen sich am besten Kalbs- oder Schweinsfüße bzw. -haxen. Sie sollten längere Zeit kochen, damit genügend Leimstoffe gelöst werden.
Beim Sulzenherstellen haben sich im Laufe der Zeit verschiedene Zubereitungsarten entwickelt. So kennen wir von der Alb die Schüsselsulz, wo bei der „Metzelsupp" einfach sämtliche Reste, angefangen vom Schwänzle, über die Ohren und Schweinsfüße zerkleinert, gekocht und zusammen mit der Sulzbrühe in eine Schüssel gegeben wurde. Und schon war ein Vesper für 1–2 Tage fertig.
Es gibt noch eine ganze Reihe von Sulzen, die bekannt sind: die Knöchlessulz, die Schweinskopfsülze und natürlich die beliebteste von allen, die Tellersulz.
Selbstverständlich können Sie heute sämtliche Sulzen, wie alle Nahrungsmittel, fertig kaufen. Doch der Kenner

macht sie selbst. Nur so läßt sich ein individueller Geschmack herbeizaubern, und nur Sie bestimmen, was für Fleisch Sie dazu verwenden.
Nur zu oft werden in bestimmte Sulzen zu viele ungeliebte Reste hineingearbeitet.
Wer es eilig hat, kauft Gelatineblätter oder Sulzpulver und kann so problemlos und schnell seine Sulz herstellen. Kenner der Materie aber kochen ihre Sulz nach alter Väter Sitte wie folgt:

2 Kalbs- oder Schweinsfüße, 500 g Wadenfleisch, einige Stücke Schwarten, 4–5 l Wasser, 1/4 l Essig, Salz, 1 Zwiebel, 1 gelbe Rübe, Lauch, Petersilie, 1 Lorbeerblatt, 3 Pfefferkörner, 1 Nelke.

Zubereitung:
Das Sulzfleisch wird mit den angegebenen Zutaten kalt angesetzt und 3–4 Stunden langsam gekocht.
Hernach nimmt man das Fleisch heraus, seiht die Brühe durch ein feines Sieb und läßt sie über Nacht erkalten.
Am nächsten Tag wird sie sorgfältig entfettet und eventuell nachgewürzt. Sollte die Sulz nicht fest genug sein, so kann man durch Beigabe einiger Blätter Gelatine, die man in heißer Sulzbrühe auflöst, nachhelfen.
Wer es mag, kann der Sulzbrühe noch einen kräftigen Schluck Weißwein beigeben – empfehlenswert!

Als Sulzeinlage eignen sich Schweinsfüße, Bratenreste, Schinken, Zunge, aber auch Gemüse und Fisch.
Zum Garnieren der Sulzen nehmen wir am besten harte Eier, Essiggurken, gelbe Rüben, Lauch und Peterling.

Knöchlessulz

Zubereitung: Kaufen Sie Schweinsknöchle je nach Bedarf und kochen Sie die Knöchle in Salzwasser, mit einer gespickten Zwiebel, gar.
Entfernen Sie das Fleisch vom Knochen, schneiden es in Streifen oder Scheiben und verteilen es in ein flaches Gefäß. Die erkaltete Brühe durch ein Sieb gießen.
Die Brühe mit Salz, Pfeffer, Essig und 1 Prise Zucker abschmecken.
Wenn die Brühe noch nicht genügend sulzig ist, noch eine Zeitlang mit den Knochen weiterkochen.
Das Fleisch mit Gurken und Eiern garnieren, die Brühe darübergießen und erkalten lassen.
Die Sulz in portionsgerechte Stücke schneiden und mit Bratkartoffeln servieren.

Eine hausgemachte Sulz erkennt man an der leicht trüben Sulz, auf schwäbisch „Schloddre" und den Fettaugen.
„Ond wär ned kommt zur rechta Zeit, där muaß essa was übrigbleibt."

Tellersulz

Zutaten:
ca. 500 g nicht zu fettes Schweinefleisch,
6–8 Schweinsknöchle,
2 Kalbsfüße, 5 gelbe Rüben, 1 Stück Sellerie, Lorbeerblatt, Pfefferkörner,
2 l Wasser, Essig, Salz und Pfeffer.
Zum Garnieren:
Hartgekochte Eier, Essiggurken, gelbe Rüben, Peterling.

Zubereitung: Fleisch, Knöchle, Kalbsfüße, Gemüse, Lorbeerblatt, Salz und Pfeffer in kaltem Wasser aufsetzen und zum Kochen bringen. Den Schaum abschöpfen. Das Fleisch nach ca. 2 Stunden herausnehmen, erkalten lassen und in Scheiben schneiden. Auf 4 tiefe Teller verteilen und mit Eiern, Gurken etc. garnieren.
Die Brühe abseihen, erkalten lassen und entfetten.
Mit Essig, Salz und Pfeffer würzen und aufkochen.
Anschließend auf die Teller verteilen und fest werden lassen.
Dazu gehören Bratkartoffeln, ein kühles Weizenbier, ein warmer Sommertag und „a gmütlichs Gartawirtschäftle“.

Schwäbisches Bauernbüfett

Die alte Weisheit: „*Bleib em Ländle und ernähre dich redlich*“, hat heute so keine Gültigkeit mehr, obwohl ganz hundertprozentige Schwaben behaupten: „Essa könnt mr ibrall guat, aber bei ons schmeckt’s halt doch am beschda.“ Und sie haben nicht ganz unrecht. So ist es immer wieder erstaunlich, wieviel Wurst- und Brotspezialitäten im Ländle zu finden sind.
Ja, so ein richtiger Schwabe ist bekanntlich auch ein geborener Tüftler, und sein Erfindergeist macht auch nicht vor der eigenen Küche halt. Den internationalen

Spezialitäten oft überdrüssig, hat sich so mancher der einheimischen Küche mit ihren deftigen, fast vergessenen Rezepten erinnert und sie wieder in seinen Magenfahrplan aufgenommen.
Was liegt also näher, als all die Köstlichkeiten einmal zusammenzutragen und sie zu einem Augen- und Magenschmaus zu vereinen.
Um ein richtig deftiges Bauernbüfett aufzubauen, bedarf es doch einiger Vorbereitungen. Gehen wir die Sache mal Punkt für Punkt durch, damit zum Schluß nicht das Wichtigste fehlt:

1. Wir bauen das Büfett in einem ausreichend großen Raum auf, damit es nicht zu der berüchtigten „Schlacht am Büfett" kommt. Dazu benötigen wir 1 bis 2 Tische, die so stehen sollten, daß man möglichst ungehindert Zugang zu den Speisen und Getränken hat. Gut eignet sich auch ein intakter Tapeziertisch oder eine Tischtennisplatte zum Aufbau des Büfetts.
2. Auch bei verschieden zusammengestellten Tischen kann das Büfett einheitlich wirken, wenn es mit gleichfarbigen Tisch- oder Bettüchern gedeckt ist. Nach Möglichkeit keine weißen, sondern farbige Tücher verwenden. In Kaufhäusern gibt es auch lustig aussehende Papiertischtücher zu kaufen.
   Sehr dekorativ wirkt es, wenn Sie an der Rückseite des Büfetts, hierbei stehen die Tische an der Wand, eine Erhöhung anbringen. Dazu benötigen Sie ein Brett (Bügelbrett) und zwei Steine oder gleichgroße Töpfe.

Zuerst wird das Brett, dann der Tisch mit den Tüchern belegt, so erscheint das Ganze aus einem Guß. Auf der Erhöhung kommt z B. ein Blumenstrauß oder ein Früchtekorb großartig zur Geltung.

3. Niemand hat genügend Geschirr im Schrank, um eine größere Gästeschar zu bewirten. Ihre Freunde sind bestimmt bereit, Ihnen das Fehlende zu borgen. Nach Möglichkeit sollten Sie darauf achten, daß die Farben einheitlich sind.
   Geschirr, Besteck und die Servietten werden grundsätzlich am Anfang des Büfetts aufgestellt, und zwar auf der linken Seite. Das Besteck stellen Sie aufrecht in Einmachgläsern etc. auf. Bitte nicht mit Servietten sparen, möglichst farblich mit dem Geschirr abstimmen.
   Ist der Tisch zu klein, können Sie das Geschirr, Besteck und die Servietten auf einen Teewagen stellen.
4. Ein kaltes Büfett nicht wahllos aufbauen, eine gewisse Reihenfolge sollte doch beachtet werden. So kommen nach den Tellern und dem Besteck zuerst die Fischgerichte, dann das Fleisch mit den entsprechenden Soßen, die verschiedenen Salate und zum Schluß die Käseplatte und Desserts.
   Gut sieht es aus, wenn die Salate in rustikalen Schüsseln aufgetischt werden. Dazu gibt es ja heute wieder bei Töpfern das Passende in großer Auswahl zu kaufen.

Den Käse auf einer Holzplatte servieren und bitte nicht aufschneiden.
Zur Dekoration eignen sich bei einem rustikalen Büfett im Sommer immer ein großer Wiesenblumenstrauß, Gewürzsträuße, reifes Korn oder Maisstauden ganz hervorragend.
Farbe ins Büfett bringen auch ganze Früchte wie Tomaten, Radieschenbündel oder Rettiche. Nicht fehlen sollte als Mittelpunkt eine große Obstschale.

5. Das Wichtigste hätten wir fast vergessen, nämlich das Brot. Obwohl oft behauptet wird – die Wurst schmeckt auch ohne Brot –, muß ich an dieser Stelle doch mein Veto einlegen.
   Am besten eignen sich zu unserem Büfett Wasserwecken, Brezeln und natürlich ein knusprig gebackenes, rundes Bauernbrot. Kaufen Sie das Brot nicht zu knapp ein, es läßt sich auch gut zu Dekorationszwecken verwenden.
   Wer hat, sollte das Brot in einem Weidenkorb aufstellen.
   Einen dekorativen Brotkorb stellt Ihnen auch Ihr Bäcker zusammen.
6. Nun aber zum Wichtigsten, dem Essen selbst. Hier sind Ihnen keine Grenzen gesetzt.
   Hoffentlich gehören Sie nicht zu der Sorte Schwaben, bei der es beim Einkauf heißt: „*Onder oiner Mark derf's koschta, was will.*" Denn bei einem Büfett darf es nicht „päb" zugehen. Also lieber zuviel als zuwenig. Einmal im Jahr dürfen wir Schwaben „aushausig" sein.

Gerauchte Forellenfilets, Schinkenröllchen mit Spargel und Maiskölbchen gefüllt dazu, gefüllte Tomaten, Schweinsknöchle, kalter Braten, gerauchte Schinkenwurst, Schwartenmagen, Hähnchenkeulen, Schälrippchen, Blut- und Leberwurst, Kartoffelsalat und grüner Salat, Krautsalat, Lauchsalat mit Tomaten, Geflügel- und Wurstsalat, gekochte Eier, Romadur, Emmentaler, Schafskäse, Kräuterkäse, Quark und Butter.

So, und wem das nicht reicht, bekommt dann noch ein „*Schwarzbrot mit Daumen und Zeigefinger belegt*".

Obst, je nach Saison, und zum Schluß einen Zwetschgendatsche.

Nicht fehlen sollte bei einem zünftigen Büfett Salz und Pfeffer, Senf, eventuell Meerrettich, Essiggurken und mindestens 2–3 Salatsoßen.

Zum Schluß einen Rat: Versuchen Sie nicht alles selbst zu machen. Kalten Braten und Hähnchenkeulen brät Ihnen Ihr Metzger. Verschiedene Salate und Soßen gibt es auch fertig zu kaufen.

7. Getränke:

   Zur Begrüßung bekommt jeder Gast einen zünftigen Obstler oder ein Gläschen Beerenwein, eventuell mit Sekt verfeinert.

   Zum Trinken schlage ich vor, ein selbstgezapftes Faßbier, Most oder Rot- und Weißwein aus heimischen Gefilden.

Für Autofahrer und Antialkoholiker bitte sauren Sprudel und Limonade kühl stellen.
Ein kleiner *Tip:* Damit Ihre Gäste nicht immer das Glas verwechseln, versehen Sie die Gläser einfach mit bunten Büroklammern oder Aufklebern.

Griebenschmalz

Zutaten:
1 kg Rückenspeck vom Schwein, 2 große Zwiebeln, 2 säuerliche Äpfel, 1 EL Salz, 1/2 TL frisch gemahlenen Pfeffer, 1 TL getrockneten Majoran.

Zubereitung: Speck in kleine Würfel schneiden, in einen Topf geben und etwas Wasser zugeben, bis der Boden bedeckt ist. Bei schwacher Hitze ca. 25 Minuten auslassen.
Die Äpfel und Zwiebeln schälen und fein würfeln, ca. 10 Minuten vor Garende beigeben und mitbraten. Gewürze ebenfalls nach und nach einstreuen. Nach der Garzeit vom Herd nehmen, nachziehen lassen und abgekühlt in Gläser füllen.
Dazu fehlt dann nur noch ein Bauernbrot.

Waren früher die Mehltruhen und die Schmalzhäfen gefüllt, kam man gut über den Winter.
Um in Notzeiten die Versorgung der ärmeren Bevölkerung sicherzustellen, ließ der Ulmer Rat stets einen Vorrat an Schmalz in der Valentinskapelle – südlich vom Ulmer Münster –, die seit der Reformation leer stand, einlagern. Daher heißt die kleine Kapelle im Volksmund auch heute noch „Schmalzhäusle“.

Süßspeisen

Auch die Menschen im Mittelalter und davor plagte schon der süße Zahn. Die Lust nach „Süßem" wurde in der Regel mit Honig gestillt. Bereits im Hochmittelalter ist die Hege der wilden Bienen sowie die zuchtmäßige Haltung von Bienenvölkern in Strohkörben und ausgehöhlten Baumstämmen verbreitet. Der Rohrzucker wurde erst im 15. Jahrhundert langsam zum Konsumgut, nachdem man auf Sizilien und auf Madeira Zuckerrohr in größeren Mengen anbaute. Aber er blieb noch lange Zeit eine Luxusspeise der Reichen. Als im 17. Jahrhundert die überseeischen Warmgetränke wie Kakao, Kaffee und Tee hoffähig wurden, war es die gleiche herrschaftliche Schicht, die auch eine Art soziales Privileg auf den Zucker hatte, diese neuen Luxusgetränke vereinnahmte und sie mit Zucker verfeinerte.
Diese Regel erscheint uns heute ganz normal, ja selbstverständlich. Aber nur deshalb, weil sich im 17. Jahrhundert diese Art des Würzens durchsetzte.
Daß es sich um keine natürliche oder notwendige Würze handelt, zeigt das Beispiel Nordskandinaviens. Dort fehlte das Vorbild der Höfe und der Kaffee wurde mit Salz gewürzt. In der Kombination Kaffee, Tee und Kakao servierte man natürlich auch süße Gebäcke.
Der heutige enorme Zuckerkonsum in Europa hat also seine Wurzeln in der luxuriösen Hofhaltung des 16. und 17. Jahrhunderts. Die weniger bemittelten

Schichten mußten sich zunächst mit dem Nebenprodukt der Zuckerherstellung, dem Sirup begnügen. Der als lästiges Nebenprodukt bei der Raffinierung angefallene Sirup wurde anno 1860 zusammen mit Brot zu einem Hauptnahrungsmittel. Erst mit steigendem Einkommen in der zweiten Hälfte des 19. Jahrhunderts ging der massenhafte Verbrauch des Sirups zurück.
Im Jahre 1780 verbrauchte man pro Kopf und Jahr gerade mal 0,5 kg Zucker. Wohlgemerkt im Durchschnitt. Das heißt auch, daß große Bevölkerungsschichten noch lange Zeit ohne Zucker auskommen mußten.
Heimische Früchte wie Kirschen, Äpfel, Birnen, Pflaumen, Pfirsiche, Erdbeeren, Johannis-, Stachel- und Brombeeren sorgten für die nötige Abwechslung. An den Herrentischen servierte man noch zusätzlich Weintrauben, getrocknete Weinbeeren und importierte Früchte wie Feigen und Datteln. Um in Notzeiten Zuckerersatz zu bekommen, kochten die Bauern, so auch nach 1945, Zuckerrüben oder Birnensaft zu Sirup ein, um damit zu süßen.
Um auch in der kalten Jahreszeit ab und zu etwas Süßes zwischen die Zähne zu bekommen, wurden die Birnen im heißen Backofen gedörrt und kamen später dann als Hutzelkompott oder Hutzelbrot auf den Tisch.
Auch die Äpfel wurden mehrheitlich getrocknet. Sei es nun als Apfelringe auf einer Schnur im Freien oder als Backobst aus der Ofenröhre. Zum eigentlichen Volksnahrungsmittel wurde das Obst aber erst im 19. Jahrhundert.
Es ist erstaunlich zu beobachten, wie schnell sich doch unsere Eßgewohnheiten ändern. Vor noch gar nicht so langer Zeit waren Mehlspeisen die führenden Süßspeisen wie z.B. Nonnenfürzla, Versoffene Jungfrauen oder Strauben.
Im heutigen Schlaraffenland gelten die Krapfen und Küchla schon wieder als Spezialität.

„Mr muaß en manche saura Äpfel beißa,
bis mr an siaßa fendat."

Ofenschlupfer

Zutaten:
4–6 alte Wecken, 2–3 Äpfel, 70 g Rosinen, 70 g Zucker, 1/4 l Milch, 2–3 Eier, Butter, Zimt nach Belieben.

Zubereitung: Die Wecken in Scheiben schneiden. Die Äpfel raspeln oder in dünne Scheiben schneiden. Eine Kasserolle gut ausfetten, eine Schicht Weckschnitten einlegen, eine Schicht geriebene Äpfel darüber, zuckern und so weiter verfahren. Zum Schluß muß eine Schicht mit geschnittenen Wecken den Ofenschlupfer abdecken.
Die Milch mit den Eiern verkleppern und über den Auflauf gießen. Danach ca. 10 Minuten ziehen lassen. Butterflocken auf den Ofenschlupfer verteilen und im vorgeheizten Ofen ca. 45 Minuten bei 180 Grad backen.
Beilage: Vanillesoße

Tip:
- Statt Wecken können Sie auch altbackenes Schwarzbrot, Kuchenreste oder Kranzbrot verwenden.
- Den Ofenschlupfer erkalten lassen, stürzen und aufschneiden wie einen Kuchen.
- In einem uralten Rezept wird altes Schwarzbrot, das man nicht mehr schneiden kann, gerieben und angeröstet. Dazu werden reichlich Äpfel verwendet. Statt Milch und Eier wird mit Most oder Wein das Brot angefeuchtet. Nicht umsonst heißt dieser Auflauf auch „Bettelma".
- Den Ofenschlupfer immer in der Backform servieren. Eine Vanillesoße, kalt oder warm, ist Pflicht.

– Die Eier trennen. Schnee schlagen. Den Ofenschlupfer mit Pergamentpapier abdecken. Nach ca. 30 Minuten Backzeit entfernen und den Schnee auf der Oberfläche verteilen und nochmals ca. 10 Minuten goldgelb backen.
– Statt Äpfel einfach Kirschen, Zwetschgen oder über Nacht eingeweichtes Dörrobst verwenden.
– Quark mit Eier, Zucker, etwas Milch oder Sahne schaumig rühren. Lagenweise Wecken, Quark und Äpfel einschichten.

Unser „Ofaschlupfer“ ist regional verschieden, auch als „Scheiterhaufen“, mit Kirschen gebacken als „Kirschenmännle“ oder „Kirschenmichel“ bekannt.
Unser Ofenschlupfer ist ein echter Verwandlungskünstler und geschätzter Resteverwerter.
Besonders das Fallobst, heute als „Streuobst“ bekannt, warum es jetzt so heißt, weiß kein Mensch, bietet sich als Ofenschlupferfüllung an.
Aber auch zur Most- und Apfelsaftherstellung sind unsere Obstwiesen reine Fundgruben.
Wir unterstützen damit nicht nur unsere heimische Landwirtschaft, sondern auch unsere bedrohte Vogelwelt.

Süße Flädla

Zutaten:
Pfannenkuchenteig herstellen, siehe bei Pfannenkuchen.
Breschtlengsgselz (Erdbeerkonfitüre), Apfelmus, Butter.

Zubereitung: Einen nicht zu festen Pfannkuchenteig herstellen und in der Pfanne Flädla herausbacken.
Mit Marmelade bestreichen, zusammenrollen, etwas abkühlen lassen und direkt aus der Hand essen.
Ein Hochgenuß!

Tip:
Die gefüllten Flädla in 2 bzw. 3 Teile schneiden, panieren und in Butter knusprig herausbacken.
Beilage: Apfelmus oder Vanillesoße.

Pfitzauf

Zutaten:
250 g Mehl,
1/2 l lauwarme Milch,
3–4 Eier, 40 g Butter,
1 TL Salz,
30 g Zucker.

Zubereitung: Aus Mehl, Milch, Eiern und dem Salz einen Teig anrühren, wie bei den Flädla. Zuletzt die zerlassene Butter unterrühren.
Die Pfitzaufformen gut ausfetten, halbvoll mit Teig füllen und in den vorgeheizten Ofen setzen. Bei 175 Grad etwa 50 Minuten backen. Sie steigen im Ofen mehr als das Doppelte auf und sind innen hohl. Den Backofen während der Garzeit nicht öffnen, sonst bekommen sie statt Pfitzauf womöglich Pfitzab.
Nach der Fertigstellung aus der Form schütteln und mit Puderzucker bestreuen.
Beilage: Kompott, Vanillesoße oder gekochtes Dörrobst.
Gut schmecken sie auch mit Schlagrahm gefüllt zum Kaffeeplausch.

Diese herrlichen „Luftikusse“ sind aus dem Küchenzettel fast verschwunden. Alte Formen in der Nostalgiewelle auf dem Flohmarkt erworben und in der Küche aufgehängt, erinnern noch an diese beliebte Süßspeise. Die Pfitzaufform, meistens 6 tassenförmige Töpfchen aus Ton, sind miteinander verbunden. Pfitzauf heißen sie, weil sie nach ca. 15 Minuten plötzlich in die Höhe schießen. Als „Pfitzauf“ wird auch ein Mensch bezeichnet, der wegen jeder Kleinigkeit sofort hochgeht. Ein „Pfitzer“ ist einer, der es immer eilig hat. Eine Pfitzvisit ist ein rascher Besuch.

Hutzelkrapfen

Zutaten:
Teig: 750 g Mehl, 1–2 Eier, 150 g Zucker, 1 P. Hefe, 2 Tassen lauwarme Milch, 1/2 Päckchen Vanillezucker, 150 g Butter, etwas Salz, Fett zum Backen. Ergibt ca. 18–20 Stück.

Hutzelmasse: ca. 750 g Hutzeln, Zucker, Zimt nach Belieben. Die Hutzeln über Nacht einweichen und mit der erforderlichen Menge Zucker und Zimt kochen. Stiele entfernen und durch den Wolf drehen. Mit etwas Hutzelbrühe durchrühren.
Zubereitung: Einen Hefeteig bereiten. Auf dem bemehlten Tisch auswellen und mit einem Glas ausstechen, die Hutzelmasse mit einem Löffel in die Mitte legen, halbrund zusammenklappen und festdrücken. Nochmals etwas gehen lassen. Im schwimmenden Fett herausbacken.

Um auch im Winter in den Genuß von „Süßspeisen“ zu kommen, wurden von unseren Altvorderen im Herbst Birnen, Äpfel und Zwetschgen im Backhäusle gedörrt.

Besonders wichtig war das Dörrobst um die Weihnachtszeit für das heute immer noch geschätzte Hutzelbrot. Das Hutzelmus wurde im Winter auch auf die „Blatz“ (flacher Hefekuchen) gestrichen und herausgebacken. Volksmund: „Au ra Hutzel sieht mr no a, was amol a schena Bir gwä isch.“

Grießschnitten

Zutaten:
1 l Milch, ca. 250 g Grieß, 40 g Butter, 2 Eier, 2 EL Zucker, 1 Prise Salz, Paniermehl, Backfett, Zimt und Zucker.

Zubereitung: Die Milch mit dem Zucker, Butter und der Prise Salz aufkochen, den Grieß einstreuen und unter ständigem Rühren einen festen Brei bereiten, etwas abkühlen lassen, die Eigelb unterrühren und den Teig in eine angefeuchtete Schüssel geben. Den abgekühlten Grießbrei stürzen und in ca. 2 cm dicke Scheiben schneiden. Die Scheiben panieren und in der Pfanne auf beiden Seiten goldgelb anbraten.
Mit Zucker und Zimt bestreuen und dazu ein Kompott servieren.

Tip:
- Sie können den warmen Brei auch auf nasse Teller streichen, stürzen und dann wie einen Kuchen aufschneiden.
- Die Masse auf ein angefeuchtetes Nudelbrett oder Blech ca. 1,5–2 cm dick aufstreichen. Nach dem Erkalten die gewünschten Vierecke ausschneiden

Geschwänzte Küchle

Zutaten:
Pfannenkuchenteig herstellen, siehe Grundrezept, mit 1 TL Backpulver. Salbeiblätter mit Stil, also mit Schwanz, deswegen „geschwänzt".

Zubereitung: Einen dickflüssigen Pfannenkuchenteig herstellen und 1 Std. ruhen lassen.
Die gut gewaschenen Salbeistengel mit den Blättern in den Teig tauchen und im Backfett schwimmend goldgelb herausbacken und mit Zucker bestreuen.

Hägemark

Zutaten:
1 kg Hagebuttenmark, 1 kg Zucker, Saft einer Zitrone.

Zubereitung: Die Zutaten gut vermengen und ca. 10–15 Minuten unter ständigem Rühren köcheln lassen.
Das heiße Hägemark in vorgerichtete Gläser füllen und verschließen.

Ein Stück Kranzbrot von Muttern mit Butter und Hägemark bestreichen und die Kinderherzen schlagen höher.
Im Herbst zog bei uns die ganze Familie an die Waldränder und pflückte Hagebutten. Abends begann dann die gefrüchtete Arbeit des „Entkernens". Die Hagebutten werden dabei halbiert und die Kerne herausgeschabt. Dieselben wurden im Ofen getrocknet und im Winter zu dem herrlich duftenden Kernlestee zubereitet. Leider waren sie mit einer Unzahl von kleinen Härchen

umgeben, die, wenn sie ins Gesicht oder an die Arme kamen, fürchterlich juckten. Manch Träne wurde darüber vergossen.
Als das Wirtschaftswunder auch bei uns die Haushaltskasse aufbesserte, kaufte meine Mutter fertiges Hägemark auf dem Markt und die „Gselzbrote" schmeckten noch besser.
Die Hagebutten heißen im Volksmund auch „Hagabutza und Doraschlaia".
Anmerkung: Wenn Sie als alter Sammler und Jäger Ihr Hägemark selbst zubereiten wollen, ist folgendes zu beachten:
Die entkernten und gereinigten Hagebuttenschalen mit Weißwein anfeuchten. Man rechnet 1 kg Hagebutten = 1/4 l Wein. Zugedeckt 8 Tage in den Keller stellen, jeden Tag durchrühren und danach durch ein Sieb streichen. Dann weiter verarbeiten wie im Rezept angegeben.

Rhabarberkompott

Zutaten:
750 g Rhabarber,
1/2–1 l Wasser,
ca. 3 EL Zucker,
1 Stange Zimt.

Zubereitung: Dem Rhabarber die Schale abziehen, in 3–4 cm lange Stücke schneiden und ins gesüßte, kochende Wasser geben. Je nach Stärke der Stücke 5–8 Minuten köcheln lassen.

Tip:
Den Rhabarber in reichlich Wasser ansetzen. Der Saft schmeckt wunderbar. Vorsichtig, die Rhabarberstücke verkochen schnell zu Mus.

Holunder-/ Zwetschgenmarmelade

Zutaten:
500 g reife Holunderbeeren,
500 g entsteinte Zwetschgen,
500 g Zucker,
Saft von einer Zitrone.

Zubereitung: Die gewaschenen, abgezupften Holunderbeeren und die Zwetschgen einzuckern und 1 Stunde stehen lassen.
Ca. 30 Minuten unter häufigem Rühren köcheln lassen, den Zitronensaft zugeben und kochendheiß in die Gläser füllen. Abkühlen lassen und mit Einmachpapier verschließen.

Tip:
Die Zwetschgen nicht ganz mitkochen, sondern durch den Wolf treiben.

Waffeln

Zutaten:
500 g Mehl, 2–3 Eier, Salz, ca. 3/4 l Milch, 1/2 Päckchen Backpulver, 60–80 g Butter, Zucker und Zimt.

Zubereitung: Das Mehl mit dem Backpulver vermischen und zusammen mit der Milch und dem Salz einen Teig anrühren. Zum Schluß das Eigelb, den Eischnee und die zerlassene Butter untermengen. Das Waffeleisen einfetten, die erforderliche Menge Teig aufgießen und die Waffeln goldgelb backen.
Schmeckt am besten mit Apfelmus oder Zucker und Zimt. Am Weihnachtsmarkt ißt man sie aus der Hand und trinkt Glühwein oder heißen Apfelsaft dazu.

Schon im 15. Jahrhundert wird das Wort „Waffeln“ erwähnt – der Name wird mit der gegitterten Form der Honigwabe in Verbindung gebracht.
Wesentlich älter (1250) sind die Hostieneisen, die den Klöstern zum kultischen Gebrauch vorbehalten blieben.
Die Form der handgeschmiedeten Kucheneisen mit ihren teilweise primitiven Ritzzeichen der örtlichen Schmiede wurden in runden, rechteckigen und in herzförmigen Platten hergestellt und haben sich bis ins 20. Jahrhundert hinein erhalten.

Mei Muddr bacht Waffla,
se bacht se so zart,
se fettat se älle,
mit oiner Schpeckschwart.

Dörrobstbrenne

Zutaten:
8–10 Hutzeln,
ca. 300 g gedörrte Zwetschgen,
$^{1}/_{2}$ l Wasser, $^{1}/_{2}$ l Most,
$^{1}/_{2}$ l Apfelsaft, 1 Stange Zimt, 2–3 Nelken,
1 Scheibe Zitrone,
2–3 EL Zucker.
Brennsoße siehe Grundrezept.

Zubereitung: Die Zwetschgen und die halbierten Hutzeln mit den o.g. Zutaten kochen, bis sie weich sind. Eine hellbraune Brenne zubereiten, etwas abkühlen lassen, mit der Fruchtbrühe auffüllen, aufkochen lassen und die Früchte beigeben. Eventuell mit Apfelsaft verdünnen.

Goldschnitten

Zutaten:
4 alte Wecken oder 4–6 Scheiben Weißbrot, 125 g Mehl, ca. 1/4–1/2 l Milch, 1–2 Eier, Salz, Butterschmalz, Zucker und Zimt.

Zubereitung: Die Wecken oder das Brot in Scheiben schneiden. Kurz in heiße Milch tauchen. Aus den o. g. Zutaten einen dickflüssigen Pfannkuchenteig herstellen. Die angefeuchteten Brotscheiben in den Teig tauchen und in einer Pfanne mit reichlich Fett auf beiden Seiten goldgelb herausbacken.
Mit Zucker und Zimt bestreuen und ein Kompott dazu servieren.

In früheren Zeiten wurden die Weckschnitten in Ermangelung von Schweineschmalz ca. 5 Minuten in Salzwasser gesotten und in einer Brühe serviert. Sofern noch ein Löffel Fett aufzutreiben war, wurden damit Zwiebelwürfel angedämpft und die Suppe abgeschmelzt. Volksmund: „Dui Supp hot 'r sich selber eibrockt, no soll 'r se au selber auslöffla."
Beliebt war auch, die in Fett gebackenen Schnitten in einen Suppenteller zu legen und mit einem heißen, süßen Most zu übergießen. Regional waren sie auch als „Moschtkiachla" bekannt.

Apfelquark

Zutaten:
500 g Quark,
1/8–1/4 l Milch,
ca. 100 g Zucker,
3–4 Äpfel.

Zubereitung: Den Quark mit der Milch und dem Zucker gut verrühren. Die Äpfel schälen und raspeln. Bei ungespritzten Äpfeln mit der Schale raspeln, das gibt einen bunten Apfelquark und sei auch gesünder – sagt der Herr Doktor.
Die geraspelten Äpfel mit dem Quark vermengen.
Ist ein schneller und guter Nachtisch. Wenn Sie dazu ein paar Butterbrote reichen, auch ein beliebtes Abendessen für die Kleinen – sofern die Großen etwas übriglassen!

Tip:

- Haferflocken ein paar Stunden einweichen und dem Quark beigeben.
- Wer sich vor den Kalorien nicht scheut, kann noch etwas Schlagrahm unterziehen.
- Vanillepudding kochen und nach dem Erkalten unter den Quark mengen (250 g Quark – 1/2 l Milchpudding).
- Mit Erdbeeren garnieren.
- Statt Äpfel können Sie auch Birnen, Kirschen oder rote Träuble unter den Quark mengen.

Vanillesoße mit Schnee-Eier

Zutaten:
Vanillesoße zubereiten, siehe Grundrezept, 3 Eier, 1 Päckchen Vanillezucker.

Zubereitung: Die Eier trennen, zu steifem Schnee schlagen und langsam den Vanillezucker einrieseln lassen.
In einem flachen Topf Wasser bzw. Milch zum Kochen bringen. Mit einem Eßlöffel längliche Klößchen ausstechen und ins siedende Wasser legen. Auf jeder Seite 2 Minuten ziehen lassen. Mit einem Schaumlöffel herausnehmen, auf die Vanillesoße legen und mit Puderzucker bestreuen.
Dampfnudeln mit Vanillesoße und Schnee-Eier gab es bei uns meistens zum Kindergeburtstag.
Ein echtes Kinderfesttagsessen.

Apfelküchle

Zutaten:
4 große, feste Äpfel.
Teig:
200 g Mehl, 2–3 Eier, 1–2 EL Milch, etwas Salz und Zucker, Zimt, Backfett, 1 Zitrone.

Zubereitung: Die Äpfel schälen, entkernen, in ca. 0,5 cm dicke Scheiben schneiden und mit Zitronensaft beträufeln.Einen festen Pfannkuchenteig anrühren.
Die Apfelscheiben eintauchen und in reichlich Backfett ausbacken.
Mit Zucker und Zimt bestreuen.

Tip:
- Die Apfelscheiben mit Rum oder Kirschwasser beträufeln oder 10 Minuten einlegen.
- Den Teig statt aus Milch mit Bier anrühren.
- Dem Teig etwas Backpulver oder Eischnee beigeben.

Apfelschnee

Zutaten:
4 – 6 Äpfel, 1/4 l Rahm,
100 g Zucker,
1 P. Vanillezucker.

Zubereitung: Die Äpfel schälen und raspeln. Bei ungespritzten Äpfeln entfällt das Schälen. Den Rahm mit dem Zucker und Vanillezucker steifschlagen. Die Apfelspäne unterheben, auf kleine Glasschalen verteilen und mit geraspelter Schokolade verzieren.
Tip: Ein schneller Nachtisch ist auch, wenn Sie den Schlagrahm unter das Apfelmus mengen.

Bratäpfel

Zutaten:
Äpfel nach Bedarf, am besten säuerliche, feste Winteräpfel, Butter, etwas Most oder Weißwein, Zucker.

Zubereitung: Die Äpfel schälen, das Kernhaus ausstechen, in die Höhlung Butterflocken füllen und in eine ausgefettete Backform setzen. Mit Most bzw. Weißwein übergießen, zuckern und im vorgeheizten Ofen bei 200 Grad etwa 20 Minuten schmoren lassen.
Schmeckt gut mit Vanillesoße.

Tip:
- Füllung: Honig mit feinen Mandeln, Zimt und Rosinen vermengen und in die etwas vergrößerte Höhlung geben. Mit Butterflocken versehen.
- Die Äpfel in Zucker und Zimt wälzen. Die gemahlenen Walnüsse, Zimt, Rosinen mit etwas Wasser vermischen und die Äpfel damit füllen und im Ofen backen.
- Äpfel mit Johannisbeergelee füllen. Lustig sieht es aus, wenn Sie die Äpfel vor dem Backen mit Mandelstiften spicken und fertig ist der Apfeligel.

Von Most bis Holundersaft

Was dem Bayern sei „Maß“, ist dem Schwaben „sei Kriagle Moscht“. Aber das war nicht immer so.
So verbot Herzog Eberhard in seiner „Generalverordnung gegen das Obstmosten“ – September 1650 – erstmals die Mostzubereitung. Wie immer ging es um das liebe Geld. Denn der Weinzehnte fiel unter die Rubrik des „großen Zehnten“ und die floß in die Kasse der Herrschaften. Der Zehnte vom Obst gehörte dagegen zum „kleinen Zehnten“ und wurde von den örtlichen Pfarreien eingetrieben.
Beim Ausbeuten der Bauern waren sich der Adel und der Klerus wohl einig, aber nicht unbedingt beim Aufteilen der Abgaben. Während 1650 noch eigens bestellte „Mostschnüffler zur Haussuech“ loszogen, lockerten sich die Restriktionen erst langsam. So untersagte man 1776 nur noch den Handel von mit Most gepanschtem Wein. Das Trinken von Most bzw. Weinmostgemisch im Privathaushalt war fortan gestattet. Der Most wurde in dieser Zeit hauptsächlich zum Strecken des Weines verwendet.
Manche Wirte übertrieben dieses Gepansche natürlich. Die Wirte befragt, welchen Wein sie ausschenkten, gaben zur Antwor:t „Einen ohne Most und einen ganz ohne Most.“.
Fuhrleute, die vom Unterland mit ihren Weinladungen nach Ulm unterwegs

waren, machten dabei auf der Alb Rast. War mehr Most als Wein im Glas, so warfen sie in den Rest des Glases ein bzw. zwei Apfelkerne, die sie immer in der Kitteltasche mitführten, und behaupteten dann, das sei kein Wein, sondern Most, und drückten sich so vor der Zeche.
„So bscheißt dr oi da andra."
Das Obst war in erster Linie Nahrungsmittel. Natürlich juckte es die Bauern immer in den Fingern, von Fallobst, besonders in Überschußjahren, ein lagerfähiges, mehr flüssiges Nahrungsmittel herzustellen. Denn im „Mooscht isch Trooscht" war die Parole und den konnten die arg gebeutelten Bauern wohl gebrauchen.
Im Dreißigjährigen Krieg hatte der Weinanbau sehr gelitten, und der Most wurde als Notbehelf gestattet und wurde langsam Stammgast auf dem Vespertisch. In der zweiten Hälfte des 18. Jahrhunderts wurde die Mostgewinnung ganz freigegeben. Bedingt durch die Einschleppung der Reblaus und die Ausbreitung von Pilzkrankheiten wurden viele Weinberge aufgegeben und mit Obstbäumen bepflanzt. Nicht umsonst wurde der Obstbau im 19. Jahrhundert besonders gefördert. Musterbaumschulen beim Schloß Solitude und in Hohenheim wiesen den Weg in die Zukunft.
So wurde der Most langsam aber sicher zum Nationalgetränk der Schwaben. Obwohl Süddeutschland im Obstbau ungeschlagen vorne lag, reichte der Eigenbau nicht aus, und noch 1909 wurden im Königreich Württemberg durchschnittlich 50 000 t Obst eingeführt. Denn Most war nicht nur das Getränk der Bauern, sondern auch der städtischen Bevölkerung. Besonders die Arbeiter schätzten das flüssige Lebensmittel. Eine vierköpfige Familie kellerte zwischen dem 18. und 19. Jahrhundert rund 2700 l Most im Jahr ein. Auch die Kinder bekamen ihren Teil ab. Besonders beliebt waren die „Mostbrocken". Das waren Brotwürfel, die in gesüßten heißen Most getaucht wurden. Denn Most war neben Wasser der einzige Durstlöscher. Die Milch wurde in die Molkerei verkauft, um das Haushaltsgeld aufzufüllen. Im Winter standen die Kühe oft trocken.
So galt die ganze Aufmerksamkeit dem Most. Er ersetzte den ärmeren Haushalten

den Wein. Und um dieses Mango auszugleichen wurde getüftelt, gemischt, probiert, bis Most auf den Tisch kam, der manchen Wein „Marke Semsakrebsler“, in den Schatten stellte. Man sprach dann vom „Sonntagsmost“. Den Werktagsmost, den man zur Arbeit bzw. aufs Feld mitnahm, wurde mit 30–50% Wasser verdünnt. Ging das Mostansetzen mal daneben, wurde er gebrannt und Obstler oder Obstessig daraus gewonnen. Besonders geschätzt, auch heute noch, ist der „Brodbiramoscht“. Er wird aus sauren Birnen hergestellt und mit Holundersaft verfeinert.

1. So gibt manch einer zu 100 Liter süßem Most noch 200 g gepreßte Wacholderbeeren, vier Liter roh gepreßten Holundersaft sowie zwei Kilo angewärmten Honig dazu.
2. Wieder andere geben zur Geschmacksverbesserung Quittenschnitze ins Mostfaß.
3. Um den Most zu verbessern, geben ganz „Gluschtige“ beim Pressen Trauben dazu. Zur Färbung werden Holunderbeeren mit ausgepreßt.
4. In Ermangelung von gutem Obst wurden früher auch Zibeben gewässert und gepreßt. Der „Zibebenmost“ war stark und gefährlich.
5. Eine nicht alltägliche Rarität war der Beerenmost. Besonders beliebt war hier der Träublesmost oder Zeitbeerenwein, wie er in Ulm-Söflingen genannt wird.

Was waren das noch für Zeiten, als jedes Dorf seine eigene Mosterei hatte, die bis spät in die Nacht den Saft aus den Äpfeln und Birnen preßte und der Blautopf sich braun färbte vor lauter Apfelsaft, der von der Alb den Weg ins Täle fand.
Die Wertschätzung dieses jahrhundertealten Getränkes nahm nach dem Zweiten Weltkrieg rapide ab. Das Getränk der einfachen Leute führte ein Schattendasein. Erst in den siebziger Jahren, im Zuge der Nostalgiewelle, kam der Most wieder in Mode. Besonders im Winter als Glühmost auf den Weihnachtsmärkten kredenzt, stieg er in der Gunst der jungen Generation.

Volksmund:
’s regalat, ’s tröpfalat, alte Weiber höpfalat,
hopfat iber d’Hecka nei, ’s geit an saura Träubleswei.

Schwäbischer Glühmost

Zutaten:
1 l Most, 3 EL Zucker,
1–3 Nelken,
2–5 g Zimtstengel –
Zitronenschnitz.

Zubereitung: Alles zusammen erhitzen, nicht kochen lassen. Glühendheiß servieren. Sehr gut schmeckt auch der erhitzte Träublesmost. Für Kinder einfach Apfelsaft verwenden.

Most – Maibowle

Zutaten:
1 l Most, 1 Handvoll Waldmeister, 1 Flasche Sekt.

Zubereitung: Den Waldmeister vor der Blütezeit pflücken und ca. 20 Minuten in den Most hängen. Ganz nach Gusto den Most dann mit Sekt aufgießen und eventuell süßen.

Waldmeisterbowle

Zutaten:
1 Sträußchen Waldmeister ohne Blüten,
100 g Puderzucker,
2 l Weißwein, 1 Flasche Sekt bzw. sauren Sprudel.

Zubereitung: Den Waldmeister mit dem Puderzucker bestreuen, in eine Schüssel legen, mit 1/2 Liter Wein begießen und ca. 20 Minuten ziehen lassen. Danach den Waldmeister entfernen, den restlichen Wein zugießen und kalt stellen. Kurz vor dem Servieren den Sekt zugießen. Mineralwasser, der Sekt der Antialkoholiker, löscht den Durst genausogut und erspart manches Kopfweh.

Tip:
– Zur Geschmacksverbesserung etwas Orangensaft dazugeben. Vereinzelt werden mit dem Waldmeister

noch Erdbeer- und Johannisbeerblätter mit angesetzt.

- Den Waldmeister nur mäßig, wie angegeben, einsetzen. Denn im Waldmeister ist der Giftstoff „Kumarin“ enthalten.
- Waldmeister wirkt krampflösend, anregend, wassertreibend, und er duftet einfach wunderbar.

Krambambuli

Zutaten:
2 l Rotwein, etwas Orangenschale, 3–4 Nelken, 1 Zuckerhut oder Zuckerstücke, 1/4 Liter Arrak.

Zubereitung: Den Wein mit der in feine Streifen geschnittenen Orangenschale und den Nelken zum Siedepunkt erhitzen. Ein dementsprechendes Gefäß auf den Tisch stellen, einen Rost darüberstellen, den mit Arrak getränkten Zucker darauf legen, entzünden und in den Wein tropfen lassen. Wem diese Alkoholbowle zu stark ist, kann sie mit heißem Wasser verdünnen.

Wie sagte meine Großmutter immer zu uns Kindern: „Trink Wasser wie das liebe Vieh, und denk, es ist Krambambuli.“

Beerenmost bzw. -wein

Zutaten:
1,5 kg Früchte, wie z. B. rote und schwarze Träuble (Johannisbeeren), Stachelbeeren oder Hagebutten, 1,5 kg Zucker, Wasser, man rechnet 1 l Früchte – 3 l Wasser.

Zubereitung: Die Früchte waschen, halbieren und in einen Glasballon geben. Nun die erforderliche Menge Wasser und Zucker aufkochen und abkühlen lassen. Den erkalteten Zuckersirup über die Früchte gießen. Die erste Woche den Ballon nur mit einem Tuch abdecken, damit genug Bakterien Zugang finden. Anschließend den Gärspund einsetzen. Die Gärung dauert etwa 2 Monate, bis der Inhalt klar ist. Danach kann er in Flaschen abgefüllt werden.

Tip:

- Der Ballon sollte nicht mehr als $^2/_3$ gefüllt werden. Mein Großvater hatte seinen Beerenwein auf seinem Balkon zum Reifen aufgestellt.
- Eine andere Art, Beerenwein herzustellen, ist wie folgt: Man nehme, so man habe, 10 l frisch ausgepreßten Beerensaft, 30 l Wasser und 6,6 kg Zucker und behandele es wie besprochen.

Schlehenlikör

Zutaten:
250 g Schlehen, $1^1/_2$ l Kornschnaps (Weizen) mit 32%, 200 g weißen Kandiszucker.

Zubereitung: Die Schlehen nach dem ersten Frost pflücken, waschen und leicht einstechen. Die Zutaten in ein 3-Liter-Gefäß füllen und verschließen, ca. 5 Wochen am Fenster ruhen lassen. Ab und zu drehen.
Der Kandiszucker muß sich ganz auflösen.
Danach den Likör abseihen und in Flaschen füllen.
Er ist unbegrenzt haltbar.

Kernlestee

Zutaten:
4 EL Hagebutten-kerne, 2–3 l Wasser, Zucker, Milch nach Bedarf.

Zubereitung: Die gewaschenen und getrockneten Hagebuttenkerne mit dem Wasser zusetzen und 3–4 Stunden köcheln lassen. Um eine schöne rote Farbe zu bekommen, während des Kochens ab und zu ein wenig kaltes Wasser zugeben.
Danach abgießen und mit Zucker und Milch verfeinern.
Sie können auch mit getrockneten Hagebutten Tee zu-bereiten. Dann allerdings ohne Milch.

Kräutertee

Am häufigsten verwendet man Zitronenmelisse, Pfefferminz, Kamille, Salbei, Lindenblüten, Fenchel oder Apfelschalen.
Für 1 Tasse rechnet man ungefähr was drei Finger an getrocknetem Tee fassen können. Man gibt ihn in eine Kanne oder große Tasse, übergießt ihn mit kochendem Wasser und läßt ihn ca. 5–8 Minuten ziehen. Herzhaft schmeckt frischer Tee frisch aus dem Garten. Dabei können Sie z. B. Salbei und Pfefferminze mischen.
Frischer Tee von Zitronenmelisse hilft schnell bei Bauchweh.

Löwenzahnlimonade

Zutaten:
10 l lauwarmes Wasser, 750–1000 g Zucker nach Belieben, 2 ungespritzte Zitronen, 2 Orangen, 1/4 l Weinessig, 2–3 Hände voll Löwenzahnblüten ohne Stil.

Zubereitung: Orangen und Zitronen in Scheiben schneiden. Die Löwenzahnblüten in der Mittagssonne pflücken. Nun alle Zutaten vermengen und 48 Stunden an einem warmen Ort ziehen lassen. Ab und zu umrühren. Eventuell mit einem Tuch abdecken. Danach abseihen und in Flaschen oder einen Kanister abfüllen. An einem warmen Ort 1–2 Tage ruhen lassen, bis der Saft zu perlen beginnt.
Nun das Getränk kalt stellen, sonst lupft es die Korken.

Tip:
- Statt Löwenzahnblüten können Sie auch Holunder-, Lindenblüten bzw. Pfefferminze verwenden.
- Eine echte Alternative für den Kindergeburtstag und es schont die oft geplagte Haushaltskasse.
- Schnelle Limonade – kaltes Wasser mit Zitronensaft und Honig verrühren. Wer will, kann noch eine Flasche sauren Sprudel beigeben.

Holunderlimonade

Zutaten:
7 l Wasser, 1/4 l Essig, 375 g Zucker, 8 Holunderdolden, 1 in Scheiben geschnittene Zitrone.

Zubereitung: Die Zutaten am besten in einem Steintopf ansetzen und 6–8 Tage, im Sommer 4 Tage, ruhen lassen. Einmal täglich umrühren. Sobald es zu gären beginnt, also wenn die ersten Bläschen steigen, durch ein Tuch seihen und in Flaschen abfüllen.
Statt Holunder können Sie auch Lindenblüten verwenden.

Holundersaft

Zutaten:
2 kg Holunderbeeren,
300 g Zucker,
ca. 1 l Wasser.

Zubereitung: Das Wasser zu den Holunderbeeren geben und ca. 5 Minuten kochen lassen. Ab und zu den Schaum abschöpfen. Abkühlen lassen und durchseihen. Den Zucker zugeben, etwas einkochen lassen, abschäumen und heiß in Flaschen abfüllen.

Holunderpunsch

Zutaten:
1 l Schwarzen Tee, 1 l Weißwein, für Antialkoholiker Apfelsaft, 1 l Holundersaft, Saft und Schale einer Zitrone, 5–6 Gewürznelken, 1 Stück Stangenzimt, Zucker nach Belieben.

Zubereitung: Den Tee aufbrühen und kurz ziehen lassen. Den Wein erhitzen, den Zucker zugeben und zergehen lassen. Nun die restlichen Zutaten zugeben und aufkochen.
Sofort heiß servieren.

Holundersekt

Zutaten:
7 l Wasser,
7 Holunderblüten,
375 g Kristallzucker,
1/2 l Weinessig,
3 Zitronen.

Zubereitung: Die ungespritzten Zitronen in Scheiben schneiden und mit den restlichen Zutaten in einem Steintopf 24 Stunden ruhen lassen. Danach die durchgeseihte Flüssigkeit in Flaschen mit Patentverschluß nur bis zum Hals füllen. Nun die Flaschen in Schräglage 2–3 Tage in die Sonne stellen. Dann kommen sie in den Keller, wo sie wieder in Schräglage 3–4 Tage ruhen. Danach kann der Sekt serviert werden.

Holunderschnaps

Zutaten:
10 l Holunderbeeren,
1 l Wasser, auf
$3^{1}/_{4}$ l Saft gibt man
1 kg Zucker,
25 g Zimt, 12 g Nelken, $1^{3}/_{4}$ l Schnaps.

Zubereitung: Die Beeren zerstampfen, auf 10 Liter Beeren 1 Liter Wasser geben. In einen Steintopf geben und ca. 3 Tage stehen lassen, bis sich der Saft abgesetzt hat. Dann durch ein Tuch gießen, die erforderliche Menge Zucker zugeben. Mit Zimt und Nelken aufkochen, bis sich der Zucker aufgelöst hat. Nach dem Erkalten den Schnaps zugeben, in Flaschen abfüllen und mit einem Kronkorken verschließen.
Schmeckt auch gut mit Sekt vermischt.

Der Holunderbusch kann 8–10 m hoch werden.
Die Zweige enthalten ein weißes Mark. Man findet ihn bevorzugt an Waldrändern, Flußufern, Zäunen und Mauern. Von den tellergroßen Blütendolden werden im Juni schmackhafte Doldenküchlein, aber auch Tee hergestellt. Die Beeren werden im August/September gesammelt.
Der Holunder ist ein uraltes Heilmittel und hilft bei Grippe, Erkältungen, Schnupfen und gilt als schweißtreibend und blutreinigendes Hausmittel. Aber auch bei Schlafstörungen, Kopfweh, Migräne und Nervosität, Blasenstörungen und Verstopfung wird er empfohlen.
Ja, der Holunderbusch ist eine große Apotheke von Mutter Natur.
Drum: Hut herunter vorm Holunder – sagt der Volksmund.
Der gute Geist des Bauernhauses war die „Hollermutter“.

Der Holderbusch kam auch außerhalb der Küche zum Einsatz. Mit den Blättern rieb man Möbel gegen Wurmfraß und Eisen gegen Rost ein. Die Rinde diente zum Färben von Stoffen.
Die ausgehöhlten Zweige dienten den Kindern als Blasrohr, und die Erwachsenen bastelten in der Karwoche am Palmsonntag aus geschälten und in ca. 5 cm gekürzten Stücken die auf Draht gezogenen Kronen.
Der Holderbusch ist eng mit der Volksseele verwachsen, was wir in alten Versen und im Aberglauben wiederfinden. So stellten sich Gichtleidende vor den Holderbusch und sagten:
„Holler, ich rüttle und schüttle in dich – mein vielerlei Gicht."
Um Krankheiten loszuwerden, vergrub man Fuß- und Fingernägel, ausgefallene Zähne und Haare unter dem Busch, in der Hoffnung, die Krankheit dem Busch anzuhexen.
Aber auch Liebesschwüre unter dem Strauch vergraben, sollten weiterhelfen.
Aber auch die Kinder hatten ihn ins Herz geschlossen, was folgender Kindervers beweist:

„Ringel ringel Reihen,
sind der Kinder dreien,
sitzen unterm Holderbusch
und machen alle husch, husch, husch!"

Alte Hausmittel

Zwiebeln fördern die Verdauung, desinfizieren, vermindern zu hohen Blutdruck und wirken gegen Arterienverkalkung.

Bei Halsweh einen Kartoffelwickel anfertigen. Kartoffeln mit der Schale abkochen, auf ein Handtuch verteilen, zerdrücken, einrollen und um den Hals legen.

Hustensaft: Zwiebeln in Scheiben schneiden, in einer Schüssel eine Schicht Zwiebeln, eine Schicht Kandiszucker usw. aufschichten. Abdecken und eine Nacht ziehen lassen. Täglich 3 – 4 EL Sirup einnehmen. Nach 3 Tagen frisch ansetzen.

Hustensaft: Einen schwarzen Rettich in der Mitte aushöhlen und mit Kandiszucker auffüllen. Den Rettich auf eine Tasse oder ein Glas setzen und eine Nacht ziehen lassen. Täglich 3 – 4 EL Sirup einnehmen. Alle 3 Tage neu ansetzen.

Bei Halsschmerzen mit Salzwasser gurgeln. 2 dl lauwarmes Wasser mit einem gestrichenen TL Salz verrühren.

Erkältung vorbeugen: In der kalten Jahreszeit viele rote Rüben essen (Salat). Er stärkt die Abwehrkräfte im Körper.

Schimmel vorbeugen: Auf einem Teller Salz und Wasser zu einem dünnen Brei verrühren und die Wurst oder den Schinken damit einstreichen. So kann man gegen Schimmel vorsorgen.

Fleisch frisch halten und säubern: Um rohes Fleisch frisch zu erhalten, reibt man es mit Essig ab. Zudem wird es dadurch zarter.

Bei Sonnenbrand einige Eiweiß zerschlagen, bis sie flüssig sind, 1 EL Kandiszucker zugeben, etwas stehen lassen und die geschädigte Haut bestreichen.

Bei Schluckauf einen EL Zucker schlucken, eventuell wiederholen.
Nervenflattern: Man gieße kochendes Wasser über Lindenblüten und füge noch etwas Orangensaft und Zucker dazu.

Verbrennungen: 60% Olivenöl und ca. 40% Eiweiß mit dem Schneebesen verrühren und auf der Brandstelle verteilen. Kein Tuch darüber geben. Immer wieder nachstreichen.

Mittel gegen Hühneraugen: Knoblauchzehen im Backofen fast durchgaren und mit einer Binde auf das Hühnerauge. Täglich zwei- bis dreimal anwenden. Nach drei Tagen ist das Hühnerauge aufgelöst und verschwindet.

Knieschmerzen: Schweineschmalz oder Melkfett mit Blutwurzelpulver (Apotheke) vermischen. Mehrmals täglich auftragen.

Gedächtnisschwund: 250 g Knoblauchzehen durch den Wolf drehen, mit 1/2 Liter Schnaps vermischen. Einen Schuß Zitronensaft dazugeben. Kühl lagern. Täglich nüchtern 1 TL einnehmen.

Schnupfen: Eine Handvoll Kamillenblüten in eine Schüssel geben und mit 1 Liter kochendem Wasser übergießen. Den Kopf darüber beugen und mit einem großen Tuch abdecken. Den Dampf durch die Nase einatmen. Ein- bis zweimal täglich wiederholen.

Tischsitten:

Stütz dich nicht auf die Ellenbogen!
Sitz grad, mach keinen Rückenbogen!
Rück auf der Bank nicht hin und her,
Möcht sein, es stinkt dann hinterher!
Auch leg' dein Kopf nicht in die Hand!
Lehn dich nicht hinten an die Wand!

Hans Sachs

Schwäbisches Küchenlatein

Aibira, Aidäpfel, Krombira – Kartoffel
albacha – altbacken
an Schugger Wein – ein Schuß Wein
aushausig – verschwenderisch
beiga – aufschichten
Blatz – flacher Hefekuchen
Brodbiramooscht – Most aus Birnen
Brösala – Brotsamen
Broggala – Erbsen
Buabaschpitzla – Schupfnudeln
Büschala – ein Paket Reisig
Doraschlaia – Schlehen
eibrocka – zerkleinertes Brot in die Milch geben
eidonka – eintauchen
Flädla – dünne Pfannkuchen
Floischbrüh – Bouillion, klare Brühe
Gasgschnadr – Gänseklein
Geigamehl – Semmelbrösel
Gelbe Rüben – Karotten
Gschmäckle – hat einen schlechten Geschmack
Gselzbrot – Marmeladebrot
Hutzeln – getrocknete Birnen
Kartoffelblättle – Kartoffelscheiben
Kartoffel in der Schal – Pellkartoffeln
Kartoffelschtopfer – Kartoffelpfannkuchen
Knautz – Backform
Knöchle – Schweinshaxe
läpprig – dünn, wässerig
lätschig – lasch, klutschig
Leberkäs – Fleischkäse
Maggikraut – Liebstöckel
Metzelsupp – Brühe vom Schlachtfest
Ochsaauga – Spiegeleier

päb – sparsam, geizig
Peterling – Petersilie
räs – säuerlich, herb
Rahm – Sahne
Riebele – Brotanschnitt
Rote Rüba – rote Beete
Rote Träubla – rote Johannisbeeren
Saitenwurst – Wiener Würstchen
Saubloadr – Schweinsblase
Sauerrahm – saure Sahne
Schäufele – Schulterstück
Schleifersbrüh – eine trübe Soße bzw. Brühe
Schlottermill, gestandene Milch – Sauermilch
Schmiere – feuchte Konsistenz
Schnattra – Zwiebelrohre
Schtand – Krautfaß
Schuepet – Kruste
Schwartamaga – Preßsack
Seiher – Sieb
Semsakräbsler – hausgemachter Wein, der im Schatten wächst und sauer schmeckt
Verklepperte Eier – aufgeschlagene Eier
Wecken – Brötchen
Wuz – Sau

Das schwäbische „le“

Kein Schwabe wird auf das „le“ verzichten.
Nichtschwaben unterliegen oft der Meinung, die Silbe „le“ mache alle Dinge klein.
So ist ein Salätle, ein Brädle oder gar a Schüssele voll beileibe keine kleine Portion.
Hier wird eher eine reichliche Portion erwartet.
Spätzle und Knöpfle sind also keine kleine Nudeln, und bei einem Knöchle denkt der Schwabe schon mehr an eine ausgewachsene Haxe.
Sein „Häusle ond sei Weible“ sind sein ein und alles. Er verniedlicht wohl gern und gilt auch als überaus sparsam.
Er gibt sich bescheiden, ist aber beleidigt, wenn man ihn geizig nennt.

Register

Einkehr

Bei einem Wirte wundermild,
Da war ich jüngst zu Gaste;
Ein goldner Apfel war sein Schild
An einem langen Aste.

Es war der gute Apfelbaum,
Bei dem ich eingekehret;
Mit süßer Kost und frischem Schaum
Hat er mich wohl genähret.

Es kamen in sein grünes Haus
Viel leichtbeschwingte Gäste;
Sie sprangen frei und hielten Schmaus
Und sangen auf das beste.

Ich fand ein Bett zu süßer Ruh
Auf weichen grünen Matten;
Der Wirt, er deckte selbst mich zu
Mit seinem kühlen Schatten.

Nun fragt' ich nach der Schuldigkeit,
Da schüttelt er den Wipfel;
Gesegnet sei er alle Zeit,
Von der Wurzel bis zum Gipfel!

Ludwig Uhland